DESCARTES' BONES

笛卡尔的骨头

信仰与理性冲突简史

A SKELETAL HISTORY
OF THE CONFLICT BETWEEN FAITH AND REASON

萧拉瑟(Russell Shorto) 著

曾誉铭 余彬 译

上海三联书店

我们除了把一具骨骸还给大地以外，还有什么可遗留给后人的？

——莎士比亚《理查二世》第三幕第二场

目　录

序　言

　　菲利普·梅内西耶,宏伟的巴黎人类学博物馆保管部主任。他是个瘦高个儿,头发稀疏,戴了副金丝边眼镜,侧脸有点像猎鹰。与之形象相称的是,他的工作室也像个鹰巢:那个低矮的长方形盒子,是博物馆总部建成之后在屋顶上搭出来的,你得借助一把活动扶梯才能爬上去。不过,由于高高在上,他倒拥有了世间少有的开阔视野,几乎将巴黎的城市天际线尽收眼底。这种视野,也是梅内西耶博士及其团队的工作性质的绝佳写照:一边,是近得让人无法窥其全貌的埃菲尔塔,象征着 19 世纪理性与秩序的丰碑;另一边,是帕西公墓,巴黎最神奇的墓地之一,它那蜿蜒的道路、错落的墓碑以及高高的围墙,使它看起来简直就像中世纪城市的缩影,只不过这里的居民是逝者而不是活人。

　　死亡与秩序,正是对这个博物馆的高度概括。这座博物馆虽然并不在常规的旅游路线上,但是法国人特别钟情于此。它建于 19 世纪早期,当时正值探索人类自身起源的热浪开始涌动,那些健壮的、留着八字胡的狂热的探险科学家们,为了人类学标本和人类遗骨,细细地遍寻地球的每一个角落。与这个体现人类起源的主题相谐,这座博物馆呈现出一派复古的风格。你可以将它视为人类向进化论致敬的殿堂,用那些骨骸来讲述我们是谁,我们来自何方的现代故事,以此来破解生命和死亡之谜。与此同时,那下方的公墓,却因为那些静静地矗立着的十字架,给出了这个故事的另一个版本。

这窗外的景观,转换着对理性和死亡的表述,而梅内西耶博士的办公室,更像是对这种表述的回应:这里,电脑设备和人类遗骨杂混一处,一个文件盘被随意地摆放在一个架子上,而这个架子上还整整齐齐地排列着6个人类头骨,看起来正好是一套。不过,正如我们初次见面时梅内西耶博士所强调的那样,他本人并不是人类学家,而是语言学家。那么,他擅长哪种语言呢?"爱斯基摩语和俄语,"他不无得意地说道。要想读懂他的潜台词,你首先应该明白,他不会说英语。对于一个法国语言学家来说,他无法使用英语这一世界上最主要的语言,但他却是仅仅还在东格陵兰小范围使用的爱斯基摩方言的顶尖专家,并且还是法国东部方言语法独一无二的写作者——这一切,显得多么卓荦不群啊。除此之外,为了追寻因纽特语在地球北端的变异过程,他最终抵达了西伯利亚,并熟练地掌握了俄语。现在,他因此而拥有了一个将当代俄语小说翻译成法文的副业。

所有这些都表明,梅内西耶博士就是我们通常所定义的法国知识分子,对于很多生活在这个普遍弱智时代的人来说,被称作知识分子或许是一种侮辱,它意味着傲慢,意味着狭隘和钻牛角尖。但是,"知识分子"一词也能包含着一种看待世界的方式,这种方式如今非常令人遗憾地变得日益稀有,我们或可将之称为对个人习性的一种坚持。有这种习性的人很可能会让你头痛,但他们身上那种无可抗拒的古怪也可能会让你快乐。他们在工作中也会开玩笑,比如乘你不备时将你的椅子挪个位置。他们会让你记住,哪怕只是那么一会儿,这个世界是多么的疯狂。因此,在接下来的几分钟里,我很乐意乘兴倾听对 7 种爱斯基摩方言的简述,包括它们分成哪两大类,这两大类在语言学上有何区分的标志,以及为保存该方言及其文化所做的努力。

终于,我们顺着吱吱咯咯的扶梯回到楼下,在那里,两位穿着实验室制服的女士正坐在桌前整理着人类骨骸:长长的腿骨,上面有着多孔的、球形的关节;头骨,呈现着稍微有点令人作呕的橙褐色。在下一个工作间,我们从大约四、五十具悬挂着的完整的人类骨骸面前经过,站在它们前面的是一具大猩猩的骨骸,看过去就好像是一个矮壮的班长在操练着由瘦高个儿组成的中队。在通过入口返回这个地方时,我们经过了一座 19 世纪人类学家及大脑研究先驱皮埃尔·保罗·布罗卡的半身像。我们继续朝楼下走,经过博物馆的主展层,那里有一个令人称奇的永久展览,它是献给人类进化史的充满自信的展示,戏剧性的光线照射在一系列的展品上,准确地揭示了两足动物进化史上的各个里程碑,从眉骨宽阔的南方古猿,到前额隆起的克罗马农人,再到面部骨骼更为精致的人类现代表亲。

最后,我们到了底层。地下室正在装修,在那里,崭新的涂料和明亮的光照,使得地下墓穴有一种令人愉悦的舒适感。主人取出一串钥匙,打开储藏室的门。我们进去后,他打开一扇柜门,取出一只精心擦拭过的极为雅致的木质盒子,金属搭扣将盒盖扣得紧紧的。他打开那些搭扣,里面垫满了轻软的白纸,然后,他伸手进去取出了一样东西——我终于看到了它。

它,小而光滑,出乎意料地轻,上面有斑驳的颜色:有些地方被摩挲得泛出了珍珠般柔和的光泽,也有些地方颜色暗沉;但总体上,它有着陈年羊皮纸般的观感。它承载着太多的故事,这句话不仅仅是个比喻,事实也的确如此。两个多世纪之前,有人曾用拉丁文在它的顶部写下称赞和哀恸的诗句,如今,那些字迹已经消褪成模糊的浅褐色。在它的正前部,用瑞典语写就的一段铭文,隐秘地暗示了一次偷窃行为。在它的侧边,挤着三个签名,那是先后曾经拥有过它的三个男人留下的手迹,历经岁月,依稀可辨。它,就是那位史上的重要人物,被称为现代哲学之父的勒内·笛卡尔的颅骨。梅内西耶博士将它放在我面前的一张桌子上,"哲学家就在这里,"他淡淡地说道。

❖　❖　❖

3 年前,我坐在纽约公共图书馆的阅览室,笨重地翻阅着一部 17 世纪的哲学著作,不期然间了解到,笛卡尔在 1650 年去世后的第 16 个年头,竟然蒙受了其骨骸重新暴露于光天化日之下,遗骨碎片散落于不同人手中的差辱。

为什么有些念头总是萦绕心头,挥之不去,即便它们似乎并没有实用价值,只是因为好奇而被吸引。通常,你会像在沙发垫的缝隙中找到一个孩子的玩具那样,把玩一会儿,然后又把它忘记了,毕竟,没有实际价值的东西只能博得一时的好奇。显然,关于笛卡尔骨骸这件事,可谓是毫无实际价值的信息的范例,然而,我却深深地爱上了它,如同爱上一个深埋于年代久远的古书中的离奇宝贝那样爱上了它。这种事情只在我身上发生过寥寥数次,仿佛找到了一颗沉睡已久的种子,埋下这颗种子的人早已过世,但是他知道,或者说他希望,你会在某一天发现它,浇灌它,给它生命。这种事情虽说几不可能,但那感觉却异常强烈。

于是,我开始了追寻之旅。起先,是在闲暇的时间里,在书本中寻觅;然后,随着它慢慢地在心里扎下了根,我们举家搬到欧洲,住了1年。在那里,我在巴黎国家图书馆的后现代回廊中,度过了一个又一个漫长的日子,与哲学家和历史学家联系,拜访了坐落在卢瓦尔河谷的笛卡尔出生地(至今还在),以及他在斯德哥尔摩告别人世时的房子(至今也还在),并沿着当年他的骨骸运送的路径,穿越了整个西欧。最终,我发现自己站在巴黎的一个博物馆的地下室里,凝视着一个眼窝空洞的颅骨,如同哈姆雷特凝视可怜的骷髅头约里克。

随着追踪的深入,笛卡尔骨骸的故事在我面前渐次展开,上下延伸数个世纪,而且,它表明了自己绝不是茶余饭后的谈资。今天,人们已毫无疑异地将笛卡尔视为数学家——他是分析几何学的发明者——和现代哲学二元论难题的创造者。这种二元论认为心灵以及它所产生的思想存在于不同的范畴之中,或者,从某种意义上来说,它和物质世界不在同一界面上,因此,这两者之间彼此无从转化,无法相互理解。在这一点上,笛卡尔的地位已经被确定,因为神经科学与哲学的主流思想已经告诉我们,笛卡尔魔法般地想象他的两种不同实质是完全错误的。心灵与身体,换言之,心灵与大脑,终究并无本质上的不同。这种看法有着多种后果,吸引了哲学家、语言学家、灵性思想家、电脑科学家以及其他领域的人士,对之进行了深入的探究。

　　然而,在笛卡尔的有生之年,以及此后的数十年间,他的名声却是越来越响。在众多的同时代人眼里,笛卡尔打下了整个现代图景的知识基础,由此把道德、法律、政治和社会组织等等奠基于理性,也为个体的理性知觉奠定了基础。这么来看笛卡尔所产生的影响,不乏正确之处。他的闻名于世的"方法"(method)成为了科学方法的基础,其中包括了对假设的质疑,不妄断信仰,将我们对世界的理解建立在可证实的观察之上,而不是传统之上。他对知识的重新定向使得它的基础不再是集体权威(比如国王法令,或教会规则),而是刚刚获得权利的**自我**,也就是个体的心灵及其"理知"(good sense)。这一重新定向成为民主、心理学以及众多其他被我们认为是现代事物的发展起点。

　　我开始意识到,那些生活于后笛卡尔时代的人们将他的骨骸视为圣物,视为世界即将迎来新的转折点的象征。然而,由于他们对这个新转折是什么,又意味着什么,有着不同的看法,所以导致他们以不同的方式来对待这些骨骸。这个让我念念不忘的故事,虽则微不足道,又离奇曲折,但是其中却穿插着我们可以想象得到的最宏大的事件:科学的诞生,民主的兴起,哲学的身心问题,科学与宗教领域的持续困惑。这个故事穿梭于整个欧洲大地,各色人等陆续登场:路易十四,瑞典的赌场老板,诗人和神父,哲学家和物理学家,等等,等等,这些人以不同的方式和这些骨骸发生着关系:利用它们,盗窃它们,出售它们,敬拜它们,争夺它们,传递它们。

　　然而,当我真正意识到自己对这个故事的兴趣所在,那已经是我首度了解到笛卡尔的骨骸曾经被挖掘出来并四处传递这个事实的 2 年多之后了。我在大学主攻西方哲学,和之前与之后不计其数的人文学科本科生一样,我把那 4 年的时间都交给了哲学家、诗人、小说家、艺术家的作品,从此,我就生活于他们为我创造的精神空间之中,他们是现代心灵的建筑师。

我们中的很多人习惯上认为"现代"是一个不争的事实,是一个共同的基础。这里我所指称的"现代"一词不仅仅是那些和这个词语有关联的大概念,比如科学、理性和民主,也包含这些概念所激发的一切反应和后果,从浪漫派诗歌到性手枪乐队,从网络约会到对冲基金交易。无论好坏,这一切在一定程度上都是关联在一起的,并牵连到我们是谁——我们认为这一切主要是好的。难道我们都这么认为吗?

显然,很多人并不这么认为。今天,现代社会这个观念似乎遭受到来自不同方向的攻击,但至少在理论上,它是依赖诸如理性和平等这样的工具和观念来解决问题,推动社会缓步前行的。成为西方社会心头隐患的伊斯兰恐怖主义,不仅反西方,而且反现代,同时,其他形式的宗教不宽容,比如基督教的,犹太教的,印度教的,似乎也兴旺起来了。

如果说这些势力构成了攻击现代性的右翼,那么还存在着其他威胁。在世俗化的西方社会里,有人说现代性已经是过去时了,而在后现代世界里,全球化、互联网和不对称战争等等事物的出现与发展,意味着现代的一些陈旧理念已经荡然无存,以"进步"这个概念为例,它原本意味着人们获得对事物相对客观的看法,然后依此做出决策,并推动事物往更好的方向发展,但这样的理念如今已被颠覆。对有些人而言,现代性变成了殖民主义、对非西方族群的剥削、科学与技术的非人道利用以及人类生存环境灾难的同义词。许多世俗主义者也将宗教本身视为敌人，认为宗教倡导战争、分裂与偏见。作为对以信仰为基础的基要主义高涨的反应，理查德·德沃金、克里斯多夫·希钦斯等人曾经发表过众多反宗教的世俗主义者宣言，有的已经成为热卖的畅销书。

在信仰与理性的长期冲突中，我们倾向于认为信仰是旧的，理性是新的，但是，现在无论左派或右派都依托着笛卡尔。他的遗物——这里既是指精神上的遗产，也是指实实在在的遗骸——如此重要，乃至被尖锐对立的两大阵营同时使用着。这位典范性的现代哲学家成为左派的教父并不令人称奇，由于笛卡尔主义立足于怀疑之上，它质疑一切，直至抵达事实的核心，因而它不仅被视为科学方法的基础，而且也被视为自治（self-government）这种重个人轻权威的现代观念的基础。然而，与此同时，笛卡尔哲学中的另一个要素，也就是为世人所知的笛卡尔二元论，因为提出了心灵（灵魂）与物质世界分离的观念而被右派所拥抱。保守的思想家们，包括君主、神学家和哲学家，曾经依据笛卡尔身心分离理念来支撑他们的主张，认为存在着一个科学的窥探之指所无法触及的思想、信念和理念的永恒王国，而人类道德与世俗权力就扎根于这个恒久的领地。

大多数人似乎受到这些潮流的夹击——在一个危机四伏的世界里被拉向信仰和传统以及另一个观点，即认为宗教是世界难题之核心，只有复兴个人自由与权利才能引领人性进入更好的未来。他们不满于宗教基要主义陈旧而顽固的确定性，但也能在一定程度上欣赏左右两派对现代性的批判。你可能会说，在当今，还不止于这两大派别，世界站在了

三岔路口。2007 年,在谈到对即将形成于英国的新社会的
看法时,伦敦圣公会绍斯沃克教区主任牧师科林·史勒在
《卫报》中这样说道:"这是一个三角形,基要主义的世俗论者
占据一角,基要主义的信仰者占据另一角,第三个角则是英
国圣公会、罗马天主教、信洗派、循道宗和其他信仰的自由思
考者,以及无神论思考者。"

　　如果说西方社会正走向某种危机,那么就值得我们去自
问一些基本的问题。通常定义上的现代社会,也就是那种围
绕着宽容、理性与民主价值观建立的世俗文化,其实只占据
整个世界的一小部分,而且大有日益缩小之势。所谓现代
性,难道真的就像我们所假设的那样,是不可抗拒的进步力
量吗? 或者,它只不过是人类历史长河中转瞬即逝的一朵小
浪花? 如果它是有价值的,那么我们又该如何重新发现它,
从中区分出好的和坏的,让它变得有意义和富有活力?

　　最终,我意识到,笛卡尔骨骸的踪迹是一条历经现代世
纪之景象的道路,追随骨骸的历程,也是追溯我自己知识教
育的历程,提醒我过去的 400 年我们是如何走过来的。这本
书不是对现代性的全方位审视,而是一次旅程的记录,它的
起点始于一种确信:习性,不是一件小事。

　　而且,它的焦点落于骨骸之上也并非出于偶然。追随笛
卡尔骨骸的这段历程也让我明白,在我们眼里枯燥乏味的哲
学并不完全是抽象的,它与人类历史难解难分,它并不仅仅
来自于人类的心智,也来自于人类的身体。抽象思维确实是
一件卓越而必要的工具,但是,最崇高的思想却根植于我们
肉体的存在:它体现于我们奇妙的心脏,既能缠绵于情爱,又
能为身体供血;也体现于我们最终都将不免一死这个事实。

尽管这本书不是一部传记，但我们的故事的确涉及一个人，历史几乎将他漫画成没有身体的头脑，但事实上他却曾经是异常丰满、有血有肉的存在。的确，从某种意义上来说，笛卡尔哲学尽管十分抽象，但它依然带着人体的温暖：来自于他自己的身体，这是其一；而且，也来自于他对那个他最在乎的人的爱。这份爱，细微而温柔，在它最宁静的亲密中，几乎逃脱了历史的窥视镜，但终究没能完全逃离。关于对人的探究，有个说法或许是正确的：只要挖得足够深，就会发现一个爱情故事。

话虽如此，我们的故事却不是从爱情或者历史或者哲学开始，而是从死亡开始，请不必惊讶。

笛卡尔的骨头

第 1 章

死神之吻

在斯德哥尔摩老城的南端有一栋四层建筑,它诞生于那个被称为巴洛克的喧嚣而繁复的时代。建筑的正面,红砖上点缀着砂岩质地的小天使和脊饰,它的入口处,一边一架威武的大炮,大胡子卫兵目光冷峻地审视着每一位走近这扇大门的人。如果你视而不见设计师手袋店,和占据了整个底楼楼面的 Glenfiddich Warehouse 高级餐馆,以及在这个夏日的午后那些川流不息的游客,那么,这个建筑看上去也许还有点 1630 年的味道,正是在那一年,一位叫埃里克·冯·林德的商人建造了它。

在 1650 年那个死亡之冬的死亡之夜里,这座建筑的楼上正进行着一场最为严肃的交接仪式。人们在各个房间之间穿梭,匆匆走过那些能看得见下面黑暗而冰封的港口的窗户,交换着讯息和担忧的神情。可以说这个场面是庄严的,但它并不宁静,因为有一个人快要死去,这个垂死的人正躺在床上。他,还不足 54 岁,瘦骨伶仃,脸色苍白,他是所有人关注的中心,这会儿,他却令人不安地躁动着,正是狂怒引发了他肾上腺素最后的爆发。而房子的主人,他的朋友兼保护人,法国驻瑞典大使皮埃尔·夏努,一直陪伴在他的身边,正努力地试图平息他的狂怒,而夏努自己的内心却被双重的罪恶感咬噬着:正是夏努怂恿勒内·笛卡尔来到这冰冻之地,而且,是他先得了风寒,而笛卡尔在照料他的时候被传染了。

　　夏努深信,笛卡尔正以其革命性的思想改变着这个世界,在这一点上,他完全正确。17世纪中叶,一种变化正在悄然酝酿,人们开始带着一种前所未有的怀疑精神去质疑那些最基本的信念。从某种意义上说,这种变化的影响比美国和法国革命、工业革命或信息时代所带来的影响更为深远,因为它来自于每个人的内心深处,冲击着每个人的思维结构:如何去理解这个世界,这个宇宙,以及身在其中的自我,而这种变化最合适的代言人就是这位即将在瑞典的冬天里死去的人。和很多人一样,皮埃尔·夏努无法预料未来的景象,但是,他知道一场令人瞠目结舌的变革正在悄悄临近,而笛卡尔就在变革的中心。现在,这位外交官意识到了,就因为把这位哲学家带到这里,他自己已经在无意中策划了一场灾难。

　　风寒引起了肺炎,这位病人呼吸困难,眼神涣散,夏努想叫宫廷医生过来,但是被病人狂怒地制止了。最后,从斯德哥尔摩中心,从港湾小岛另一头那童话般的宫殿里,23岁的瑞典女王克里斯蒂娜派出了她的医生,这位女王也是欧洲历史上的重要人物之一(这里稍作解释,之所以这样说,是因为数个世纪以来,人们对她的性别之争一直没有停止过),而正是她和夏努的合计,促使笛卡尔这位知识界名人北上来到了瑞典这个国度。

　　这个叫冯·乌伦的荷兰医生不情愿地挨近病床,两人之间立刻产生了尖锐的交锋,在这过程中,这位哲学家再明白不过地表达了自己的看法:这个医生就是个蠢货。他们的交锋在医生提议放血治疗的时候达到了顶峰,就在这个时候,这位病人迸发出一声戏剧性的咆哮——"先生,饶了法国人的鲜血吧!"并责令这个医生滚蛋。冯·乌伦离开了,他洗手不干了,边走边嘟哝着罗马诗人贺拉斯的诗句为自己解嘲,"违反其意愿而救治某人无异于杀死他。"

笛卡尔的狂怒来自于两方面的原因。首先,笛卡尔在荷兰诸省生活多年,他早已认识这个冯·乌伦。荷兰的莱顿大学是笛卡尔最早公开发表哲学观的地方之一,当时,笛卡尔的观点引起了轩然大波,在反对派眼里,它挑战了统治全欧洲数世纪之久的教育及思维方式。冯·乌伦站在新哲学的反对派那一边,而笛卡尔是永远不会忘记一个敌人的。

但是,笛卡尔的狂怒还另有原因。非常奇特的是,笛卡尔的一生犹如一盘和死神对弈的棋,在很长时间里,他真的相信自己占了上风。他曾经是一个病恹恹的小孩,面容苍白,母亲在他 1 岁的时候就离开人世,却把自己干咳的毛病遗留给他。他的法官父亲是一位拥有权力和野心的男人,似乎嫌恶这个孩子的病弱,而偏爱他的哥哥。家庭医生并不费心在笛卡尔面前掩饰自己的看法:这个男孩活不长。

在他 10 岁的时候,笛卡尔被送到欧洲最好的教育机构之一,安茹省的拉弗莱舍耶稣会学院,令他自己都吃惊的是,在那里,他一改病态,变得强壮、健康,充满活力。他关注更广阔的外部世界,对知识如饥似渴。但是,早年的经历在他的心里留下了深刻的烙印,这反映在他成年后的著作中,就是医学成了其关注的焦点。他的革命性哲学,不是在圣经或古代作家的理论基础上发展起来的,相反,其根基在于人类的理性,因而毁誉参半。但其中的核心,其中的深层原因,就在于他渴望解开人类身体的奥秘,治愈疾病并延年益寿,这也是为了他自己。在笛卡尔划时代的哲学著作《方法谈》的结尾,他向读者发誓,他将来不会致力于创作改头换面的形而上学或新的数学方法,而是"将我可能有的时间用于竭力获得某种自然知识,它是使我们能推断出比当前的药物使用更确定的药物规则的一种知识。"在他弥留于瑞典的 5 年前,他还写信给一个英国伯爵,"保持健康**一直**是我研究的首要目的……"

这也是他的许多同时代人心中共同的目的。一提及科学及现代化的曙光,我们自然而然就会联想到天文学:伽利略制作了望远镜,凝望意大利中部的上空,他发现了太阳黑子,围绕木星的卫星,地球卫星表面的陨石坑,以及教会口中完美宇宙的种种不完美之处,他收集地球绕日旋转论的确定证据,激怒了宗教法庭。在我们认识自我,判断自我"现代性"的不懈努力中,我们选择了天文学作为一个起点,很大程度上是因为天文学为我们提供了一个追寻 17 世纪人类所经历的重大变化的坚实的切入点,当我们脱离了虚拟的神学意义上的自我时,从天文学中,我们找到了自己在宇宙中的位置。1957 年,人造地球卫星的元年,太空时代的拂晓,相比今天,当时的人们有着更单纯、也更清晰的"现代"感,并随时准备着迎接这个词语所包含的一切,有一本畅销书就用它的标题表达了这种想法:称这种改变是《从封闭世界到无限宇宙》。

但是,人们也不难看到,现代性也同时起源于席卷欧洲大地的对人类自身身体的强烈兴趣。如果我们在宇宙中的位置是我们确定自己是谁的基本标记的话,那么,我们的身体存在就包含了更多的东西。不言而喻,人们总是将目光集中于世纪更替中人类承受的苦难程度的变化。出生于笛卡尔时代的法国人平均寿命是 28 岁；从 1540 年到 1800 年的英国，人均寿命大约是 37 岁。在出生率很高的古罗马、非洲与南美游牧民族以及 20 世纪早期的印度和中国乡村，人均寿命也差不多是二、三十岁。在美国独立战争时期，半数以上的伦敦儿童在 15 岁以前夭折。在早期的现代欧洲，导致死亡的罪魁祸首是疾病，而非战争或劫匪。一个又一个世纪，一个又一个绝望的时刻，父母们无助地守望在孩子身边，眼睁睁地看着他们的孩子被疟疾、中风、腹泻、水肿、脑炎、肺痨这些疾病夺去了生命，每一个人类所知不多的疾病的名字都是最后的判决。

350 多年过去了，这种对疾病的无知稍有改观——如今我们活得更长久，也更健康了——而我们的身体仍是现代性的试金石。佐勒弗，立普妥，伟哥，羊胎素，布洛芬，血管成形术，胰岛素，避孕药，激素取代治疗法，促蛋白合成甾类……我们不仅仅允许科学与技术进入我们的身体存在，我们还坚持要求它们不断来参与和改善我们的血、肉及骨骼这些动物性存在的运作。这种理念的出发点就是将我们的身体视为一种机器，因而疾病无异于机器的故障，医治的过程就是修复损毁的部分，医生等同于以处方为工具的技工，当然，这种简单化的看法近来已经发生了改变。相比二、三十年前，如今我们意识到了思维和环境对我们的身体存在所产生的影响，因而把身体和心灵视为紧密相连的结合体。但是，机器模式还是非常成功，至今我们的医学依然大体上以此为框架，而这个模式正是发轫于笛卡尔时代。

这种对人类身体的全新认识在它诞生之初，引起了不少的困扰，事实上，很多人还将它等同于无神论，在当时，现代性羽翼未丰之际,它明显与大众普遍接受的知识取向相左。亚里士多德主义,或称为经院哲学,是一种将亚里士多德和其他古希腊作家的思想与基督教神学相糅合的产物,这些不同来源的思潮汇总在一口大锅里炖了数百年,经常还添加一点占星术与民间传说的调味品,最终成为一种包罗万象的世界观,足以应对太阳底下发生的一切,从创世记故事到男人和女人的角色。它解释了为什么从窗户掉下去的石头会砸到地上,而不是向上漂浮(因为所有的物体都希望向地球的中心靠拢,那里也是宇宙的中心);它告诉我们死亡的时候发生了什么;它给出了万物终结的描述。

笛卡尔竭力颠覆的前现代的医学构架是建立在古希腊医生盖伦的理论基础上的,而亚里士多德将物理世界视为由土壤、空气、火和水这四种元素组成的观点,又是盖伦的理论依据。与这四种元素相对应的是四种体液:血液、黏液、胆汁与忧郁液,疾病被视为体液失衡的结果。这种体系,因为有了民间药物、巫术、基督教与天文学的补充,在完整性上拥有优势。我的身体,以及它小小的病痛世界,比如牙痛、发烧、相思病与情绪低落,都是大千世界与广浩宇宙的一部分。但是,这种观点并不认为我们的身体和宇宙中的其他事物是用同样的材料构成的;也不认为体力能控制一切。而那不可言说的神秘力量是实在之真实而必须的部分。于是,耶稣行于水上,奇迹在发生,魔鬼也横行世间。神迹般的超自然存在于自然之中;它被织入了由世界和星辰组成的结构,包括人体的肌腱。

与此同时,这个理论体系又是实用的。作为古罗马的医生(从皇帝马可·奥勒留到角斗士都在他的客户名单上),盖伦主张要仔细观察病人，他还发明了把脉诊断法，因此，他的方法也有很多长项，这也解释了为什么这种体系能够经久不衰。但是，有一个问题是，盖伦理论背后的物质世界——亚里士多德的四大元素以不同方式结合产生了从山脉到莲叶，从海牛到耳垢的实在之所有东西——并不能成为医学的坚实基础。从体液系统着手的诊断及治疗，比如说忧郁型或称为"土壤"型疾病需要用"空气"元素来应对，病人们也明白，诸如此类的方法就算不致命，起码也是很不可靠的，莫里哀就特别喜欢拿医生当笑料，他在《没病找病》剧中挖苦地说："大多数人不是病死的，而是被治死的。"

那就是当时的正规医疗了，其他的选择也不少，大部分都还被视为合法有效的，一个患有感冒、胃痛、痛风或者流鼻血的患者，可以接受以下的专业服务：比如到星术师那里算个命，比如脖子上挂个护身符，比如用肉眼目测一下病人的尿液。（用"尿检法"来检测健康与否是被普遍接受的，就像莎士比亚剧中的福斯塔夫问一名侍从，"医生对我的尿液有啥看法？"）尿检的操作者可能是位医生，不过星术师或者其他类型的医者也都被视为具有同等水准，就算那些最有声望的医疗从业者，包括伦敦医学院的成员，也会将占星术作为诊断的工具之一。

通常，家庭护士是一名神职人员，最重要的是，不管他是不是神职人员，整个过程都会有一个宗教的形式。疾病与健康都在上帝的掌控之中，医疗用语充满神学意味。人们通常认为，只有做了释放药物效力的祷告，药物才会起作用，而仅仅注重肉体上的治疗通常被视为对上帝的不敬：在英国，清教牧师约翰·西姆在《论保存生命反自戕书》中"警示"人们，

"不要过于喜爱、信任或者**追捧**物理的手段；我们要仰望上帝，祈望上帝藉着这些手段的正当使用而带来的赐福。"否则，仅仅依赖医术或药粉，就会把物质置于灵性之上。那也是为什么，严格地用纯技术的手法对待医疗会被视为具有危险的无神论倾向。

必须说的是，如今这个世界上，没有数亿人也有数百万人持有和令人尊敬的西姆同样的信念：那就是，肉体和灵性，换言之就是药物和祈祷，都是健康的必要组成部分。他们拜访专家并得到诊断性检查，与此同时，他们默想和祷告，向上帝祈求奇迹般的治疗。而且，那些人真的不是住在热带雨林的深处，他们就过着现代生活，这些人就是我们自己。更有甚者，在 17 世纪，并不只是前现代的亚里士多德主义者才持有这种观点，他们的反对派，绝大部分第一代的现代哲学科学家们，也持有这种观点。笛卡尔本人也是如此，他似乎和他那个时代的其他人一样是虔诚的天主教徒，他对宇宙的整体的机械论描述完全有赖于托住它的上帝。追寻笛卡尔骨骸的故事所面临的主要挑战，就是理解何谓真正意义上的"现代"。如果说它指的是物质与灵性之间的明确划分，那么我们该如何解释，把现代意识带入现实的 17 世纪的人们和今天的人们都曾努力弥合这种划分？我们是否错误地将现代与非宗教、非灵性与纯理性的科学观联系在了一起？我们这么想是否错了？如果是的话，即，假如这是一个错误的划分，那它又是如何形成的呢？

其中部分的原因是，早在 17 世纪初期，围绕公认的圣经智慧和部分古代作家而建立起来的前现代世界观开始分裂，随着对其不满情绪的积累，人们开始确信，心灵的潜在力量可以按全新方式被施加于人类身体的脆弱,这个结论不可避免地赋予了物质世界更大的重要性,从而贬低了神学的地位,尽管并非有意如此。实验法虽然并不是弗兰西斯·培根在17世纪早期发明的,但在他出版于1620年的《新工具》中,培根全力推崇基于对自然界的观察来推理。

这种新方法走得最远的例子,就是英国的威廉·哈维医生将它应用于人类心脏,在哈维之前,人们普遍追随的是盖伦的理论,那就是:血液是由肺部来运送的;人体里有两种血液,一种由心脏产生,另一种由肝脏产生,这两种血液不断地被人体耗尽。哈维通过解剖和计算,确信每分钟从心脏泵出的大量血液不可能被身体耗尽。1628年,他发表了他的激进理论:血液不断地在全身循环,心脏是中心泵,肝脏并不产生血液。这个理论并不能立刻得到所有人的认同,哈维甚至预见到了敌意,"……我颤栗,唯恐全人类都成了我的敌人……学说一旦深入人心就会根深蒂固,对传统的尊崇会影响到每个人。"——确实,这种将观察作为科学工作基础的想法遭到了某些医务人员的嘲笑,而且现实世界确实充满了谬误和例外,所以这种理论显然是太愚蠢了。其他人则坚持两种血液的观念,因而非常看重放血治疗的方法。放血术是盖伦式治疗的根基之一,无论是医生还是病人都对它推崇备至,它既与体液理论相通,又和身体的净化是治愈的关键这个理念相联,无论是净化肠胃里的东西,还是那部分"不干净的"血液。然而,经观察表明,放血不但没有令病人康复,反而使病人更加虚弱。对于提倡新式医疗理念的人来说,放血是所有老式医疗方法谬误的典型代表。因此,弥留之际的笛卡尔在病榻上,用自己的强烈反应表明了自己的观点。

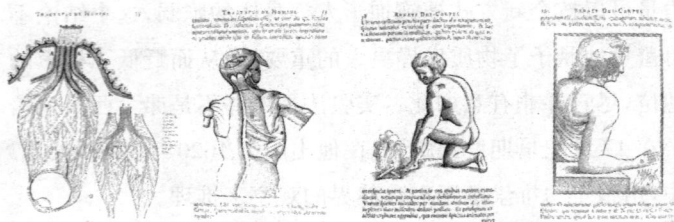

笛卡尔所绘人体解剖图,表明身心互动,原载他的《一体论》

17世纪30年代,哈维的体系逐步地站稳了脚跟;人们开始将它看成是一种全新医学的基础,而对人体奥秘的探索逐渐成了一种时尚、一种产业和一种痴迷,堪比对天堂的探寻。在荷兰,雷耶尔·德·格拉夫开始深入生育繁殖的神秘领地:他把解剖刀伸向怀孕的兔子,绘制出受精卵通向子宫的线路;在托斯卡纳大公国医院工作的戴恩·尼古拉斯·斯泰诺,则通过揭示泪腺的构造,观察其运行规律,朝着解密人类情感的方向迈出了一大步;医学教授们在自己家里建造了"家庭圆形场地",供预约而来的大批学生观察人类尸体及动物活体的解剖。

在阿姆斯特丹,尼古拉斯·杜尔普医生用死刑犯尸体做公开的解剖示范。他的名声远未止于被贴上无神论者的标签,他还因为在伦勃朗的画笔之下用钳子拔出尸体左臂的一条肌肉而名垂千古。而且,根据曾研究过这幅画的整形医生A.C.马奎宁的说法,在这幅画中,杜尔普还举起他自己的左手以演示这条叫跖表浅屈肌的手臂肌肉是如何控制手的运动的:这堂课并不仅仅是讲解有关人体肌肉的知识,它还讲到身体各部分之间相互关联的因果关系。画中那些打着白花边领带、蓄着整齐胡子的旁观者们伸长了脖子,看得入神。

《杜尔普博士的解剖课》这幅画也反映出社会变迁的迹象，即什么是被社会认可的——就像女性将会穿上长裤，美国南部的种族隔离终结等等——这些在某些人眼里意味着文明衰落的现象，但在另外一些人看来，这种变迁表达了具有新型进步观念的新时代。而人类的身体奥秘，长久以来包裹着神秘的面纱，最终也将一览无余地呈现在人们的眼前。

❖　❖　❖

但是，16 世纪末、17 世纪初的那些伟大的科学探索者们，比如伽利略、培根、哈维、开普勒和布拉赫等人，由于他们的工作零散片段，互不关联，所以他们虽然引发了人们对实验、解剖、观察和分析的无穷兴趣，但这些兴趣的直接结果依然让人感觉云里雾里。他们的结论已经不能被纳入存在了400 年之久的知识架构，也无从用古代作家的理论来解释那些结果，事实上，这些新的结果冲击着原有的理论，动摇了支撑其理论大厦的支柱之根基。我们难以评价在当时这一切意味着什么，主要是因为那个时代导致了我们现在生活的世界具有多重的意义体系。当然，现在也有基要主义，但即使今天的基要主义者也意识到了和相对主义的和平共处，虽然自认为是唯一正确的信仰，但他们也能意识到其他信仰体系的存在。在 17 世纪，历来被视为绝对价值体系和真理体系的一切面临了极为激烈的挑战，波及到从教皇到受过一定教育的平民的所有领域的人们，都异口同声地非难着这种迷失，将这种状态视为危机。当然，信仰危机本来就比任何其他的危机更深重。

接着，在 1637 年，有一本书出现在巴黎、罗马、阿姆斯特丹与伦敦的大街上。它的扉页上刻印着一个大胡子男人的肖像，他身穿束腰上衣和紧身裤，在花园里挖地——这是用卑微的劳动者形象象征哲学真理的追寻者吗？——肖像上方是完整的书名，书名不是用拉丁文写的，而是用法文写的，所以它的作者断言这本书连外行人（至少是法国的外行人），甚至——令人大为称奇的是——连女人都看得懂：

DISCOURS
DE LA METHODE
Pour bien conduire sa raison, & chercher
la verité dans les sciences.

PLUS

LA DIOPTRIQUE.
LES METEORES.
ET

LA GEOMETRIE.
Qui sont des essais de cete METHODE.

意即：探寻推理方法，追求科学真理。附加屈光学、星体学、几何学的方法论。

扉页还列出了出版地荷兰莱顿市，以及出版商的名字让·梅尔，当时他还名不见经传，但他将会因这本书而声名远扬。该书印刷了 3000 册，它将成为史上最有影响的著作之一。

惹人注目的是，作者的名字并没有印在书上，他此前曾表示希望"藏在幕后以便听取人们的反应"。但是，就像人们后来知道的那样，《方法谈》的作者身份几乎立刻就被确认了。

当他还在求学阶段，笛卡尔就将传统知识根基上日益显露的缺陷视为一种个人危机。就像他在《方法谈》里写到的，这种对价值的质疑就好比人们在 20 岁左右普遍会经历的心理或认知危机："我一完成学业——这些学业的完成通常来说意味着有资格进入有识之士的行列——就发

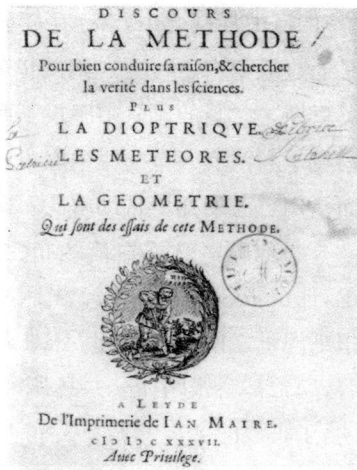

笛卡尔划时代著作《方法谈》首版扉页

现自己背负了如此之多的疑问和错误，除了越来越发现自己完全无知之外，我一无所获……可我就读的学校，竟然还是全欧洲最著名的学府之一，我想，如果这个地球上有所谓智者的话，这个学校里应该就有。"他到处寻找精神归宿，他可不想被"炼丹术士的许诺、占星家的预言和巫师的鬼把戏"所蒙蔽。至于亚里士多德体系中所理解的科学，他曾断言，"在如此不稳固的基础上，绝无可能产生稳固的东西。"

于是，和那时候的很多大学毕业生一样，他决定丢掉书本，去探索世界："我决定，除了从我自身，或许还可以从大自然这本伟大的书籍中汲取知识，我不再寻求其他的知识。"他游历了 9 年，"……除了四处漫游外，我无所事事，在世界这个剧场里，我想做一个旁观者，而不是演员。"当时，欧洲正陷入通称的 30 年战争与 80 年战争（两场战争在时间上有重

叠)的巨大混乱之中,对一个年轻人而言,自然而然的事情就是通过战争去学习更广阔的世界。他在荷兰共和国继承人莫里斯·拿骚的军队中服役了两年,然后在巴伐利亚选帝侯马克米利西安一世的军中服役。他努力避免真正走上战场,而是用自己的知识帮助解决军队工程上的问题。

当他随军驻扎在荷兰布雷达城时,在一个秋天的日子里,他被张贴在公共布告栏上的一道数学难题吸引住了(在报纸问世之前的年代里,像难题竞猜等游戏与娱乐类的内容,通常都会张贴在公共场所)。这道题目是用弗兰芒语出的,于是他问旁边的那个人能否翻译,两人之间迅速产生了友谊。巧的是,对这个他们两人都生长于其中的知识世界的不牢靠根基,伊萨克·毕克曼也怀有强烈的不满。看来,他们不约而同地想到了获取有关自然世界真实知识的新策略:将数学应用于物理学,于是,友谊演变成了一种竞争。期间,由于笛卡尔继续随军开拔,他们开始了书信交往,在信中,他们交流问题及研究结果,话题多得令人眼花缭乱,他们热烈地交流着仓促的新发现:有关音乐的理论,有关自由落体的加速度,有关液体对容器施加的压力,有关几何学。一开始,比笛卡尔大 7 岁的毕克曼处于老师的地位,但笛卡尔很快就超越了他。在某一封信里,笛卡尔概述了自己发现的分析几何学,就是用代数来分析几何形状与问题,它反过来会成为微积分的基础,在信中他很得意地说,一旦研究出具体的细节,那么"在几何学里,就不存在其他任何需要人们去发现的东西了。这个任务很繁重,不可能凭一己之力完成。虽然这一切令人难以置信,但它的前景却无比广阔,但我已经在这科学的黑暗混沌中看到了一束明确的光……"温和,从来不在笛卡尔的词典里，他也为此吃尽了苦头。

不久之后，当他驻扎在德国时，他满脑子都是想法，全身心都绷紧于去把握这些想法的整体，一个11月份的夜晚，他在他的"炉子"——一个被炉火烘得很热的小房间——里待了一夜，这一夜他连续做了三个重要的、迷幻的梦。醒来时，他感到这些梦构成了一种异象：这些梦正是他一直以来在追寻的所有思路的提炼，这个异象将自然世界看作是单一的体系，而数学就是开启这个体系的钥匙。追寻这种异象，也就是说，用一种新的方式去观察宇宙及其与人类的关系，将是他一生的工作。作为西方世界的转折点之一，笛卡尔的这个多梦的夜晚已经载入了野史。

那个多梦夜晚之后的第7年，《方法谈》问世了。这本书是他这7年来工作的总结，也是他出版的处女作，确切地说，它是4本小书的合编，最后3篇论文谈及光学和视觉、几何学以及地理与气候现象，它们属于对反射、近视和远视、风的性质、云的形成与彩虹规则的最早的解释，同时，书中也阐释了分析几何学。

但是，正是这样一篇介绍性的论文，连《方法谈》本身都只有短短的78页篇幅，让笛卡尔这位矮小又自负、报复心重、四处飘游而又野心勃勃的法国人有资格跻身同时代以及自亚里士多德以来的伟大人物之列。他不是17世纪最杰出的数学家（比他大一辈的伊萨克·牛顿才能当之无愧地赢得这一称号），他也不是最有影响的科学家（在这个领域牛顿与伽利略可能平分秋色），人们还会认为斯宾诺莎与莱布尼茨是比他更为精致的哲学家。但是，正如施古斯在《笛卡尔与科学之可能》中指出的那样，笛卡尔"不仅是现代哲学之父，而且,更重要的是,他是现代文化之父,不仅是现代西方文化之父,由于后来西方文化观念的扩散,他也是现代世界文化之父",而《方法谈》就是这种名誉的第一个理由。罗特在《笛卡尔的〈方法谈〉》中指出,这篇小论文曾被称作"思想史的分水岭,它之前的一切都是旧的,它之后的一切都是新的"。

❧　❧　❧

早在学生时代,笛卡尔就已得出结论,对待知识的传统方式的软肋在于它的根基,也就是理解问题的方式。古代作者才华横溢,思维敏锐,但如果他们的知识大厦是建立在松垮的地基上面,那就难免会摇摇欲坠。以亚里士多德的自然界构成要素为例:为什么是土壤、空气、水和火呢?那些最显然于感觉的,必然是实在的基础,这种说法又有什么理论依据呢?再举个托马斯·阿奎那的例子,这位学院派思想家里面最杰出的人物,竟将他过人的睿智挥洒在寻找天使存在的"证据"这类事情上,其中包括对天使的数量、种类、实质、智能及起源的分析,并解决了诸如当天使在两点之间移动时是否穿越了中间空间这样的问题,这个史上最伟大的头脑之一怎么可以让自己进入如此错综复杂的推理死胡同呢?或者还可以用柏拉图的理念论为例,根据这种理论,窗外的那棵树本身并不是真的,它仅仅是对"树"这个永恒理念的反映,而我用来打字的键盘事实上是完美的非物质理念——或可称之为"类键盘"——的不完美的替代品,它由神创造并存在于永恒中。

但为了理解实在,传统的理论就围绕这些范畴层层地堆积起来。数个世纪的长袍学者与抄写员把油灯照在羊皮纸和皮面手稿上,用口述记录,用鹅毛笔书写,用红笔圈点,记忆分析加归纳,以这些范畴为基础,不断地在空洞苍白的架构上增添内容,并用这个日益显得笨拙无用的工具来解释自然界的现象、人类的行为、历史和宇宙。但是,亚里士多德的分类又有何根据呢?人们凭什么相信它们?我们如何知道它们不是信口开河?或者,换言之,如果它们是正确的,我们不是应该可以看到建立在这些基础之上的知识所产生的伟大的东西吗?正如笛卡尔一针见血地指出的那样,"证明亚里士多德原则错误的最好方法,就是指出,在它们被追捧的那么多个世纪里,没有产生任何进步。"

那么,何种方法会产生进步呢?笛卡尔很清楚自己的最终目标。不像后来的哲学家,他们只会竭尽全力纠结于诸如"为什么是有而不是无"这种秩序问题,而笛卡尔的研究内容更充实:他在追寻这样一种哲学,它能让整个世界都在掌控之中,它要使人类成为"自然的主人"。

乍一看,他着手的方式似乎毫无章法。就普世方法而言,我们都会自然而然地向外看,如同航海家用六分仪,观看星辰和遥远的地平线。相反,笛卡尔与传统的决裂首先表现在风格上:《方法谈》是用第一人称写的,由此而来的副产品是,这部世界上最伟大的哲学著作之一,也是最可读的著作之一。而且,它为一个新时代提供了合适的切入点,其焦点落在了个人身上。《方法谈》并不以数学公式或科学命题开始,也不以罗列名家权威开始,呈现在我们面前的是一个活生生的人——笛卡尔自己——孤独地坐着,思考着。文中有一种温暖的氛围:你几乎可以听到背景中炉火的噼啪声;我们置身于熟悉的场景:它属于小说、散文、戏剧和电影的场景,它属于人类,是的,正是现代的人类。

所有这些现代艺术形式,除了将焦点放在个人身上之外,都会围绕一个核心的危机展开故事,这本史上第一部现代哲学著作也不例外。这个危机就是意义的丧失,所以追寻的目标就是真理,是值得相信的东西。笛卡尔的策略是,假定亚里士多德对自然和实在的整体看法是错误的,进而假定阿奎那、柏拉图、邓·司各特、奥卡姆的威廉及所有受人尊敬的作者也是错误的。他象征性地将圣经也扔到了同一个垃圾桶里,无论是从亚当夏娃到希伯来先知,还是耶稣基督的复活。他不断地猛烈抨击诸如此类的任何思想与观念,直至到达一个不可能再否定的命题,这个举动不仅是对哲学的考验,也是对心理的考验,笛卡尔为此在《方法谈》中附上了"高难动作,请勿模仿"的警告:"剥去人们自己对所有过去信念的简单设计,不是人人都应当效法的榜样。"

或许宏大抽象的著作需要用这种方式来完成,但就在我们前面的那些东西又该如何表达? 就像笛卡尔在《第一哲学沉思录》中所说的那些简单的事实:"我在这个地方,坐在火炉边,穿着冬日的睡袍,手里拿着一张纸。"那又怎样? 甚至于这些东西也是会消失的,感觉也是不牢靠的,感觉是会骗人的,我可能正在做梦,或者被某个恶毒的神灵迷惑或欺骗。如果我们对这一计划是认真的,那么包括视觉、味觉、嗅觉在内的所有感觉,无论它们是多么不证自明,也必须受到怀疑,严格来讲,我甚至连自己身体的实在也无法确信。

在这种无情的砍伐之下,还有什么会幸存下来呢? 那只能是一种东西,一个无法被否定的命题,可以说,就像在这个宇宙中钟摆孤独的滴答声。那是思想家自己思想的声音。

我还能怀疑正在此出现的思想,包括这一怀疑?不,从逻辑上来说这是不可能的。因此,尽管它是谦逊的,我们仍能称它为根基,岩床一般坚固的根基。

就这样,笛卡尔成了史上极其罕见的人物之一,能够为这个世界提供试金石般的金句。在笛卡尔及其时代,"我是道路,真理,生命",就是这样的金句;而在另一方面,我们有质能方程 $E = mc^2$。正如哲学家们曾指出的那样,"我思,故我在",或者"Je pense, donc je suis"(拉丁文),或者"Cogito, ergo sum"(法文),并不能完全涵括笛卡尔的意图。一旦他的方法论上的怀疑渗透到各个方面,严格意义上来说,连这个"我"也不复存在,留下的,唯有"思"。所以,比"我思,故我在"更准确的说法,应该是"有所思,故有所思者",但这个说法不太适合做 T 恤与漫画时代的标语。

奇怪的是,正是在笛卡尔将焦点转移到人类心灵这个普遍被认为是相当薄弱而又捉摸不定的器官上时,他才抵达了最接近于可作为知识之可靠基础的东西。如果我自己的思想是我唯一能够站立其上的不容质疑的根基,那么它们显然还不至于如此薄弱,至少并非总是如此。就像笛卡尔的一位早期追随者所说的那样,"怀疑是不可怀疑的哲学的开端"(引自西奥·菲尔贝克《笛卡尔与荷兰》)。因此,心灵及其"良知"——即人类理性——是判断真假的唯一基础。因此,有了被哲学家简称为"思"(cogito)的这种东西,以及由它而来的知识论——后者笛卡尔在《方法谈》及后期著作中总结过——人类理性就取代了公认的现成智慧。一旦笛卡尔建立了这个地基,那么他与其他人就能重建知识大厦,这座大厦将不同于以往,一切都将不同。

❦ ❦ ❦

　　在如今的乌得勒支市中心广场的中央,异常地、孤零零地矗立着一座宏伟的哥特式教堂塔楼,它勾勒出这座荷兰城市的天际线,一条宽阔的石道将它与大教堂分开。对这种异常布局的解释是,联结这两个建筑的中殿在 1674 年的一次强风暴中倒塌了,此后从未再建。除了这个变化之外,这一得到优雅地保存的古老城市的中心,有着下沉的河道,蜿蜒的街衢,和砖砌的墙面,它和 1638 年时的样子没什么大的不同,正是在那一年,40 岁的医生亨德里克·德·罗伊——大家知道的是他的拉丁化名字雷吉乌斯(Regius)——一头冲进了挨着大教堂的一座建筑,这里是新近被命名的乌得勒

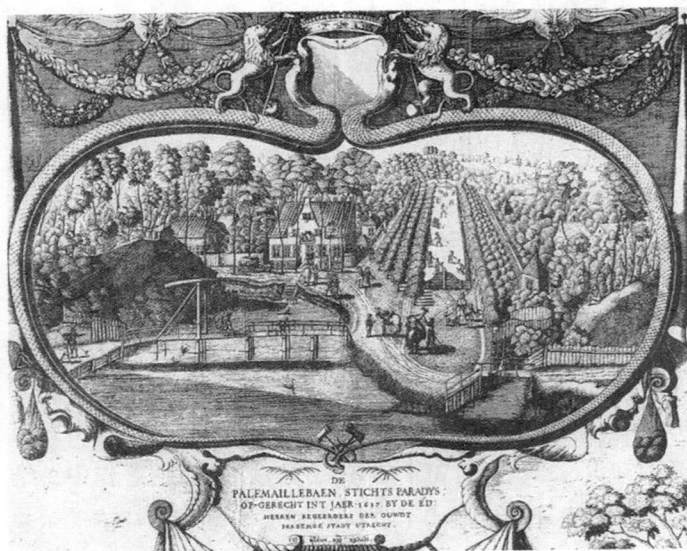

1640 年代笛卡尔在荷兰乌得勒支市的住宅位置

支大学,雷吉乌斯受聘来此担任教授。

不久以后,雷吉乌斯给从未谋面的勒内·笛卡尔写了封信,当时,笛卡尔住在 40 英里开外的桑特波特(被那里更宽松的学术氛围所吸引,笛卡尔的大部分职业生涯都在荷兰诸省度过)。雷吉乌斯用铅笔写了一封信感谢笛卡尔,他说,这是因为他在乌得勒支大学拥有的这个新创的医学教席有赖于这位法国人。1 年前,《方法谈》出版的时候,雷吉乌斯读过该书,包括书中有关光学和星体学的论文,毫不夸张地说,这本书改变了他的世界。之前,他一直在教物理学的私人课程,读了《方法谈》之后,他更新了他的整个方法。从那以后,他的课堂上挤满了学生,他们都对这种理解自身和宇宙的新方法充满好奇。大学学监对此做了记录,雷吉乌斯相信,是课程的名声使他获得了晋升。

雷吉乌斯请求笛卡尔接纳他做"门徒",笛卡尔很高兴:他对恭维话完全没有抵抗力,而且,如果希望他的工作有影响力的话,这种类型的回应也是很需要的。尽管《方法谈》最初并不畅销(和所有时代的作者一样,笛卡尔发牢骚说书卖得不好,因此他怀疑是否会再版),但这本书还是有人在读,笛卡尔正从默默无闻走向知识名人堂,他的名字,在大学、教堂、客栈与咖啡馆里都会被人谈及。17 世纪欧洲那些好论时政的知识分子彼此通信,他们在给笛卡尔写信时,会毫不害羞地滥用溢美之词,称他为"伟人","我们时代的阿基米德","最伟大的哲学家","大力神阿特拉斯,不用隆起的肩膀,而是用伟大心灵的稳健推理撑起天穹"……用雷吉乌斯的话来说,最令人感兴趣的是笛卡尔发现的"这种杰出的方法","在寻求各种真理中指导理性"。

　　笛卡尔现在正形成他的人生目标:那就是取代亚里士多德,成为教育的基础。这似乎是令人笑掉牙的浮夸野心,远超伽利略和达·芬奇,甚至比亚里士多德本人的抱负更伟大,后者毕竟没有认为自己在为人类历史数世纪的知识架构作奠基。说得不客气一点,他想改变每个人的思维方式,而且他知道这是不能通过写一两本书或做些演讲来实现的,如果希望他的哲学被采纳,他必须建立起关系网:赢得有影响力的教授,教会执事,大学学监及政府领导人,这个过程就从雷吉乌斯开始。

　　雷吉乌斯开始着手热火朝天地推广笛卡尔主义,有了笛卡尔做后盾,他在大学就这个主题展开一系列正式的辩论。由于他是医学教授,主题取名"健康科学",这个标题本身就表明了他会展示的临床方法。在进行的过程中,他似乎在不断加强戏剧性,加重观众的口味:研讨逐次升级,越来越大胆。激进的个体人类意识新理论是他的起点,依据这种理论,人类的意识是能够运用理性这个工具的,他渐次展示了有着机器一般规则性的笛卡尔宇宙:从哥白尼的天体论,认为地球只是环绕众多恒星中的一个旋转的众多天体之一,到人体的器官,这些器官不是凭借神力,而是凭借适当的身体状态才能正常运作。他深入到细节之中:脉搏的运动,呼吸,甚至粪便。他完全无视神学,公开嘲弄亚里士多德的分类法,以哈维的血液循环理论作为解开人体运作密码的关键,这个理论也成了笛卡尔生理学的中心部分(笛卡尔总体上遵从哈维的血液循环理论,但是他不同意哈维关于心脏泵血的论点,笛卡尔认为——当然是错误的——心脏就像一个火炉,它将血液加热,从而使它循环起来)。

但是，当欧洲某些知识分子深入研究《方法谈》，并推崇它创造了一种崭新的知识框架时，来自于乌得勒支的回应却是不同的，这或可视为对这一我们称之为现代理论的首次公开反应。当雷吉乌斯结束最后一次讲话时，拥挤的房间嘘声一片，陷入混乱之中，达官贵人们摔门而去，这场混乱始料未及，一场更大的危机正在悄然酝酿。

尽管笛卡尔胸怀抱负，但他并不喜欢短兵相接的冲突，所以这段时间他远离了乌得勒支。然而，这位长着一张拳击手的脸，有着好斗个性的雷吉乌斯完全和亚里士多德主义者混战起来，这进一步给危机火上浇油。当一个叫雅克·普利姆诺斯的教授挑战他的血液循环理论时，雷吉乌斯写出了一篇言辞激烈的论文作出回应，称这个回应是"洗擦普利姆诺斯博士污秽之词的一块海绵"。

然而，真正的敌人其实是吉斯伯特斯·伏丢斯，他是一名神学家及亚里士多德主义者，也是这所大学的教区长。如果说雷吉乌斯立刻全盘接受了笛卡尔哲学的话，那么伏丢斯这个矮小、严峻、长着一张雪貂脸的男人也立刻嗅到了其中的危险气息。伏丢斯开始全面攻击雷吉乌斯、笛卡尔及其"新哲学"（比如，科学），他指控被笛卡尔视为其体系一部分的哥白尼天文学冒犯了"神圣物理学"，而它正在不知不觉地潜入欧洲知识分子的心灵，必须被铲除。笛卡尔曾宣称，建立在他的方法之上的哲学将会带来对自然的全新洞见，但是，伏丢斯指出，这种知识不是关乎俗世层面，而是关乎属灵层面：它关乎耶稣教导我们的"天国"的秩序。"我们所不知道的事情太多了！"伏丢斯宣布，基于这个事实，通往真理的道路并不是通过毁灭性地怀疑数世纪以来谨慎建立的一切，

左为雷吉乌斯，笛卡尔的第一个"门徒"，右为伏丢斯，他于 1630 年代在荷兰领导了对笛卡尔的攻击

而是通过培育并尊重一种"有学问的无知"。

伏丢斯运用他的影响力，在数条战线上发动了反笛卡尔主义的运动，他警告说，这是一条通向人类心灵所能够抵达的最危险的地方：无神论。伏丢斯和他的支持者们将笛卡尔视为异教领袖一类的人物，这些人通过个人魅力，奴役操纵其追随者。那倒是笛卡尔式怀疑的真正目的：鼓励其追随者遗忘他们曾从古代大师那里学到的东西，笛卡尔正在清空他们的心灵，这样他就能用他自己的理论填充它们。随后，落入俗套的惯用诽谤接踵而至，伏丢斯及其帮手开始诬蔑笛卡尔性取向异常。

笛卡尔非常震惊，他没有想到介绍自己的哲学会带来这种反应，他本来可以回避面对面的冲突，但他非常傲慢，在交锋中他会流露出深深的敌意。就像一个反对派所说的那样，"……也许笛卡尔自己确实试图摆脱一切偏见，但是，在有一点上，他的偏见根深蒂固，那就是他确信他自己在一切事情上都完全正确。"在对待批评意见上,笛卡尔可能表现得异常敏感,而且非常低俗,他曾经谩骂费马的数学是"屎";把另一位杰出作家的著作贬低为擦屁股纸。在一次和帕斯卡尔就自然界中真空地带是否存在的讨论中,笛卡尔尖刻地说唯一的真空存在于帕斯卡尔的脑袋中(据说,笛卡尔坚称没有这回事,帕斯卡尔则说有)。当他的《第一哲学沉思录》再版时,他利用这个机会添加了一个附录,以他的角度描述了乌得勒支事件,他觉得这还不够,接着又狂书长达 200 页的答复,以标题为《致伏丢斯的信》成书出版,捍卫他的哲学,指责神学家伏丢斯是煽动家,诽谤者,并反戈一击,称伏丢斯才是无神论者。在这一切的基础之上,他用手中那支犀利的笔描绘了伏丢斯及其同伙之所以向他大泼污水的真正原因,那就是他们心里明白笛卡尔站在真理的这一边,所以他们不能面对自己的世界观正在崩塌的现实。笛卡尔所做的这一切把整个事件推到了更广大的欧洲观众面前。

笛卡尔痛苦地发现,他被起诉为中伤诽谤罪,并有可能获刑。他只得向法国大使求助,大使又求助于该省的最高官员总督。这个事件绕进了荷兰的社会体系,演变成了某种公共事件:城镇官员,神学家,学监,教士,行政官,教授和学生,都在思考其中牵涉到的问题,掂量着这个穿着笛卡尔主义外衣的新思想到底是通向知识的真正途径,还是对基督教的侮辱或摧毁,或者两者兼而有之。公众清楚地感受到社会根基正在遭受攻击,到 1642 年,这场官司闹到了顶峰,这时乌得勒支市正式禁止笛卡尔哲学。

但是,这场辩论并未到此结束:恐慌与困惑继续在蔓延。1647 年,争论抵达了莱顿大学,这所大学是荷兰最著名的学术机构,也是《方法谈》出版的地方。就像在它之前的乌得勒支一样,这所大学也试图用禁止笛卡尔哲学来平息这场争论,下令"无论在公共还是私人课程中,哲学家都不得背离亚里士多德哲学"。如同在乌得勒支一样,有关笛卡尔主义的公开辩论日益升级成了暴力,人们挤满了礼堂,跳上桌子和长椅,以致于"头都碰到拱顶了"。一个名叫亚当·斯图亚特的哲学教授提出了反对笛卡尔的讼案:"某些赶时髦的哲学家们不承认感觉有任何可信之处,宣称哲学家可以否认上帝的存在,或者人们能够怀疑上帝的存在……"其时,在教师和学生中间,笛卡尔有了不少的拥趸,他们中的一些人对斯图亚特误判了他们气愤不已,学生们跺着脚,大声喧哗。斯图亚特完全失控了,朝着笛卡尔主要维护者尖叫:"凭借我的公共权威,我命令大家保持安静,闭嘴!我不想听到你说话!"就像在乌得勒支一样,争论在混乱中结束了。

而争论中牵涉到的话题,信仰与理性之间关系的本质,也是灵界与物界之间关系的本质,将会在接下来的数十年里,在欧洲大地上被不断地重复。根据欧洲的传统与法律,这两者的关系之间,前者都是高于后者的。结果,信仰与理性之间的战线从未泾渭分明。笛卡尔自己就并非如同历史把他描绘的那样是一位冷静的理性主义者,他对自己的信仰很忠诚,但同时他又无可否认地是一位现代哲学家,并一只脚踏进了中世纪。以中世纪哲学家的方式,他将上帝存在的"证明"融入他的哲学,对他而言,有必要证明上帝的存在及其内在之善,因为,基于笛卡尔式怀疑的腐蚀性,上帝的存在以及上帝的内在之善是唯一的确据,表明物质世界真的存在。因此,他的著作有着神学基础:不仅世界与科学依赖于上帝,笛卡尔哲学也是如此。

但是,亚里士多德主义者并不买他的账,笛卡尔的方法将理性作为工具,因此它对待物质世界的方式贬低了神学的解读,于是他们认为,如果视笛卡尔主义为真正的思维之基础,必会导致无神论,权威的崩溃,以及一个被怀疑与混乱所撕扯的没有任何裁决和规则的世界。

这些言论最令人注目的一点就是,即使放在 21 世纪,听来还是如此耳熟能详。今天,许多人会说,这恰恰就是我们现在所面临的:没有方向,承受相对主义与怀疑主义结下的恶果。正如红衣主教约瑟夫·拉辛格在他成为教皇本笃十六世之前所说的那样:"我们正在建立一种相对主义的独裁,这种相对主义不承认任何确定的东西,而且它的终极目标只是人们的自我与欲望。"他的担忧与当代宗教保守主义者对笛卡尔主义的恐惧是一致的,与笛卡尔同时代的一位评论家曾警告说,笛卡尔式"各种怀疑可能会从哲学渗透到神学中去,学生们因此会转而怀疑一切:他们自身,上帝,等等"。另一些世俗主义者或宗教宽容者则坚持认为,盲目的信仰是人类必须克服的问题。引人注目的是,就在《方法谈》出版后的短短几个月里,标志着拉开现代化时代序幕的危机就已经出现了,这场危机是在信仰与理性冲突的领域里深刻而复杂的困惑,在接下去的数个世纪里,这种危机披上不同的外衣,一次次地出现,从法国大革命,到达尔文的进化论,再到今天围绕好战的神权政治与宗教恐怖主义的争议。

偶尔,它还不仅是一种哲学遗产,而是来自现代性开端的具体事件,并且迅速成长至今,它就像一粒珍奇植物的种子,但属于生物工程制作的品种。2006 年 6 月,应西奥·菲尔贝克和埃里克-让·博斯邀请,我在乌得勒支大学学院俱乐部与他们共进午餐,西奥是世界上最杰出的笛卡尔研究者之一,而博斯则是这所大学的哲学教授,他们正联手编辑一本《笛卡尔书信集》(这个集子篇幅将长达 5 卷,在狂热推广自己的哲学理念这一点上,笛卡尔真是一位令人望而生畏的对话者)。菲尔贝克跟我讲起了他在一年前经历的一件很有纪念意义的事:在一个正式仪式上(正式到使用了拉丁文),该市与该大学的官员因笛卡尔以往受到的对待而公开道歉,并解除了 1642 年颁布的禁令,用报道了这个事件的《世界报》的话来说,"庄严地平反"了这位哲学家。这个事件在遥远的日本都成了新闻。2000 年,教皇约翰·保罗二世为天主教教会因伽利略坚持哥白尼的观点而审讯他作出道歉。"我们模仿了梵蒂冈的仪式,"菲尔贝克博士对我说,"乌得勒支是世界上第一个认识笛卡尔主义的地方,也是第一个禁止它的地方,最后终于得到了纠正。"

在用餐过程中,我们也谈到了笛卡尔曾在乌得勒支短暂居住过的那座房子,它早已经消失了。当我们离开餐厅的时候,我问菲尔贝克博士这里是否还有任何与笛卡尔相关的建筑物,他带着有点难以置信的眼神扫了我一眼,似乎在说,"难道你真的不知道?"然后,他领我走过一个转角,打开一扇大木门。那是一个阔大的空间,像一个教堂,有着拱形穹顶和华丽木雕。一场博士论文答辩正在进行中,在荷兰的教育体系中,这是很正式的场合,要求学者身穿长袍,头戴学位帽。这个场景给了我们逼真的历史感,对我来说,这一刻非常震撼,完全出乎我的意料。就在这所大学,就在这个礼堂,300 多年过去了,没有丝毫变化。1641 年,就是在这里,雷吉

乌斯展开了支持笛卡尔思想的辩论：这个地方，你可以说，就
是现代性首次挂牌的地方。

❧　❧　❧

"正确指导理性的方法"在笛卡尔脑子里灵光一闪之后
的岁月里，他开始痴迷而饥渴地将之应用于他所能想到的一
切。矛盾的是，笛卡尔作为一个历史人物，人们记住的是他
那极度概念化的思想家形象，他的名字，几乎成了一个伴随
着抽象概念出现的形容词（比如，笛卡尔坐标系，笛卡尔二元
论，等等），其实他非常关注世俗小事，他研究雪、岩石和盐，
他着迷于让自己的理念进入法律的范畴，并曾在一个农夫被
控谋杀的案件中得到运用，在处理那个案件的过程中，他深
入调查细节，然后代表当事人向法庭提出申诉：在理性的这
种运用上，他预兆了福尔摩斯和司法科学。

所有这一切，都与他的主要动机有关，这也是他的同时
代人培根和哈维共同的动机，他们希望留给我们这样的遗
产：人类进步的观念。笛卡尔相信，"掌控自然"能为我们带
来"自由"，他所说的自由，是摆脱困苦劳作的自由，是摆脱
偏见和谬思的自由，当然还有摆脱痛苦与疾病的自由，因
为，那个因恐惧死亡而颤抖的孱弱孩子从来没有离开：人类
的健康始终是他的首要关切。当他1635年在阿姆斯特丹
生活的时候，他所居住的卡尔弗尔大街很便利，这条街道因
为那儿的牛羊屠宰场而得名，他只需沿着那排两三层高的
砖墙楼房行走，穿过那座叫做穆特的中世纪钟楼的阴影，就
可以找到刚刚宰杀的标本，运回家后将它们剖开，然后开始
探寻眼球的奥秘，肠子幽暗的盘结，心脏的各个腔室。在钻

研医学的岁月里,他解剖过兔子、狗、鳗鱼和牛,就像在别的领域一样,不说自大吧,他是非常的自信,"我很怀疑,是否还有像我这样做过如此细致观察的医生。"他写信给一位朋友说,"我没有发现任何不能用自然原因来解释其形成的事物,我能够详尽地解释它……"

他还在别处愉快地写道,"现在,我正在解剖不同动物的头颅,希望从中发现想象和记忆等等是由什么构成的。"如果这种狂傲自大是笛卡尔所独有的话,那么,那种在科学之即将来临的高潮上的天真,则是他和他同时代的人所共有的。在那个现代诞生之初的理想时刻,人们趋于相信解决某些最复杂的人类问题的方法近在眼前,而笛卡尔坚信,他的方法就是一把开启这些问题之门的钥匙,比如,他坚持认为,所谓精神健康,无非就是让理性这种方法用到自己身上。一旦人们做到这一点,变态与偏执就会像嫉妒、恐惧、贪婪、欲望等这些普通的感觉一样自行消失。

这种乐观主义的情绪还走得更远:身体就是一台机器,所以,只要了解了它的所有组成部分,就能让它正常地工作。以这种观点来看,死亡相当于机器出现了故障,只要能够发现并修正这个功能性故障,死亡的问题就能迎刃而解。笛卡尔越来越相信他能够破解人体的密码,并将人类的寿命延至上千年,在他生命的某一时刻,他对自己的研究进展很有把握,他这样写道,假如他的计划"不会因生命的短促而受阻",他将马上就要把这个想法变成现实,可见他自己没有看出其中的可笑之处。

尽管在今天看来,笛卡尔这种对医学的乐观想法相当愚蠢,但当时还是有人相信的。欧洲最伟大的知识分子像了解他的哲学及数学发现一样了解他的医学研究。笛卡尔为帕斯卡尔提供医学建议；荷兰政治家与诗人惠更斯写信请求他暂停其他研究，以留出足够长的时间给大家提供一些关于如何做到"比我们现在更长寿"的秘诀；皇室成员也想了解他的最新进展，想知道他是否发现了让我们活得"和人类祖先一样"长寿的途径。他似乎很享受担任医学顾问这个角色，但是，在诸如微生物理论、血型、麻醉法、显微镜、细菌等等基本医学发现尚未问世的情况下，他的建议虽然不那么让人兴奋，但还是很靠谱的：他倾向于建议人们多休息，多喝汤，保持乐观心态。与此同时，他开始着手一项他自认为可以延缓白发生长的研究实验，这也证明了他真是现代人。

当然，笛卡尔并未作为一个医学研究者载入史册，他的关注点最后拓展到了身体之外，这种拓展的原因之一就在于身体本身及其脆弱性。笛卡尔终身未婚，也几乎没有为人所知的亲密关系，但毕竟他也是人。我们发现，在 1634 年 10 月 15 日，当笛卡尔在阿姆斯特丹住在同伴托马斯·斯乔特的家里时，与一位名叫海伦娜·雅斯的女人发生了关系，她是房东的女管家。我们之所以很精确地知道这一点，是因为 9 个月后一个孩子出生了，事后笛卡尔与一位朋友闲谈时跟他透露了受孕的日期，显然，他记录下了这件事。海伦娜·雅斯其时受雇于斯乔特，斯乔特是英国人，他经营着一家书店，他住过的房子如今还在阿姆斯特丹市中心（就在安妮之家博物馆拐角处），不过，数月之后，当笛卡尔离开阿姆斯特丹前往他以前住过的荷兰德文特镇时，海伦娜·雅斯也随他而去，她的女儿就出生在那里，他们给她取名弗兰丝。

笛卡尔是一个自我中心、自负傲慢、报复心很重的男人，他和他的家庭很疏远，也没几个有深交的私人朋友。但是，随着这个小女孩的到来，他似乎在某些方面发生了根本性的改变。按照他的 17 世纪传记作家阿德林·巴耶的说法，这个孩子是他一生的爱。不结婚就生孩子是重罪，因而笛卡尔不遗余力地保守这个秘密，但他同时在洗礼登记时承认这个孩子是自己的（尽管只用了他的名，而没有用姓）。

在接下来的几年里，他们到处搬家，这是个奇怪的小家庭，对外，海伦娜是笛卡尔的仆人，弗兰丝则是他的"侄女"。1640 年，他写信给住在法国的一位女性亲戚，说他正准备带他女儿到那儿学习语言并接受教育。9 月初，在去法国之前，他到莱顿做了一次短暂的旅行，接着就传来了坏消息：弗兰丝患上了猩红热，"她全身都紫了"。有一种说法是，在女儿弥留之际，他及时赶回家，将她抱在怀中，孩子死在他的

绘于 17 世纪的阿姆斯特丹中央广场，笛卡尔曾在这里短期住过

臂弯里,那一年,她5岁。

女儿的5年生命,和随之而来的死亡,形成了笛卡尔研究方向的转折点。之前,他的关注重点在医学与治病上,部分原因是他自己儿时的病弱。他解剖动物,仿佛期待在那动物腔体的幽深处,真的能找到一把钥匙。先为人父,后又经历丧女之恸,这一切都促成了他关注点的拓展,正是凝视这所有黑洞中最幽暗的洞穴——爱女的坟墓——促使他的眼光离开了人体,因为他得出了一个结论,人体的密码没有那么容易破解,他被逼得转向宇宙寻找答案。

❖　❖　❖

不过,与此同时,笛卡尔对科学依然抱有信心,相信科学有能力帮助并延长人类的生命,难怪在斯德哥尔摩那个冰冻的2月的夜晚,那个垂死的瘦小躯体会爆发出如此的愤怒。狂怒与沮丧淹没了他,还带着讥诮的苦味,因为,他起先并不愿意到这里来。一则这个地方远离欧洲的权力中心,再则他厌恶寒冷。他在法国中西部的阳光花园卢瓦尔河谷出生长大,而且,他是个很讲究生活舒适的瘦小敏感的男人。瑞典,曾被他轻蔑地称之为一个遥远的地方,那里有"黑熊在岩石与冰块之间出没"。

但是,就在他处于人生低谷之际,他的朋友夏努给他写了一连串的信,邀请并催促他前来斯德哥尔摩。他在荷兰诸省生活了20多年,努力工作,希望自己的哲学能够被公认的欧洲最开放的大学所接受。然而,在乌得勒支与莱顿的争战令他筋疲力尽,他开始意识到这项任务的艰巨。他感到又衰老又疲惫,于是就想到改变一下生活。

当然,他还另有一个北上的原因,那就是瑞典女王克里斯蒂娜,他之所以会接受夏努的邀请,可能很大一部分原因就在于她。毫无疑问,正是为了她,笛卡尔这位平时衣着正经的人,在登上专程来荷兰海岸接他的轮船时,竟打扮得如同孔雀一般招摇:尖头长皮鞋,白色皮毛手套,还特意去烫卷了头发。

在抵达斯德哥尔摩的第 2 天,笛卡尔与女王会面了,最初,他可能很吃惊。即使根据她的崇拜者的说法,克里斯蒂娜女王也并非一位光彩夺目的人物。她姿色平平,有着突出的鼻子和忧郁的眼神,除非不得已,她并不在意外表(她早上只用一刻钟来打扮自己)。她个子矮,身段粗壮,脚很小。她喜欢骑马、打猎和射击,骑在马背上的时候,她打着男人的领结,所以夏努在描述她时曾说过,要是不知道骑在马上的是瑞典女王,别人会以为那是一个男人。

这也是后来的作者们会注意的众多线索之一,根据这些线索他们宣称,事实上,给她接生的医生发现了极小的阴茎,有传言说她是阴阳人。也许,这些只是男人们散布的性谣言,因为这些男人不明白是什么使一个女人拥有了权力,不过,在她的全盛时期,她的行事方式确实另类,似乎要刻意招引闲言碎语。一方面,她终身未婚,她曾经厌恶地表示,做一个妻子就像"农夫在土地上一样"劳作不已。据说,她过于亲近地对待某些年轻女子,尤其是和其中的一位"做不道德的举动"。另一方面,她却允许一位法国医生在她的宫廷里,自由出入她的卧室,这个医生曾晦涩下流地在信中向密友透露,说她"开始品尝",天晓得那又意味着什么。

但是,如果忽略了她的外表,所有人都会同意,当她开口说话时,一切都改变了。克里斯蒂娜的个人魅力是无穷的,这由她生活的环境以及知识学养共同构成,她才华横溢,对知识的渴求贪婪而坚定。当笛卡尔抵达她的宫廷时,她只有22岁,但人们已经议论她很多年了,自她的父亲死于1632年的那场战争,她6岁就登基成为女王起。她成长为一位心理复杂的君主,或许,对于一个古板的国度而言,已经复杂到不知道该怎么处理。她的幼年,回想起来一定意象纷乱得像一个朦胧的梦。她的父亲,古斯塔夫·阿道夫国王,掌控的是依然处于中世纪的一片土地,一个由零散的农牧村落组成的国家,这些村落点缀着一望无际的草场和松林、白桦林。古斯塔夫·阿道夫国王是个神秘人物,金发碧眼,典型的北欧人,是被敌手称为"北方之狮"的令人望而生畏的勇士,他曾在旷野上处理朝政;他的农民,用牛羊、大麦、燕麦和兽皮等实物向他纳税。他那个时代已经有货币,是由瑞典的主要矿产金属铜制成的,十分笨重:一枚硬币通常有一个盘子大。

古斯塔夫·阿道夫希望瑞典成为一个能够与南部诸国抗衡的国家,他也基本上做到了,这得归功于他在30年战争中指挥得当。当他倒在下萨克森的泥地里,子弹穿过他的后背、手臂和颅骨的时候,瑞典赢得了邻国的尊敬,并迈向了社会、经济与政治的官僚制的成熟。此后,他的大臣阿克塞尔·奥克斯廷那把持政权,直到幼小的克里斯蒂娜成年。和亚历山大大帝一样,她从小就在书本与战争艺术中接受训练。据说她是一位思想犀利的知识人士,甚至能够和伟大的哲学家一比高下,就是这一点吸引了笛卡尔,使他对她充满了好奇。现在,在她父亲的建树之上,她进一步希望自己的王国强大到能够和法国抗衡,她需要艺术家、诗人和哲学家,她想要建立一个科学院,于是,她向笛卡尔发出了邀请。

克里斯蒂娜女王(左)与笛卡尔(右)

当然,从她的角度来说,还有更深层的原因。如果说这种被称为现代的力量在科学和哲学上最为清晰地表达了自身的话,那么,政治也是它的另一维度。1648年,笛卡尔抵达瑞典的前一年,正是历史上的政治分水岭,几乎席卷了整个欧洲的30年战争和80年战争,并在这一年里同时结束了,在那些身处其中的人眼里,结束这两场战争的条约就是过去与未来的分界线。如果你生逢其时,你参加的不是一场庆祝晚会,而是连绵数月的舞会,这夜夜笙歌的狂欢甚至延续到了接下来的一两年。(在笛卡尔抵达斯德哥尔摩后不久,克里斯蒂娜资助了一个芭蕾剧《和平的诞生》,主题就是关于那段时期。很久以来,人们相信它的剧本是笛卡尔应女王之命创作的,不过,近来哲学家理查德·沃森令人信服地证明了笛卡尔并非其作者。)那些旷日持久的冲突主要是由宗教原因引起的,并导致了前所未有的流血牺牲,在这个过程中,那些负责平息战事的谈判家们制定了新的世俗意义上的国家关系,重新思考和平的含义,以及各国之间应该如何保持彼此的关系,而不是只与罗马或某一新教教会保持联系,各个国家终于认识到自己是有能力掌握自己命运的独立行动者。总而言之,世俗政治诞生了。

在这个新时代,西欧各民族国家的领导人正在寻找发挥他们优势的革新工具与策略,就在这种政治思想演化的同时,科学——或笛卡尔主义,或新哲学——进入了人们的视野,政治与军事领导人将它视为潜在的力量源泉。在某种意义上,科学一直是一种被反复使用的概念,过去如此,将来还是如此。米兰大公曾雇佣达·芬奇为他们设计军用设备;二战前后,美国秘密地引渡沃纳·冯·布劳恩与其他德国航天科学家,隔绝他们与纳粹的关系,使之为美国的太空计划效力。克里斯蒂娜获得情报,得知科学探索正在欧洲大陆的另一端狂热地进行着:人们用尸体和花茎做着前所未闻的事情,向发抖的动物注射药水,凝望遥远的天堂,预言着会从根本上动摇社会根基的最新发现,于是,她很想参与其中。

与女王进行了首次充满希望的会晤之后,笛卡尔住进了夏努家,并试图栖身于宫廷。然而,他很快感到,他招来了女王门下另一些知识分子的嫉恨,而且,他还发现,原先克里斯

18 世纪绘制的斯德哥尔摩克里斯蒂娜女王王宫的景象

蒂娜非常热衷于他的哲学,她阅读了他最新的著作并亲自给他写信,她还通过夏努向笛卡尔请教爱的本质以及无限宇宙的现代观念如何与基督教信仰相协调的问题,可是,慢慢地,她的兴趣似乎游离到别的事情上去了。

尤其是,她非常沉迷于希腊秘传知识,这是一种对自然的半神秘解读,它依托于古代作家的研究,在很短暂的一段时间里,在潜力上取代亚里士多德主义一事上,它与机械论新哲学相竞争。当笛卡尔发现女王如此关注古希腊的学说时,他的第一反应仿佛是女王得了病,他对一位朋友说,"或许这很快会过去。"毕竟,他希望扫除旧学问,支持科学与试验,并认为把时间花在研究这个上面是巨大的浪费。他马上就感到她无非也就是个浅尝辄止的人。与此同时,她似乎也很失望:在她看来,笛卡尔更像一个步履蹒跚的乖戾老人,而不像一个雷厉风行的革命者,而且,他的哲学看来也不能转化为政治权力,因此也无助于个人的发展。

这种相互幻想的破灭贯穿了整个冬季,而且情况对笛卡尔很不利,他喜欢晚上工作,晚睡晚起,但她总在 4 点就醒来,命令他在凌晨 5 点开始给她上哲学课。在黎明前的黑暗中,他离开夏努的房子,坐着四轮大马车经过位于斯德哥尔摩最重要的那个岛屿中央的一个小山丘,然后吃力地走上可以雄伟地俯瞰整个港口的城堡。天很冷,这是他生命记忆中最冷的寒冬,他一辈子对感冒或发烧的恐惧又占据了他的身心,他非常沮丧。"在这里,人们的思想像冰一样凝固了,"他在生命中的最后一封信里这样写到,而且,他还诚实地加上一句,"我感到和这里格格不入。"

接着,疾病来了,而且不断恶化。在用了他自己调制的药方之后（比如，用葡萄酒混和烟草来引发呕吐），病情依然没有好转，他终于意识到，没有康复的希望了。在外面的世界，在遥远的地方，受他助推的那股力量在他缺席的情况下一如既往地前行着。从巴黎、伦敦和阿姆斯特丹，来信纷纷而至，帕斯卡尔希望得到气压试验的最新进展，笛卡尔曾为他提供过温度数据。谁能想得到，或许在一个月或一年之后，他就会发现人类身体组织再生技术的秘笈，或者找到其他星球和地球受到同样力量控制的证据，从而更有力地证明他的机械宇宙观呢？围墙正在倒塌，人们的思维局限正在打破。而他，却躺在这里，在这个遥远的、寒冷的、岩石般的世界里，这才是个真正的坟墓。

最后，笛卡尔同意让冯·乌伦医生再来给他看病，但他仍然脾气暴躁，因此乌伦在后续的医疗报告中用拉丁文阴毒地称他的病人为"坚固的人"，并抱怨笛卡尔曾对他说，"如果非死不可的话，只要死后用不着再见到你，我会更满足地去死。"

接着，最后的侮辱来了，笛卡尔不但让步了，而且在最终的屈服中，在极端的绝望中，他请求为他放血。他的手臂被割开 3 次，夏努的秘书记录道，涌出来的血"像油一样"。冯·乌伦写到，放血治疗不但没起到作用，而且，"死亡在逼近，黑色的咳痰，失调的呼吸，涣散的眼神"，接踵而至。当死亡来临的时候，它仿佛带着怨恨的气息。

❖　❖　❖

现在，这一切都显得很别扭，是夏努和克里斯蒂娜联手把这个伟大的人物吸引过来，置于他们的保护之下，但最后，却死在了他们这里。克里斯蒂娜能做到无损于其皇室名声,但是,作为朋友与外交官的夏努却不然,他感受到强烈的罪责感的冲击。虽然他心里多么希望这场死亡销声匿迹,可是,他还是要承担许多责任:他必须把这个消息公之于众。笛卡尔死后第二天开始,他的信分寄到欧洲各地,他咬紧牙关,在给前法国国务秘书孔德·洛美尼的信中写道:"我们聚集在这间房子里,为笛卡尔先生之死悲痛不已……本世纪的稀有之人……"或许是为了推卸责任,他接着解释道,这位哲学家之所以在瑞典,是因为"瑞典女王很想看到他……"。他写信给笛卡尔的亲密朋友波黑米亚·伊丽莎白公主,在悲痛中深深地鞠躬,"怀着难以置信的痛苦,……我要告诉陛下,我们失去了笛卡尔先生。"在写给另一位受克里斯蒂娜之邀的法国语言学家克劳德·索麦塞的信里,他写道,"给了我们方法与设计的笛卡尔先生,将不再拥有看到它启动的快乐了……"意思是笛卡尔是看不到科学之花的盛开了,而在这里,夏努还想稍微为自己开脱一点罪责,他说笛卡尔死于疾病,"他不想得到医生的帮助……"。

死亡的消息传开了,引来大家的纷纷猜疑,因为,在某些圈子里,笛卡尔将要终止疾病并且能够戏剧性地延长生命的观念已经深入人心,以至于一些知识分子根本不相信他会死。"不可能,"法国神父克劳德·比考特写道,还说他确信笛卡尔"能活到 500 岁,在找到将生命延长几百年的秘诀之后才会离开人世"。这位长寿秘诀的主要探究者怎么可能如此年纪轻轻就死了?这其中必定有邪恶的阴谋,用比考特的话来说,一定有什么东西"扰乱了他的机器"。于是,一个流传了数十年的谣言不胫而走:他被人下了毒。

与此同时,还有遗体的问题。克里斯蒂娜宣布,她想将这位伟大的哲学家埋葬在斯德哥尔摩。如果生前他不能如她所愿,成为她的宫廷装饰品,或许死后能为之增添光彩。从夏努所处的位置来说,他本该坚持护送笛卡尔的尸体回法国,但是,这个举动将会迎来另一轮关注,更多的人将会注意到笛卡尔就死在这里,死在他的眼皮底下,于是,他默许了女王的要求。

但是,将他葬在哪里呢?在克里斯蒂娜的心里,这不成问题,他将得到一个完整的葬礼,最后长眠于利达尔教堂,这是古老的瑞典国王最后栖息地,她的父亲也躺在那里。夏努对女王给予一位公民的崇高荣誉表示感激,但他绝对不想接受这种荣誉,于是他只好低声下气地请求女王重新考虑她的决定。他派遣他的秘书,一位名叫贝林的虔诚男人,到女王的城堡去解释,陈述他希望整个仪式必须要考虑宗教因素的理由。笛卡尔是一位天主教徒;法国是一个天主教国家,它不会赞同它的子民被葬在路德宗环境之中。何况,克里斯蒂娜的宫廷里已有流言蜚语,指称笛卡尔与夏努一起试图将女王从瑞典路德宗里争取过来。贝林小心翼翼地试探道,"或许,女王陛下会赞同,将笛卡尔葬在国家教堂里是否有点……外交上欠考虑?"

克里斯蒂娜点头了。如果夏努的深层目的就是为了将整个事情处理得尽可能悄无声息,那么,他成功了。埋葬的地点、时间和环境都与一个瘟疫受害人的身份相吻合。冬日的凌晨4点钟,距笛卡尔去世仅仅24小时,一只小小的队伍从斯德哥尔摩市中心往北行进了1英里,四轮马车的轮子吱吱咯咯地碾过结冰的车辙,转进了一座主要收容夭折孤儿的孤零零的小公墓。显然,夏努做过一些调查,并总结出因为还没到达到"理性年龄",孩子不会处于天主教会的眷顾之外,因此这种埋葬地,虽然称不上神圣,但也不能说不神圣。从宗教意义上来说,它是可行的,更好的是,它远离众人。

　　4个男人,其中之一是夏努17岁的儿子,将棺椁搬到准备好的墓穴之中。在冰冻的黑暗里,这一小群人聚在墓穴的周围,摇曳的火把照亮了他们的脸。在冰冷的天穹之下,唯一的一位神父以上帝之名祈祷,泥土洒向棺椁,然后,所有人回家了。

第 2 章
骨之盛宴

哲学家路德维希·维特根斯坦曾经写道,"死亡并非生活中的一个事件。"他的意思可能(真正含义难以确定,维特根斯坦行文方式极为隐晦)是说,死亡并不是我们能够亲身经验的事,既然我们对无生命的状态毫无感觉,那么与其浪费我们的生命去担心未来,还不如将每个瞬间都视为永恒。我们应该活在当下。

或许,这是正确的,也是明智的。但是,从通常的意义上来说,维特根斯坦却是大错特错了。死亡正是生活中独一无二的事件,它是我们首要的自组织原则。为何我们行色匆匆,又为何悠闲懒散,为何我们巴结老板,又为何溺爱孩子,为何我们既喜欢飞驰的汽车,又喜欢凋谢的花朵,为何我们喜欢写诗,为何我们迷失于爱欲——死亡正是这一切背后的原因。死亡是为何我们惊讶于自身的存在。

在那些死者离我们而去的地方,死亡也非常公平地进入了我们的生活,从这个意义上来说,坟地(graveyard)和墓园(cemetery)之间存在着天壤之别。墓园自成一个宇宙,它是一片记忆的海洋,而每一朵记忆的浪花都会不可阻挡地被带回大海。墓园因其广阔而使得在它那里发生的活动受到限制:人们去那儿的唯一理由是去埋葬,或者是向所爱的人致意。然而,通常依附于旧式教堂的坟地则被嵌入人间景观,人们的日常生活经常会环绕着它而展开。如果你在一个阳光明媚的日子里,走入一片城市中的教堂坟地,你很可能会碰见一些人:孩子们在玩捉迷藏,无家可归的男人在喝着汤,有人在那儿散步,盘点着自己的生活。这种与日常生活的交错融合也意味着对死亡的默认和接受,至少是部分地接受了我们每一个人其实都会死去的事实。

斯德哥尔摩中北部的阿道夫·弗雷德里克教会墓地,如今是一个被办公楼与商店围住的都市圣地,遍布于草地上的墓碑铭刻着各个不同的时代和不同的葬礼风格。那里有经历数百年沧桑的斜立小方尖石碑,顶端的斜切面带有凯尔特人督伊德教的风格,石碑的表面在风吹雨打之下,记录了躺在地下的那个人生平的铭文已经模糊不清,那里也有装饰派艺术的粉色大理石墓碑,以及直线条的平板墓碑,带有上世纪50年代极简主义风格的几何设计,整齐地用无衬线字体蚀刻出十字架和逝者的名字:约翰松(Johansson),巴格斯特罗姆(Baggström),托达尔(Thordal),柯普曼(Köpman)……墓地寂静而又忙碌,白领职员还会把午餐带到此处来吃。这里,最吸引参观者的是一块未经雕琢的光滑而扭曲的巨石,上面唯一的印记就是一个流畅的签名。1986年,在教堂墓地东边的这条街上,口无遮拦的瑞典左翼首相沃洛夫·帕尔美遭到枪杀,他的墓碑内敛的风格正好与这个以极简设计闻名的国家相匹配,成为一个持久而低调的朝圣地。

350年之前,这里还是一个凄凉的荒郊小坟地,皮埃尔·夏努选择了这个偏远的地方,作为他那位杰出朋友的最后栖息地。克里斯蒂娜下令定制了一个壮观的纪念碑,并在它的四面刻上由夏努书写的拉丁铭文,颂扬逝者划时代的智慧,铭文中也提及了女王自己与夏努的名字。

如今,这座坟墓已经消失了,底下的遗骸也消失了。在

1666 年的春天，准确地来讲，就在那年的 5 月 1 号，当日渐强烈的阳光温暖了表层的土壤，引诱着下面骚动的生命要冲出这死亡之地，一把铁锹不偏不倚地插进这里。16 年前，这里举行过的那场葬礼原本要将这里作为永久安息之地。这 16 年里，发生了很多变化，最令瑞典震惊的是，克里斯蒂娜死了。她对希腊秘教确实有过短暂的热情，不过那些有关她对罗马天主教的兴趣的传言得到了事实的佐证。1654 年，就在笛卡尔死后第 4 年，她放弃了王位，皈依了天主教（自从宗教改革以后，瑞典就成了一个坚定的路德宗国家，它不能容忍其王室转向天主教），并搬到罗马。在那里，作为一位世界上最著名的女子，在世人看来，她要么最臭名昭著，要么最受人尊重，这取决于他人的宗教观，她有了全新的形象。

从一位开明的君主，到一位真诚度可疑的宗教皈依者（因为在罗马，她依然嘲笑天主教的仪式），随着事态的发展，克里斯蒂娜戏剧性的转变激发了人们疑问重重的揣测，而且这种揣测从未停止过。几乎与此同时，人们开始将此事归罪于、或归功于笛卡尔，因为，虽然无神论者的名声一直纠缠着他，但是他对自己信仰的虔诚也是众所周知。然而，这位女王与哲学家之间的联系其实很有限，也很紧张，所以尽管克里斯蒂娜自己流露出笛卡尔助推她皈依了天主教，但她的传记作家们还是到别处寻找对她产生影响的源头。大多数人在她的天性中找到了源头：深切而臆想的不安定感，对答案、对确定性近乎饥渴甚至于愤怒的追寻，这些，也许正是她与笛卡尔真正交集的地方。

夏努也死了。笛卡尔死后翌年，他回到巴黎，并于 1662 年去世。铁锹越挖越深，慢慢地，棺椁表面露出来了，正在一旁观看的继任的法国驻瑞典大使胡戈·德·特伦,属于完全不同于夏努的一类人。夏努是一位狂热的科学促进者,一位未来主义者,相信笛卡尔主义在现实世界中实现的可能性,而特伦的一只脚如今还踩在过去。他是一位圣约翰骑士,是总部设在马耳他的骑士团成员,这个骑士团的荣耀可追溯到第一次十字军东征。特伦是一位54岁的长相威严的男人,有着贵族的鼻子,稀疏的鬓须,而他的双眼目睹过从卢贝克到彼得库夫这些北欧仇敌之间的战斗。他始终恪守着传统的和好战的大公主义。他不但是个战士和外交官,也是一个提倡禁欲主义的修会成员。

特伦是路易十四的忠实仆人,但他尤其效忠于这位太阳王的母亲,奥地利的安娜。安娜的丈夫是法王路易十三,他们的儿子5岁时他就去世了,因此王后作为摄政王处理朝政,直至他成年。为了帮助自己度过这段时期,她更深地投入本已相当强烈的信仰,并加强了与诸如特伦这些同样虔诚的贵族的联系。安娜一日数次望弥撒,拥有一张令人眼花缭乱的与教会和女修道院的关系网,各种节庆日她都会去那些地方祈祷。她还参与了17世纪中叶圣物崇拜活动的复兴,并拥有数件圣徒骨骸断片与十字架碎片。

由于特伦也因其虔敬而出名,当他代表法国皇室游历北欧战争创痕之地时,被革职的宗教人士都来向他求援,一路上,他也成了圣物的收集者。1656年,布兰登堡选帝侯弗里德里希·威廉,这位欧洲最有权势的男人之一,在华沙郊外的一次交战混乱中与特伦会面时,给了他一箱圣物,据他说,这些圣物是从维尔纳的一座教堂里抢来的。1657年,一批瑞典先头部队洗劫了斯特拉斯堡郊外一座女修道院。当特伦到达时,修女们从烟火和废墟中跑出来,将这个修道院里最珍贵的财产,这些圣物,交给了他,请他务必将它们带走,以保证其安全。他做到了,在旅途中他始终把它们放在身边,回到巴黎后,他马上将之呈献给安娜,国王的母亲。

现在,在瑞典,人们请求特伦去处理圣物,他以同样虔诚的热情着手这件事。1666 年 5 月的那一天,笛卡尔遗骸的出土肯定就像当年落葬过程的回放,因为挖出来的棺椁被装上一辆卡车后沿原路运回,经过同样的桥,最后被搬进了笛卡尔在那里生活和死去的那座建筑物,它还是法国大使的官邸,而特伦决定将这具遗骸置于自己的眼皮底下。

接下来发生的一系列事件,对于我们理解到底发生了什么,以及为何运送一具骨骸需要如此详尽的书面记录都非常重要。

此时,特伦正要离开瑞典,他被调任驻丹麦大使,就在这节骨眼上,他接到了法国政府的官方诏书,命令他悄悄地接洽瑞典官员,商议如何搬走笛卡尔的骨骸。他按指令去执行,现在,他做了一件很过分的事,他指派一个小分队的瑞典卫兵进驻其官邸的小礼堂里,全天候地守卫着遗骸。无论特伦是否注意到,瑞典卫兵队长伊萨克·普拉斯特罗姆好像对这项任务特别感兴趣。

在作出安排之后,特伦本人亲自将骨骸远送到哥本哈根。他特制了一副铜棺椁,长度只有 2 英尺半,之所以这样做,除了原来盛放尸体的木制棺椁已经腐烂这个原因之外,还有一个听上去很不可信的原因,那就是特伦的法国上级担心如果迁移勒内·笛卡尔遗骨的消息泄密的话,很可能会遭到攻击或抢劫。自笛卡尔去世后,笛卡尔主义崇拜已日益盛行,有些人开始对他的遗骨产生了兴趣。

而特伦为自己所作所为寻找的辩词是:经历了 16 年之久的埋葬之后,遗骸的状态发生了变化,当他打开夏努曾将尸体置于其中的那个木棺时,发现尸体已经完全腐化:软组织消失了,留下的只有松散的骨头,所以,只要用一只能装得下最长的腿骨的小盒子来放置就可以了,而且不会像一个普通棺椁那么显眼。

接着,另一场宗教仪式就在特伦官邸的小礼堂里举行了,这位大使召集了他的使馆人员,以及在斯德哥尔摩的其他法国社团成员及天主教神父。那位笛卡尔的 17 世纪传记作家阿德林·巴耶看了特伦对此事件所做的报道之后,说事实上"几乎整个瑞典的天主教教会"的神职人员都来了。考虑到当时瑞典对天主教的半迫害状态,或许不可能有这么大规模的一个集会,但显然此事得到了教会的批准。他们都聚集在那里,目睹了骸骨的重装仪式:伴随着庄重肃穆的祈祷,遗骨从腐化的木棺中被取出,放进这个小铜棺中,并用一种"优雅"的方式来摆放这些遗骨。

这时,特伦要求暂停仪式,他问聚集的天主教神职人员,能否在"宗教上"准许他为自己留一块遗骨,他的目光投向了右手食指骨头,那是"死者写下不朽之作所使用的工具"。

这个请求值得停下来好好思考一下。那些在巴黎通过渠道说服法国政府将骨骸运回的人倒是有理由这样做,他们有哲学与政治上的原因,这一点在接下来的叙述中会看得很清楚,可是特伦就不一样了,他的兴趣很值得注意。他不只是一个使者,他还是一个很有见识的人。在过去的 16 年里,笛卡尔的名声越来越响,笛卡尔主义风靡了欧洲,这种新哲学和这个男人所拥有的名字成了传言、希望与恐惧的对象。
在瑞典,神职阶层,被路德宗教会控制的政府部门,曾经在 2
年前试图取缔笛卡尔主义教义,因为它们嗅到了强烈的危险
气息。当有关笛卡尔主义的第一次辩论在乌得勒支和莱顿
爆发后,笛卡尔的哲学已经扎下了根。现在,正如特伦观察
到的那样,笛卡尔主义又被重新发掘出来,在这些大学的各
部门中影响力日益强大。在法国、西班牙、德国和意大利,笛
卡尔在世的时候还是学生的那些人现在已经成了教授,神职
人员和医生,他们对笛卡尔式对待知识以及所隐含的对待自
然的整体方法的正确性都有了更多的证据。在各个地方,战
争正在蔓延,而且越来越复杂,它不是"科学"与"宗教"之争,
甚至不是纯粹的新与旧之争。和乌得勒支的吉斯伯特斯·
伏丢斯一样,某些人相信这种新哲学中的唯物主义是对基督
教的直接发难。然而,与此同时,耶稣会和奥拉托利会这两
个最重要的教会,也是最有声望而且注重知性的天主教会,
也信从了笛卡尔主义,并且将之视为维护信仰的途径。

　　接着就是像特伦这样的一种人,对他们而言,任何对自
然最核心的考问都是最深层次的灵性考问。什么是光的本
质? 为何盐会结晶? 皮肤接触火苗的感觉是如何通过身体
的传递,在心灵上留下疼痛的记忆的? 我们现在会将它们仅
仅看成是科学领域里的问题,但是,在 17 世纪的欧洲,大自
然以及人类的身体都无可争议地属于全能者的领地,前所未
有地试图去完整地理解它们,那无异于触摸到上帝的脸。

　　今天,我们把圣物崇拜主要与中世纪联系起来,但是特
兰托公会议在笛卡尔去世的 100 年之前就已经终止了圣物的
商业交易,然而天主教神学家们继续强调它们的重要性,而普

通人与出身高贵的人也同样继续崇拜它们。圣物崇拜的虔敬性高于尊崇伟人的荣耀，但又不及于顶礼膜拜，它是对人的物理存在，以及将身体视为"圣灵的殿"的一种深层冥思。我们习惯于认为基督教强调来生，将肉体视为有罪的，其实，早期的现代天主教的传统非常强调物质，身体的遗骸是开启最深层秘密的钥匙，是连接生命和死亡的纽带，而且，正如特兰托公会议所说的那样，先知、圣徒及其他人的遗骸，"如今与基督同在……值得虔诚的人尊重。"正因为请求留下笛卡尔的一块遗骨，特伦骑士站到了古代和现代的十字路口。他把一种非常古老的传统用在了一位发明了解析几何的现代思想家身上，这种传统不仅可以追溯到公元 4 世纪基督教制度化之初，信徒们为收集圣物，首次打开了圣徒的坟墓，而且还可以追溯得更远，超出人类有记载的历史。这位作为唯物论和唯理论先驱载入史册并开启视圣物崇拜为无稽之谈的传统的人，他的遗骨居然受到这种半圣徒式的崇拜，这岂不令人称奇。

神父们准许了特伦的这个请求，允许这位骑士拿走这根食指。特伦肯定把这根指骨保留到 1690 年去世之前，也肯定没有将它送给奥地利的安娜，因为她已在那年的早些时候去世了，在接下来游历于巴黎和哥本哈根的 10 年里，特伦可能一直把它留在身边。在他死后，他的财产就上交给了圣约翰骑士团，但这个总部设在马耳他的骑士团的存货清单上并没有来自于特伦的物件，也没有任何标注为笛卡尔食指指骨的东西。而特伦所在的图卢兹分部，和许多其他天主教圣地一样，在法国大革命期间也遭到了洗劫。也许，我们或可称之为第一件现代圣物的笛卡尔指骨，就在某一位革命群众的指缝间滑入尘埃，离开了历史的视野。

动词"to translate"(转换)在天主教语境中具有特殊的含义。公元787年,第二次尼西亚公会议规定,正在欧洲大地上数量激增的新建教堂都应该用一件圣物来展现其神圣性。此规定一出,神父与主教们立刻四处奔走,为他们的新教会搜寻著名的或相关圣徒的遗物,于是,一个官方的骨骸交易市场应运而生。举例来说,将一件圣物从西西里的一座坟墓转移到伦巴第的一座教堂,就叫一次"translation"(迁移),整个中世纪,直至早期的现代阶段,那些装着圣骨的珍贵的金属箱,包裹在布匹之中,点缀着蜡烛,成为当时欧洲高速公路上物流的一部分。

1666年6月,特伦的迁移人马离开斯德哥尔摩,笛卡尔的遗骨被运到一艘船上,并交由德·艾皮奈与都·罗赫两位骑士照看。在码头上,当船员得知部分货物是人类遗骨时,引起了一些麻烦,在他们的传统习俗中,这会招致霉运。但是特伦设法平息了这场骚乱,或许是因为他出示了这个小铜棺,使船员们相信,他们不是在运送死尸,而是在迁移圣物。

特伦担心遗骨会遭到偷窃,笛卡尔17世纪的传记作家阿德林·巴耶写道:他担心"这件珍贵的圣物会落入英国人手里,因为在他们中间有着无数的笛卡尔崇拜者……他们会用为哲学建立殿堂作为借口,在他们的城市建一座宏伟的陵墓"。在船驶离之前,特伦郑重地写了一封信给路易十四,告知国王他对笛卡尔骨骸采取的系列措施,并提请陛下注意死者之伟大。路易国王的回信中授权以皇室规格迁移笛卡尔遗骨,特伦对此答复依然不满意,于是亲手伪装了这个铜制的圣物盒,让它"表面上看起来就像一堆岩石"。然后,这艘船离开了斯德哥尔摩,开往它的第一个停靠港,哥本哈根。

　　大概之前还没有任何一位朝圣者追溯过这个特殊圣物的迁移路线吧，从哥本哈根开始，迁移人马由特伦的两名手下带队，在 10 月上旬的一个清晨向南进发，他们平安无事地穿过了北欧荒野——日德兰半岛的沼泽，北海海岸的湿地，笼罩在云雾之中的下萨克森村庄，穿过灌木丛与森林之后，最终进入了广阔的佛兰德平原。到达法国北部的佩罗讷镇时，麻烦来了。在那里，海关官员对这支队伍产生了兴趣，他们搜到了这个奇怪的包裹，并且发现了在其外表伪装之下的那个闪亮的铜盒。他们命令将铜盒打开，明确表示怀疑里面是走私货。艾皮奈和都·罗赫义愤填膺，他们拿出特伦给他们的一封法国财政总长皮埃尔·德阿里贝特写的信，并给海关官员看了特伦贴在箱子上的大使馆封印。这些都不管用。海关官员坚持要他们把铜盒打开，也许，特伦为保险起见，事先缠绕在盒子外面的坚固铁箍更加深了他们的怀疑。在证人在场的情况下，铁箍被咔嚓铰断，盒子打开了，官员们凑近了去看……正如他们事先被告知的那样，盒子里面只有骨骸，甚至比想象中的"遗骨"或"圣物"更不起眼，由于最初木制棺椁的腐烂，取出来的这些骨骸现在有一部分都裂成碎片了。盒子打开后，官员们很可能连敷衍了事的翻查或清点都没做，因为，一个很明显的事实摆在眼前，但是谁也没注意到：一块至关重要的骨头，遗骨中最引人注意的那块骨头，不见了。

　　盒子被重新封上，马匹重新牵上，他们整队出发，接下来一路畅通无阻地前往巴黎。

❖　　❖　　❖

　　从 17 世纪 50 年代后期到 60 年代的大部分时间里，每个周三的晚上,总有那么一群混杂的法国人,挤在昆鲁普瓦街的一栋房子里,这条巴黎的小街离喧闹而发臭的中央菜场只有数步之遥。在那个时代,这种混杂是反常的,几乎让人忍不住要八卦一下,女人和男人,单身的和已婚的,被混在了一处;政府高级官员和没教养的外省人,王子、妓女和教士,挤在了一起:这个房子的三层楼面,处处涌动着各色饰边的领头,蓬松的袖子与飘拂的鬈发。今天,这座狭窄的建筑离伦堡图步行街没几步路,四下都是烤肉摊子,打耳洞的小店,卖馅饼三明治的食品店,以及那些随处可见的出售罗伯特·杜诺瓦拍摄的上世纪 50 年代巴黎的照片的店铺。如今这栋房子的顶层依然住人,沿街的那层是个卡拉 OK 吧。350 年前,这里是雅克·罗奥和热纳维埃芙夫妇的家,楼房装修精美考究,房间里装饰着挂毯和油画。但是,更令人注目的是,房间里看似随意,实则精心地摆放着烧杯,试管,注射器,望远镜,棱镜,指南针,磁铁,以及各种形状和大小的镜片,其他的稀奇之物还包括"人造眼球",以及铺在地板上的巨大镜子。

巴黎的一栋建筑,系 17 世纪中叶罗奥的每周三笛卡尔沙龙所在地。现在是一家卡拉 OK 吧

　　就像人们后来所知道的那样,这个每周三晚上定期聚会的来宾名单中包括了那个世纪最响亮的几个名字,其中有法国最杰出的剧作家莫里哀,社交名媛德·塞维尼夫人,还有荷兰的博学之士克里斯蒂安·惠更斯,他制作时钟,发现新的星球,并为微积分的发明助有一臂之力。这些名流都来看望物理学家罗奥,他是当年世人眼里最伟大的笛卡尔主义者,这种描述本身也揭示了那个时代与我们这个时代之间的鸿沟。今天,或者20年之前,甚至于一个世纪之前,学哲学的学生们都认为笛卡尔是一位哲学家,一位打开人类心灵新视野的人。然而,对于笛卡尔身后的那一代人来说,笛卡尔不仅是哲学家,他还是自然的探索者,而且,在那些人的心目中,这两种身份是密不可分地联系在一起的。

　　1667年,罗奥47岁,他长得像只斗牛犬,个性也很冲动。对那些反复解释也不能理解他的人,他动辄就勃然大怒,这种烈性子至少也算是他的激情的副产品吧。他对前辈大师万分崇敬,所以通过婚姻进入了笛卡尔主义者的圈子,他的妻子是笛卡尔手稿(其中许多当时尚未出版)保管人克劳德·克勒塞里尔的女儿。和笛卡尔本人一样,罗奥也痴迷于理解物质世界的新方法,并且相信,任何观察和数据,无论它们来自何种研究领域,都有可能打破认知的平衡,从无知走向睿智和精通。他使自己成为天文学、地理学和解剖学的权威,他写过关于欧几里德几何学以及如何运用其原理的详尽评注;他的《论物理学》直到下一个世纪都是绝对权威的教科书。而且,他并不将自己囿于学术的小圈子,而是漫游在各种手艺人做买卖的巴黎小巷,观察他们如何制作时钟或稀释白兰地,向他们提取问题,从中寻找理念、线索与方法。

　　才智、精确观察与布道般的热情,这三者的完美结合成就了罗奥每周一次的演示,这个演示带有一种表演的性质,毫无疑问,其中的很多人就是冲着这表演而来的。色彩缤纷的火焰,气泡和爆炸:笛卡尔主义已经成为一种奇观。也有传言说,在那里还有可能一窥超自然的世界,一些人被这种超自然的可能性挑逗得兴奋不已。但是,罗奥和大多数来访者却另有想法,他们认为,大自然中存在着一种秩序;这种秩序可以从无形的基本哲学原理——笛卡尔的方法——着手,逐步进入物质领域及其利用。这个每周例行的集会以沙龙形式出现,不过,在这个沙龙里,人们埋头飞快地记笔记,心思都扑在那些前所未闻的新生事物上面。

　　一位经常光顾周三沙龙的无名律师的笔记历经岁月幸存了下来。这位律师对某个晚上的描述让我们看到,各色人等是如何被引向抽象哲学问题的。那天,罗奥演讲的开场白是讨论清醒和睡眠这两种状态,——"第一种状态下看见的是真实的,"这位律师写道,"第二种则是假的。"——然后他接下去展开对睡梦的探究。在开场白中,罗奥提请他的听众发展对心灵及其适当功能的眼界。然后,他开始分析笛卡尔对人类认知的全新理解,他说,关键是"我思","我思"给予我们关于个体生存的确定性。律师的笔记中写道,"而外在于我们的东西只是'可能性'"。笔记中,律师仔细地在"我思"这个陌生而又十分现代化的词语上面圈了一个问号,这位无名的哲学业余爱好者的笔迹似乎把我们带进了那个场景之中,让我们坐在一群留着路易十四时代的发型,脸上散发着醋粉芳香的人中间,身临其境地感受到向现代世界的地平线投去第一瞥是怎样的感觉。

从这里开始,罗奥转入到笛卡尔对实在的划分:心与物。通过努力,在各个领域中获得不断的、显著的改进,都是有可能的,但是,要想制造出跑得更快的马车,更坚利的刀剑,更灵敏的镜片,则需要对物质世界以及认识它的方式有更为正确的理解。

那么,到底是什么构成了一个物质对象呢? 对这个问题的探究将这位物理学家和他的听众们都带进了哲学的深度。这位律师记录到,"与对于'物质存在者'的生存的相信相关连","我们力图理解说服我们去这样相信的,究竟是什么。例如,热并不是事物的本质,因为有冷的东西;冷也不是事物的本质,因为有热的东西。"而且,"同样原因,坚固性或流动性也不能成为事物的本质。"

在这里,笛卡尔及其追随者们站到了经院哲学物质观的对立面上。按照传统的思维方式,天空之所以蓝是因为里面有蓝色,水里面有潮湿,大蒜里面有气味,这些可感知的性质,都内嵌于某物背后的实质中。对此,罗奥认为这是一种尤其妨碍物质进步的错误逻辑。他写道,亚里士多德主义者们认为,"如果发光或有颜色的物体内部没有与在我们里面导致我们感觉的东西非常相似的东西,它们就不可能引起我们里面的感觉,因为,他们说,没有任何东西能给出它没有的东西。"对此,罗奥用了一个简单的例子来击溃这种逻辑:一枚针扎在皮肤上导致了疼痛,但是,这并不意味着疼痛以某种方式在针里面。疼痛在心里,因此,在某种意义上,天的蓝,水的湿,大蒜的气味,也是如此。笛卡尔不光遗留给他的嫡传弟子,也留给我们大多数人,根源亦在此。宇宙中有个划分——有两种相区分的实质。一种是物,另一种是心。实在,并不就是"在那儿的",它是涉及感知者与被感知物的舞蹈。

这一切,听上去是如此抽象,但它正是笛卡尔主义的根本理念,说来奇怪,它居然还很危险。这些纯概念性的理念,听起来就像来自于另一世界的声音,其实却蕴涵了政治上的重要性,笛卡尔主义直接威胁到了某些世俗权力的核心,尽管笛卡尔主义者们自己非常不希望看到这一点。他们聚集在罗奥的周三沙龙,或者其他遍布巴黎和欧洲的名字奇特的笛卡尔式沙龙(例如,图卢兹火把协会,其名字即源于其成员举着火把来照亮前来聚会的道路),这些参与聚会的男男女女都能深刻地感受到这种威胁的存在,并多多少少随着各种教会与政府官员对这种新哲学的理解而有所缓和或有所加深。就各政治机构或教会而言,怕的是自己的权力遭到损害。举例来说,如果真如笛卡尔主义这种新学派所言,身体就是一种机器,而死亡就是一种故障,那么,来生的信念或者基督身体的复活从何谈起?如果神迹可以被权威地视为一派胡言,那么建立在神迹之上的信仰就失去了根基。对于一个专制的政府来说,这种威胁同样严重。当罗奥在巴黎做物理学演示时,在阿姆斯特丹,斯宾诺莎继笛卡尔之后,以理性为基础,来论证民主而非独裁才是唯一公正的政治制度。这些观念在笛卡尔主义者的圈子里悄然蔓延,使得这些圈子在整个欧洲的统治者眼里,即使算不上大逆不道,至少也是相当可疑的。

所有这些恐惧都集中在一个问题上,它将笛卡尔哲学中最抽象、也是看似最非世俗的元素,编织进个体生活、社会及世俗权力,这个问题,或许也正是笛卡尔自己对其哲学最大的忧虑之源。而对于那些坐在沙龙里观看"魔灯"（幻灯片投射机与电影的前身）演示并目睹了有关水银、磁铁及气压实验的笛卡尔主义者们来说，这是现实生活里的真实恐惧：士兵们随时可能出现在门口，将他们带走。问题关乎天主教圣体礼的真理。

1630 年，当他在思考视觉与颜色时，在不经意间，笛卡尔突然有了一个念头，当你擘开一根面包，里面很白，显然，这种白确实就是面包本身所有的，不是吗？从这一俗世之钩，笛卡尔的心灵编织了对欧洲主要机构形成重大威胁的一套逻辑。笛卡尔自己无意去深究，但在 1643 年，他收到一封他原先就学的拉夫勒希学院一位老师的信——佩内·丹尼斯·马士兰，如今他已经成为笛卡尔主义的虔诚追随者——于是，他开始面临问题。和今天一样，在 17 世纪，天主教的核心仪式是弥撒，而弥撒的核心——天主教信仰的本质——就是领受圣体，参与仪式者会领到代表着耶稣基督的"身体与/或血"的饼，或者还有葡萄酒。天主教与新教（一个在经历了近一个世纪的血战之后正面临消亡的分支）的重大分歧之一——这也是其时刚刚结束的流血世纪背后的一个刺激因素——就牵涉到"身体与/或血"所代表的意义。新教徒（至少是他们中间的某些人）主张饼与葡萄酒**代表着**基督的身体与宝血，但对天主教徒而言，如果仅仅是象征意义上的，并不触及所涉及到的神圣奥秘的真正本质。在天主教神学（也包括今天以及 17 世纪的天主教信仰）中，当一位神父在弥撒中重复耶稣在最后的晚餐上说的话"这是我的身体……这是我的血……"时，他启动了真实的质体转变。在马士兰写这封信的一个世纪之前，应对新教改革而形成的特兰托公会议针对祝圣过的饼和酒，已经明令规定，"我主耶稣基督，真正的上帝和真正的人，真正地、实在地、体质地包含在那些可感物中。"

对天主教会而言，基督是，而且必须是"真正地、实在地、体质地"临在饼与酒之中。有智慧的、有推理能力的天主教徒在这个问题上也不必有逻辑上的纠结，这得感谢天主教视神秘为世间之真实力量的信念，的确，这种变体不可能以通常的方式来解释；就像耶稣复活与升天都是耶稣在世上的奥秘真理的要素。至于说为什么经过神父的祝圣之后，那饼还是看起来像饼，感觉像饼，尝起来还是像饼这个问题，天主教神学家们则启用被托马斯·阿奎那修改过的亚里士多德式范畴来解决。根据亚里士多德科学观，一个物质对象是由色、香、味等偶性和内在的实质所组成，当一位神父在弥撒中祝圣饼和酒并重复圣经信条时，变体发生在实质层面。饼和酒的实质被调换为耶稣基督的身体和血的实质，这就是变体这个词语的由来，神学家们大约在公元 1100 年前后开始使用这个词语。而饼与酒的偶性，虽然赋予饼和酒以外观，但也是它们的真实成分，被原封不动地保留下来。这个似乎有点问题的一小部分实在事实上被视为第二等神迹，而且在中世纪，这种变体的奇迹的"证据"偶尔自身显明于世界。美国哲学家理查德·华生在论及亚里士多德式的解释时，他将偶性奇迹般地保持住不真实外观这种观念，比作遮盖真正实质的一块"盾牌"，他在《笛卡尔形而上学的崩塌》中还指出，"很多故事都告诉我们，这块盾牌已然消失，因此，神父眼里所看见的是一片真正的肉，或者，更惊人的是，躺在他手里的是一个很小的、完全成形的婴儿。"

　　至少，考虑到天主教的权威，变体的物理必须如此解释，在17世纪天主教的欧洲，圣餐（Eucharist，是个更合适的表达圣体礼的用词）多层面的重要性无论怎么评价都不为过，因为圣体（host，经过祝圣的饼）真的变成了基督的身体，其中融入了基督的肉体之痛，基督为人类受苦受难的意愿，和基督对人的爱。领受圣体是重申信仰的举动，参与基督的受难，并接受基督的神圣之爱。吃这饼，意味着将自己的身体和基督的身体融为一体，成为真正意义上的基督身体的一部分。在这个意义上，圣餐仪式曾经是，也将继续是天主教的精髓所在，它将信仰的神秘性与我们物质的、有血有肉的人类本质联系在了一起。这里，再次强调的要点是这个举动并非是象征意义上的，而是实实在在的。一次又一次，在庄严的弥撒仪式中，天主教圣体将信徒们所信奉的源远流长的信仰根基带入了此时此地，那就是，在耶稣身上，上帝道成肉身，并受难而死。

　　这一概念，不止具有属灵意义，对现实世界的实际权力也有重大的影响。教会的整体架构，包括教区与教堂，神父与修女，不动产，艺术，收入，以及塑造和利用国家领导人的能力，都有赖于它。只有授以圣职的神父才能作弥撒仪式，在祝圣时重复"这是我的身体"，这时这位神父担受着基督的角色，成为天主教徒参与基督受难、死亡及复活的神秘之不可或缺的器皿。圣体使人相信教会拥有救赎的特权，而这完全是因为圣体就是基督身体的实在实质。新教改革运动代表了对变体论和由此赋予天主教教会现实权力的攻击，马士兰神父属于最早意识到笛卡尔科学是另一股攻击力量的人士之一。按照笛卡尔对宇宙的看法，在实体的偶性外表之

"盾牌"背后，根本不存在"真正"的苹果、树木或蝴蝶。如果被讨论的对象是坚硬的，灰色的，有斑点的，或者拥有一块花岗岩的所有外观的话，那么，它就是一块花岗岩。如果这个对象看起来、闻起来或者尝起来都像面饼的话，那么，它就是……一块面饼。这是马士兰神父眼中的笛卡尔思想行进的方向，而且它是一种危险的方向。

就这个问题而言，笛卡尔的回应是，他确信自己的哲学并不否定基督在圣体中的真实临在。事实上，他甚至相信自己在哲学上对此问题给予了令人满意的阐述，这种阐述能够与机械的自然观共存。的确，这也是他强调二元论实在观的目的之一。通过将心智与灵魂的短暂要素置入一个范畴，将物理世界置入另一个范畴，他相信自己为信仰构筑了一堵围墙，使之不受科学的侵犯。与此同时，他也一直希望自己对自然界的研究不要受到来自神学的干扰。教会对科学家尤其是伽利略的责罚曾经让笛卡尔大为震惊，"这件事令我如此惊诧，以至于我几乎决定烧掉所有的论文，或者至少不让别人看到"，他在得知伽利略因发表日心说而被判罪时这样写道。虽然笛卡尔对自己的信仰非常虔诚，但与此同时，他也确信以理性为基础来研究自然界肯定没有错，所以，将现实分为互不相干的两半，看来是唯一合乎逻辑的结论。

虽然笛卡尔的二元论主观上的部分目的在于保护宗教，但是，在接下来的数十年、甚至数百年里，二元论逐渐渗入到西方的意识领域，其所造成的长期的实际影响之一，是极大地限制了宗教的势力范围。以主流的现代眼光来看，信仰完全没有必要去干预天文学或生物学。这种想法的逻辑延伸也一直就是现代的无神论立场。在某种程度上，这一结果也被笛卡尔自己同时代的批评者所预见，但是他们认为，笛卡尔以及其他有机械论倾向的哲学家的研究工作让理性完全掌控了人类的现实，并将信仰贬低为迷信。这的确不是笛卡尔的本意，也不是他同时代人的意图。笛卡尔的一生，一直处于面对教会权威的胆怯和远大的抱负这对矛盾之中，而在圣餐问题上，他希望用两种方法来处理它：不仅为物理学而且为基督教神学奠定一个新基础，他敦促马士兰及其追随者接受挑战，设法将教会对圣餐的解释与科学协调起来，换言之，这也就是笛卡尔主义。再强调一下，他自高自大的目标就是要取代亚里士多德，成为一切知识的基础。

笛卡尔自己避免直接攻击圣餐，但从他死的时候开始，这个问题就扩展为全方位的争论，他的追随者以各种方式应对挑战。笛卡尔自己力图全盘否定亚里士多德主义的解释，他认为，谈论变体是错误的，而应该是涉及基督之灵与饼的合一这一奇迹。在这里，我们不需要一个次等的神迹，用其饼状外观这一盾牌来遮盖背后的实质。这种解释本身引起人们的警觉，因为它看起来只是对新教观念中认为圣体象征基督身体的观点做了轻微的改变。但是，对于教会而言，基督的灵魂不够实质化，难以支撑其此世基业；天主教当局也需要身体。

然而，笛卡尔主义者不断推动着这场论争，罗奥为笛卡尔式圣餐观提供了辩护。罗奥的岳父克劳德·克勒塞里尔非常明智，他没有将笛卡尔和马士兰之间的通信放入出版的《笛卡尔书信集》中，而是将那些书信的副本发送给了一些有影响的人士。爱好科学，与笛卡尔素未谋面，但着迷于他的哲学的本笃会修士罗伯特·德斯嘉伯特就是那些书信的收件人之一。德斯嘉伯特旅行到巴黎去参加笛卡尔式沙龙,很戏剧化地演示了笛卡尔主义者眼中哲学与医学之间的密切联系,讲述了在支持笛卡尔式变体观的同时,又如何进行输血。

离开巴黎后,德斯嘉伯特为传播笛卡尔主义的理念而游历于本笃会的乡村修道院。最终,德斯嘉伯特出版了一个文本,它的标题十分明确地述及其主旨:《对圣体圣礼争论之现状的思考,简述一个意见,即,饼的质料被改变为耶稣基督身体的质料,因它与基督的灵魂和神性位格有实质合一》。这个小文本,连同他的一系列活动,让德斯嘉伯特背上了异端的恶名,结果是他的著作被禁,而他的名字基本上已被历史遗忘。与此同时,因为锲而不舍地探究这个问题,马士兰神父最终被流放到加拿大。

笛卡尔主义者们就在这种危险的气氛中活动,他们中的一些人,包括罗奥,依然坚持主张他们的原则能够同时为属世与属灵的领导阶层服务,他们宣称,这种新哲学绝非威胁,相反,它将是信仰的保护者。笛卡尔自己就采取了这种立场。有许多对这种奇异且被朦胧理解的新工具之观念有兴趣的当权者,他们实际上成了教会或国家的装备。当时的气氛就在好奇与恐惧之间变幻,可以说,笛卡尔主义者们在 17 世纪晚期的处境,在某种程度上折射出早期基督徒在古罗马地下墓穴中的处境。他们被容忍,被怀疑,然后被逼迫,交替进行,当然,最终他们的哲学在传播中获胜了。

在 17 世纪,笛卡尔与耶稣之间,还有其他平行之处。许多早期笛卡尔主义者本身是天主教神父。在某种意义上,新哲学想要取代基督教而成为西方文化的基础,而笛卡尔主义者也的确自称"笛卡尔的门徒"。他们的物理学与天主教的基督身体观相冲突,他们准备使用笛卡尔的物质身体或者他遗留下来的东西来推销他们的哲学。结果,事实上,在他的生命中,笛卡尔仿佛相信自己能以某种方式推翻死亡的统治——讽刺的是,他的"永生"观念依赖的是科学,而不是宗教信仰。

同样类似于早期基督徒的是,笛卡尔主义者对他们的使命也是坚定不疑,其中一些追随者甚至对它怀有密不可宣的敬意。他们传承遗产,高举火把,他们相信火焰会点亮这个世界的未来。他们知道,他们将要进行的事业面临危险,而且,他们不仅需要掌握纷繁复杂的哲学和科学知识,也需要洞察权力的运作。为了生存下去并推进自己的事业,他们需要运用说服他人的工具,而现在,1667 年即将来临之时,一种新工具也即将出现。

❖　❖　❖

行旅 3 个月之后,在这个寒冷的 1 月,艾皮奈和都·罗赫这两位法国骑士终于到了巴黎郊外。虽然这段行程如此漫长,但是,和任何的现代公路旅行一样,抵达大都市的中心总是更费时间。巴黎在那时基本上还属于一个中世纪的城市,刚刚开始铺设的街道肮脏拥挤,混乱交错。它比伦敦更庞大,更喧嚣,也更脏乱,而且,当时路易十四的首席顾问让-巴蒂斯特·科尔伯特的大规模城市改造计划正在进行当中,开辟宽阔的林荫大道,清除中世纪建筑颓败的断壁残垣,建造卢浮宫的柱廊,所以在这个节点上道路平添拥堵。市民怨声载道,但国王主要待在凡尔赛宫,一年之中仅仅数次走访巴黎,其余时间都没把它放在心上。这些街景,距笛卡尔生命中最后一次注目于它们已经发生了显著的变化,在那个世纪之初,运输工具不是双腿就是驴背,而现在已经今非昔比,成千上万各种各样的交通工具拥挤在道路上,从那种被戏称为"受洗之骡"的简单人力车,到有玻璃窗和缓冲器的鎏金马车,应有尽有。因此,运送特伦行李的马车,不得不迂回前行,车上还载有哲学家的骨骸。马车进城时经过这座城市北端的两扇破旧的中世纪高门,圣马丁门和圣丹尼斯门,然后行进在时尚的马雷街区,最后,在塞纳河北面巴黎顶级街区的一座豪华住宅前停了下来。

当马车抵达法国财政部长,暨法国最高官阶的笛卡尔主义者皮埃尔·达阿里贝特府邸后不久,住在西边仅仅数条街之隔的雅克·罗奥和甚至更近的德·塞维尼夫人及其他笛卡尔主义者立刻就知道了。在那些人中间,最起劲的就数克劳德·克勒塞里尔,这位53岁的政府官员也是最早皈依的笛卡尔主义者之一,笛卡尔在世的时候,他就以笛卡尔不可替代的代言人自居,笛卡尔过世后尤甚。笛卡尔生前认为自己的某些著作因为过于具有煽动性而不予出版,他去世后,克勒塞里尔编辑了这些著作,并负责将它们出版发行。他还出版了这位哲学家的通信,这很不容易。原因是笛卡尔在瑞典去世后,他的遗物,包括书信,都被运往巴黎,但是那艘船沉没了,于是克勒塞里尔立即组织打捞,他雇佣了一批工人,将上千封信件抢救出来,并将它们晾干。

从1660年至1670年,克勒塞里尔源源不断地出版笛卡尔著作,为17世纪后期的欧洲提供新鲜的知识话题,将笛卡尔保留在人们鲜活的记忆里,同时借助笛卡尔的著作来推进他的事业。在这个过程中,他成了笛卡尔主义者的领袖,这不是从哲学或科学的角度,而是从一个统领全局的战略角度。笛卡尔追随者形成了一个扩散性的团体,遍布整个欧洲大陆,但它的核心却异常团结,那些核心人物不仅通过他们对笛卡尔的虔诚,而且通过血缘与婚姻纽带联结在了一起。罗奥娶了克勒塞里尔的女儿,而克勒塞里尔娶了皮埃尔·夏努的姐姐。

这也许正是克勒塞里尔的主意,他因为长时间致力于研究笛卡尔的主要著作,以至于想到也要好好利用一下这位大师的身体。16 年前,出于他们自己的考虑,夏努与克里斯蒂娜将哲学家葬在了斯德哥尔摩。但是,就在夏努宣布笛卡尔死讯的信件到达法国后不久,某些团体就开始大声疾呼,要将笛卡尔迁葬到法国的土地上。民族主义可能是最初动机,但随后另一种思想也出现了,其中的讽刺意味可能并未逃过他们的注意。笛卡尔颠覆性的哲学根基在于他对身体健康的关注,尤其是他自己的身体,但是,这种哲学最近与有关耶稣基督身体的正统观点发生了冲突。现在,为了使这种哲学合法化,也为了保护自己,笛卡尔的追随者要利用他的身体遗骨。

圣化笛卡尔的组织工作准备了数月之久。罗奥、克勒塞里尔、达阿里贝特及其他笛卡尔主义者对整个计划进行了严谨的政治化运作,他们的目标是影响教会与政府中的人,因此他们所期待的效果将是权力与力量的结合,是某种不可改变的东西,需要来自官方的认可与尊重。最后,在 6 月下旬的一个傍晚,宏大的场面准备就绪了。夕阳西下时,一大群人聚集在离塞纳河不远处的达阿里贝特府邸前,他们当中,有教士，有贵族，还有哲学家的朋友们。不过，同样重要的是，大量普通的巴黎人，其中包括这个城市里最贫穷的那部分居民，也挤满了这条街道。这些穷人举着熊熊燃烧的火把，富人们则驾着马车，他们组成了一支游行队伍，朝北向圣安东尼街进发。他们从那儿左转，继续前行，最后到达了雄伟的圣保罗教堂前，自从冬季以来，装着笛卡尔遗骨的小铜棺就安置在这座冰冷的哥特式教堂里。带上这个铜棺之后，送葬队伍朝南进发，穿过西岱岛和拉丁区，沿着地势继续上行，最后到达了一片微风吹拂的开阔之地，这里是巴黎的制高点。当他们到达终点的时候，教堂里传出了钟声。这是两座并立在山顶的教堂，右边这座以巴黎守护神圣吉纳维夫命名的哥特式教堂前，站着牧长弗兰西斯·布兰夏德，这位令人尊敬的牧长身着长袍，头戴法冠，手拿权杖。和他站在一起的是一排教士，他们每人手里都捧着一只点亮的蜡烛。

整支队伍都进入了教堂，达阿里贝特曾经向牧长建议举行宗教演出，但牧长准备得更多，这支游行队伍本身就参照了一年一度的圣吉纳维夫圣骨从该堂环绕巴黎的朝圣仪式，这种盛大的仪式唤醒了这座城市。次日，更多的人聚集在教堂前面的巨大空地上看热闹。克勒塞里尔原计划是一个公开的葬礼致辞，但在最后一刻，它被路易十四政府的一道禁令叫停了，因此只能转为私下进行。当铜棺被送进特意设计的紧邻圣吉纳维夫圣骨的荣誉墓穴时，祈祷与庆祝达到了高潮。

在牧长祝圣笛卡尔的骨骸之后，就进入了行政事务阶段，其中包括提交一系列的正式报告。笛卡尔主义者向教会递交了一份记录着"这一著名迁葬"过程的书面报告，包括了克勒塞里尔和已故的夏努的声明，来自宗教权威机构的认证书,证实笛卡尔坚定的天主教信仰及其一生"典范的清白",还有一封克里斯蒂娜从罗马写来的令人注目的信,在信中,她肯定了笛卡尔"对我们荣耀的皈依做出的巨大贡献"。所有这些资料都经过精心的编排,意在证实笛卡尔本人及其哲学,没有在任何意义上是反天主教的,或者是反宗教的。最后,克勒塞里尔呈献了一把铜剑,上面铭刻了从瑞典出发的整个迁移过程,巴黎仪式的细节,以及最重要的相关人士的名字。正如笛卡尔的 17 世纪传记作家巴耶所记载的那样(这个细节在以后会变得很重要),教堂牧长"在这些朋友们面前",将铜剑放进了棺椁。墓穴被封,迁葬仪式结束了。

接着,晚会开始了。达阿里贝特主持了当晚的主宴,参加宴会的有克勒塞里尔和他的同僚,以及他们周围的众多重要人物。而在巴黎各处,都有"壮丽而奢华"的庆典相继举行。公爵、律师、数学家、宫廷人士、巴黎议会及法兰西学院的成员、国王的要塞监督和国王的医生,都参加了为纪念这位哲学家骨骸回归的漫长欢宴。这一切都是为了一个远大的目标:推动这项事业,一举摧毁根深蒂固的陈旧的知识结构,让社会归向笛卡尔主义,归向理性崇尚,归向这样的信念:最真实、最可靠的基础是人的心智及其"判断力"。与此同时,天主教对待圣物的方式得到了一丝不苟的复制,在这种情况下,很难说此次迁葬是世俗的而不是宗教的,它确实是一个宗教事件,是一次将科学视界带入被宗教意识包围的世界的尝试。

他们的计划部分成功了。作为成功的一种标志,在接下来的数年里,笛卡尔自己以各种面貌出现,成了固定的社会成分。故事和诗歌描绘过他,正如法国历史学家史蒂芬·

冯·达默所说的那样,他成了"文学作品中的虚构人物",他时而以科学家的形象出现在某些作品中,时而又以面目不清的思想者形象出现,他还曾经以灵性临在者形象出现在某些作品中。在沙龙里,文学游戏是沙龙里的时尚消遣,而在17世纪70年代,笛卡尔是这些游戏中的一个角色,沙龙的一种类型是降神会,在一首描述这种游戏的诗歌里,一名年轻女子与笛卡尔这位"杰出而有学问的幽灵"进行对话。

接着,在遗骨迁葬仪式之后的年月里,笛卡尔获得了另一种知名度,随着他的文化形象越来越厚重,他的哲学也不断在新的地方扎根。一些重要的贵族与教会人士,比如孔代亲王、利扬库尔公爵、雷兹红衣主教等人都将笛卡尔主义者置于他们的保护之下。随着笛卡尔主义者有了这些有权势的保护人,笛卡尔主义——在这个时点上我们或可称之为法兰西科学——被那些在教会或者国家里的反对派团体接纳了。孔代亲王是当时欧洲最著名、最引人注目的时尚人物之一,他曾因反叛路易十四而成为那场在1648至1653年蹂躏了这个国家的法兰西内战期间的反对派领袖,现在,他在名义上来说又是皇家成员了,但是,他在尚蒂伊城堡中依然领导着与国王对抗的权力组织,而笛卡尔主义者的圈子就是其中的一部分。红衣主教雷兹也以各种方式反对国王,最终路易迫使他放弃了巴黎大主教的职位作为惩罚,但他在政治上仍然积极活跃,是笛卡尔主义的吹鼓手。甚至在为笛卡尔遗骨挑选栖息地这个问题上也有"反对派"的配合,备受尊重的圣吉纳维夫教堂及其牧长与国王及教区有着长期的斗争历史。

面对这一切,政府当局的立场变得很坚定,也很明确,

1671年,路易十四开始果断地反对笛卡尔主义。这种新哲学渗透进巴黎大学,感染了青年学子,他们开始质疑关于圣餐的信仰、弥撒以及神职的权威。巴黎大主教请求路易采取行动,于是路易颁布了禁令,禁止在学校里教授那些"会给奥秘的解释带来混乱"的东西。后来,他又进一步明确他所针对的就是"笛卡尔的意见与观点",巴黎市政府下达命令,任何传播这种理论的人将会面临死刑。这种国家意志的定罪充满了讽刺意味。1666年,法兰西科学院成立,其目的是为了将分散于各沙龙与集会中的自由派哲学家置于国家控制之下,但是像罗奥这样的笛卡尔主义者,从事着与科学最密切相关的事情,却被明令禁止加入。

早在笛卡尔的遗骨迁移之前,天主教官方的反对就已然迫切。1663年,天主教会的宗教法庭,也就是宗教裁判所,谴责了笛卡尔的四部著作,并将它们列入禁书目录。其理由一直未被世人所知,直到1998年,约瑟夫·拉辛格大主教,即后来的本笃十六世教宗,当时任信理部部长,命令公开1903年之前的文件,一切才浮出水面。这些给笛卡尔定罪的档案显示了当时那些研究这种新哲学的人怀有多大的兴趣,其中一位教会人士写道,"我钦佩作者敏锐的精神,创造性的思考,远离平庸的优雅风格,还有他将其工作呈献给神学家时的谦逊,我对这位作者的功绩深表敬意。"然而,最终的结果却是谴责,并因著作有罪而禁止天主教徒阅读,而且,这些档案表明,令教会最为在意的是,他们认定笛卡尔对质料与物质世界的看法削弱了圣餐教义,使得耶稣基督在圣体中真实临在的信条受到挑战。

但是,随着各种不同背景的人开始慢慢理解了它到底是什么、意味着什么之后，围绕着笛卡尔主义所展开的战线也处在不断变化之中。当梵蒂冈反对它时，许多——如果不是绝大部分的话——笛卡尔主义者自己就是教会人士，而且很多在教会中担任要职的人士也接受了它。因此，除了笛卡尔主义者与那些依然以圣经及亚里士多德主义为世界观的人士之间的斗争之外，还存在着笛卡尔主义者内部为了控制这种哲学以及它所代表的东西的斗争。而且，如果连笛卡尔的身体都可以用在这个斗争中的话，那么，他的生平也未尝不可。所以，那些已经"皈依"笛卡尔主义，但仍然希望继续将他置于教会背景之下的教会领袖们，成功地让他们自己中的一员阿德林·巴耶神父来撰写第一部全面的笛卡尔生平传记，这位 17 卷的《圣徒传》的作者为笛卡尔戴上了一个类似于圣徒的光环。

最具有历史意义的是笛卡尔主义者之间关于哲学含义的争论。在笛卡尔遗骸迁葬的 3 年之前，一位叫尼古拉·马勒布朗士的神父在浏览塞纳河畔的书摊时（它们到现在还是河边一景），偶然发现了一本笛卡尔的《论人》，这是他首次接触到这种新哲学，书中的内容对他产生了猛烈的冲击，他读得呼吸短促，心脏发颤。从此，他成了重量级的笛卡尔主义者之一，尤其热衷于倡导所谓的笛卡尔式神学。笛卡尔主义者一致相信人类心智是知识的基础，但是，众所周知，人的心智迁移不定且不值得信靠，那么，思想观念是否有比心智更深的基础呢？马勒布朗士宣称，笛卡尔在这一点上是很明确的。他认为，讨论笛卡尔的二元论其实是一种误导，笛卡尔其实曾经写到过，宇宙不是由两种而是由三种物质构成的：心智，身体（也就是物质世界），和上帝。上帝是我们的心智与世界进行有意义的交流的保证,使我们能够运用理性的力量来获得真理。马勒布朗士坚持认为,人类的智慧及其理解自然世界的能力,都有赖于上帝。如他所说,"我们在上帝中看到万有。"因而,马勒布朗士将笛卡尔视为科学与信仰的双重辩护者。其他笛卡尔主义者,包括罗奥与巴黎安东尼·阿诺德神父的理解是,笛卡尔认为观念可以说是主动地存在于人的心智。虽然他们并不否认与上帝的关联,但他们也没觉得,在这个世界与感知这个世界的心智之间,上帝扮演了一个必不可少的角色。对笛卡尔主义的这两种解读看似差异细微,但它会不断扩大,最终成为标志着现代世纪的崭新理念,那就是在信仰与理性之间的明确界限,它必将不可阻挡地导致现代无神论概念。

这一系列发生于笛卡尔主义者与教会之间、笛卡尔主义者和国家权力之间以及笛卡尔主义者自身之间的战斗在17世纪继续蔓延,并带入了18世纪,笛卡尔主义者在战斗中会有伤亡,有人被开除教籍,遣送流放。罗奥自己就被指控为异端,并被禁止发表公开演讲。

更重要的是,其他思想家——德国人莱布尼茨,阿姆斯特丹的斯宾诺莎——会使笛卡尔主义转到新的方向,拓宽其哲学研究覆盖的领域。在哲学层面之外,笛卡尔主义的根基——尤其是笛卡尔的"方法"和身心二元论——会渗透到文化各个方面,逐步地且不可阻挡地迎来一个新世界,改变人类的所有观念,从性到教育,到女性的地位到人类和环境之间的关系,与此同时,赋予这种最初的现代哲学以鲜活生命的那个人,却越来越被推向深不可见的过去。

第 3 章
圣物不圣

　　第2次落葬后,笛卡尔的遗骨在巴黎安然度过了一个世纪,不过,它们在慢慢腐朽,而所在的圣吉纳维夫教堂正颓然成为废墟(在长期的争斗中,它不仅输给了法国皇室,也输给了仅一墙之隔且有领地纠纷的圣埃蒂安教堂)。在这过去的100年里,世界发生了前所未闻的变化。如果生活在任何一个之前世纪的人有幸造访18世纪的地球的话,他都很有理由认为18世纪的人们已经越发陶醉于发明创造。那时,氮气被发现,电被利用,第一例阑尾切除手术已经实施,所得税开始出现。夏威夷岛被发现,鱼雷被发明,还有自来水笔、灭火器、钢琴、自行车、音叉与抽水马桶,而时钟、望远镜、指南针、电灯与马车都被改进了。单单是在英国的伯明翰市,一小群自称是月光协会(Lunar Society)的人就集中体现了人们对将发明用于工业生产的热情,他们发现氧气,创制蒸汽机,采用洋地黄来治疗心脏病,并建立了世界上最早的一批工厂。对收集和分类产生狂热兴趣的人们在地球上四处漫游,收集蜘蛛、矿石、化石和花朵。博物馆、词典与百科全书开始出现,一些姓氏,比如瓦特、华氏、施韦普、摄氏、韦奇伍德,成了产品或者术语。

　　以上的一切变化都太明显了:启蒙运动与科学革命已经进入每一所学校的课程表。或许,不那么明显的是回溯这一切是如何而来的。我们习惯上都认为启蒙运动是发生于18世纪的现象,当时的知识分子基于对理性的追求,鼓动社会的整体变革。但是，最近历史学家们摸清了返回前一个世纪的路径，从那些发明家和他们的发明所带来的后续影响中，从探险家的帆船、望远镜和羽毛笔中，渐渐摸索出了一张由事件和人物构成的关系网，从中他们在杰斐逊和卢梭的思想深处找到了笛卡尔的蛛丝马迹。

笛卡尔与接下来数十年的发明及发现之间的联系并不是显而易见，和我们当今的发明与发现之间的联系就更少了。在那些岁月里，笛卡尔主义并不流行，大学里也没就此设立学位，你不会碰上哪位家长说希望自己的孩子成为笛卡尔主义者。当我们谈到探索自然界的某种特殊而系统化的方法时，我们会把它称为"科学"，源于拉丁语"知识"（knowledge）的科学一词大约从中世纪起就有了，那时，它指的是像艺术或某一学科这样的东西，比如战争科学，或马术科学。直到1800年前后，现代意义上的科学一词的用法才固定下来，与此同时，"笛卡尔主义"一词在18世纪早期就消失了。

是什么降临到笛卡尔主义者身上，这成为现代的一条副线。从某种意义上说，他们是被席卷17世纪晚期和18世纪早期的"英国热"（Anglomania）巨潮吞没了。其时，"新哲学"的中心从法国转移到英国，虽然部分原因是时尚所致，但它的核心却是对英式实用性的欣赏。法国人对待知识的方式，华丽、理性而抽象，非常优雅地与中世纪的亚里士多德式大厦相配，比如笛卡尔努力用他宏大的体系，在理性与"我思"的基础上建立起整体实在观，它涵盖了一切，从盐晶体到上帝的恩典，从人类情感到土星的卫星，他的体系是法国体系中的一部分。而英国人更多地将新思想视为工具箱，他们敲敲打打,捣鼓出改进的金属合金、陶瓷釉彩和手表弹簧。如果法国人是创造了"新哲学",那么英国人就是发明了应用科学。当法国人将他们的沙龙发展成为华丽的社会机构时,英国的工匠则雇佣学徒,并让他们签订务实性合同,比如这一份由年轻的约西亚·韦奇伍德和雇主签订的合同上,就做了"不玩骰子牌局,或任何其他非法游戏,不经常光顾酒店和客栈,不通奸,不结婚"等等保证。

除此之外,还有政治维度。在法国,国家试图控制新思想,参与建立了科学院,任何新型研究方法的出现都会受到来自官方的庇护或攻击,而英国人则是自由身,他们因此而更适应革新,所以,布里斯托尔市或伯明翰市的发明家们能够根据自己的设想,筹措资本,创造市场,成为小规模的企业家,并开始重塑世界运行的方式。

为这一切变化承担主要责任的人当首推伊萨克·牛顿,可以说,是他一手让笛卡尔退出历史舞台,牛顿的运动定律、光学著作和引力原理,形成了坚实而实用的基础,在此基础上建立起了科学革命。法国人自己把牛顿奉为新时代先驱,法国启蒙运动之父伏尔泰在《哲学通信》中大力称赞"英国哲学的高妙",并赞美牛顿是"笛卡尔体系的破坏者",也就是说,是这个人把科学从理论的云端拉回到地面。对思想与行动之间这种民族差异性的区分,也体现在哲学上理性主义与经验主义的分野,在这种简洁的区分之下,笛卡尔不仅是现代之父,而且也是理性主义"学派"的创始人。这种理性主义以人类心智为起点来理解现实,其代表人物都生活在欧洲大陆。而经验主义学派则是从外部世界的现实出发,它的主要思想家有洛克、休谟以及贝克莱等人,他们都是英国人,苏格兰人或爱尔兰人。

　　这种简单概括有一定道理，但它也容易误导人。笛卡尔的职业，他一生对医学、解剖及观察的关注，显然不能用理性主义作简单的结论。更重要的是，他的观点对于理性主义与经验主义来说都是基础，还包括启蒙运动的政治观念，隐藏于牛顿诸般原理和伏尔泰箴言背后的就是"我思"。作为一门学科，连哲学也会忘记这一点。就像当代英国哲学家乔纳森·李在《笛卡尔》一书中所说，笛卡尔"是'新哲学'的创立者，他的工作，由牛顿和后来的科学家们继续做下去……'新哲学'的原则，关于知识的理论，以及人类本性的理论，都与之密切相关；观念和自然的数学法则这些概念……对于现代意识而言是如此基本的东西，很难不将它们视为人类心智之自然特性的一部分。但事实上，它们是17世纪的产物，尤其是笛卡尔著作的产物。"

　　因此，笛卡尔主义的精髓，它的哲学内核，涵括了比科学更丰富的内容，不仅得以传承下去，而且可以说是扩展到人类生活的每个角落，不断演化、适应，产生新世代，每一代都有它自己的特征，但它们身上都有祖先的烙印，虽然最初的笛卡尔主义者已经如流星般消失了。

❖　❖　❖

　　"理性VS信仰"或许是现代性的持续高烧，但是，如果西方世界在启蒙运动中来把握它，那么，这种区分并不像当今某些人可能愿意相信的那样清楚。如今有一种根深蒂固的观念，认为在那个时代的人们坚定地用理性反对信仰，二者一直处于生死搏斗之中。这种观念，或许来自于我们简化事物的欲望,对言简意赅的饥渴。或许它让至今依然活跃的极端信徒和反宗教小集团都目标明确。那些想利用其宗教观的发动机来驱动社会与政治的人们——不管他们是穆斯林,美国福音派信徒,罗马天主教徒,印度民族主义者,或者是其他什么派别——近年来都发出自己的声音。而另一方——你或者可以称他们为政治无神论者——也在发出他们的声音,最近出版的一些新书可作为明证:《上帝的迷思》、《信仰的终结》、《上帝不伟大》。这些无神论者宣言的根基是,在三、四百年之前,人们就意识到,这个宇宙并不是由上帝控制的,而是由自然的盲目力量控制的,但是,世界上的许多人仍然陷在宗教陷阱里,并用暴力与恐吓威胁要使人性消于无形。如果说坚定的信仰者拥有古代文本作为依托,那么新无神论者拥有的则是启蒙运动。

但是,情况从未如此简单,斗争往往成为牵涉到三方的事件,因为新派哲学家们自己分裂为两大阵营,这两大阵营都对现代性有巨大冲击,而且它们都仍然存在,他们的代表继续在有线电视脱口秀与社论版专栏上对阵。我们可以看到,这种分裂始于第一代笛卡尔主义者,马勒布朗士等人将新哲学置于天主教教义之中,而罗奥、阿诺德及其他人则将这两者分开。在接下去的几代人中间,"稳健派"始终相信理性能够与信仰相结合,从而增加人类的幸福与寿命,终结疾病,减少各种痛苦,赋予人们更多应对自然的力量,以及生活中更多的自由。这些稳健派人士与教会和政府都有联系:他们中的许多人确实就在教会或者政府部门里工作。稳健派阵营包括了启蒙运动中最著名的一些人物,他们的名字填满了一代又一代的人文课程:孟德斯鸠,牛顿,洛克,杰斐逊,霍布斯,伏尔泰。

　　还有另外的因素。研究那段历史的当今两位历史学家,一位是美国洛杉矶加州大学的马盖特·雅各布,一位是普林斯顿高等研究院的乔纳森·伊斯雷尔,他们写了书名几乎一模一样的著作,来命名这个朦胧的世俗主义者阵营。雅各布的《激进的启蒙》出版于 1981 年;伊斯雷尔的《激进的启蒙》则创作于 2001 年,这本书将主要的关注点放在这样一些思想家身上,他们将理性视为一种新的信仰,坚持认为,笛卡尔自由思想的必然目标将会终结传统宗教:终结那种已经生存了千年之久的迷信的专制。他们相信,这种专制,被教会或国家中的那些当权者用来维护自己的利益。而且,在许多方面,那些早期启蒙运动的激进者不仅预测到将来,而且直接形成了导致后来的世界历史变革的观念。正如伊斯雷尔所说,"也许,读者或历史学家对 1750 年之后的高端启蒙运动(High Enlightment)的故事更为熟悉,但这并没有改变一个现实,那就是,后来的运动基本上只是对早期的革命性观念进行巩固、推广和注释。"

　　发生于 17、18 世纪之交的革新并不只限于齿轮与传送带,除了发明创造,还有一些东西初露端倪。在社会领域,把理性作为思想与行为基础的观念立刻产生了直接的后果。早在 1660 年,荷兰人弗朗西斯科·范·恩登提出了一个全新的社会方案,他建议,这个社会应该对各阶层实行平等的教育,社会财产共享,民主选举政府。恩登还真的为这个乌托邦式的社区拟定了宪章,将这个新社区设在新荷兰的新世界殖民地,首都为曼哈顿岛上的新阿姆斯特丹。有一群移民走得更远,他们甚至在特拉华湾建立了一个这样的社区,但是,在数月之内,英国人接管了荷兰殖民地(随即将新阿姆斯特丹改为纽约),于是,这个或许是史上第一次以现代民主原则为基准建立社会的尝试就这样以失败告终。18世纪20年代,意大利贵族出身的激进哲学家阿尔贝托·拉蒂卡迪也阐述了相似的看法,他认为,自然哲学显示,民主是唯一恰当的政府形式,他藐视圣经中的大部分教义,认为人们应该享受生命的快乐,但是如果生命真的很糟糕的话,那么自杀也是合理的。(作为一个名副其实的激进者,拉蒂卡迪听到意大利首席法官称他的主要著作是"我曾读过的最不虔诚、最不道德的书"的时候,只能是得意扬扬。)

早在第一代笛卡尔主义者中间,就产生了这种严格基于理性的观念,那就是,视妇女为从属阶层的社会规则并无任何正当的理由。尤其在巴黎,妇女开始积极参加沙龙活动,推动哲学讨论。仿佛要证实某些反对性别平等的人的最深层恐惧,色情读物,包括小说及教育手册,开始出现了。根据这波性自由新潮最狂热推手的说法,其背后隐藏的理念是,这个社会否认妇女理解和表达性快感的权利,以此来作为控制她们的一种手段方法,这个推手就是荷兰作家阿德里安·贝伟兰,无论在他的个人生活还是在他的著作中,他都无私地献身于妇女性意识解禁事业上。

这种性启蒙折射出的是更广阔的启蒙道路,这类在17世纪晚期尚属少见的书籍逐渐形成了一种完整的文学形式,其中又以萨德侯爵的著作最为典型,在他的作品中,性是探索激进的个人自由观念的载体。事实上,和杰斐逊或者卢梭一样,萨德也属于高端启蒙运动的一员,你可以将他看成是性方面的托马斯·杰斐逊。在后笛卡尔时代出现的许多性自由文学,很坦然地披着一件哲学的外衣,它们从笛卡尔、斯宾诺莎以及奥维德和佩特罗尼乌斯作品中获得有关女性手淫及幽居修女相拥的场景。

当然,相比这种新哲学对宗教制度及个人宗教信仰的冲击,性革命的影响可谓甚微。在笛卡尔之前,宗教是讨论关于生命与世界的最基本观念的一种语言,所谓哲学争论其实就是宗教争论:它们发生在天主教徒与路德宗信徒之间,或者路德宗信徒与加尔文主义者之间,或者天主教与新教之间,或者是特殊教派成员之间的教义争论。大约从笛卡尔遗骨重葬于巴黎开始,重点转移了,理性开始冲破神学的界线,"自由思想"风行一时,以令教会人士瞠目结舌的速度与力量横扫欧洲。从那些激进哲学家的角度来说,从现在到以后,基督教站在天平的一端,世俗思想将站在另一端。一位名叫安东尼·柯林斯的英国哲学家吹响了新思想家的号角,他在1713年出版的匿名畅销书《论自由思想》的开头中说,"我所说的自由思想是指,利用知性努力找出任何命题中的意义,思考赞成或反对它的证据之性质,并根据证据的表面力量或缺陷对它作出判断。"而且,他还宽泛地宣称,"如果在我定义的全部范围,承认证明人自由思考的权利是正确的,那么我不仅是为每天都在自由思考的我自己辩护,而且是为过去和将来的所有自由思想家辩护。"

在17、18世纪,哲学家是真正有影响力的人,他们在报纸上发表文章,占据出版界,印发他们自己的小册子,在议会上大声喧哗,与教会领袖争辩,引导公众意见。其结果是,就在第一代笛卡尔主义者出现后不久,新世俗主义开始在普通民众中蔓延。在18世纪早期,到低地国家旅游的人们注意到，作为一个民族，荷兰人似乎已经不再像过去那样普遍地相信有女巫和恶魔了；安东尼·柯林斯报告说，"魔鬼在联合省完全不见踪影，自由思想在那里正值巅峰……"现代法国学者米歇尔·伏维尔研究了 18 世纪法国南部的档案，发现正是从第一代笛卡尔主义者开始，法国人民给宗教组织的捐款减少了，而且与此同时，宗教敬语开始退出遗嘱与官方文件。过去，遗嘱中曾经充满了祈愿，恳求圣母玛利亚和本地圣徒看顾死者的灵魂，到了 1750 年，占全部 80% 之多的遗嘱已经与宗教无关。当然，欧洲仍然是基督教的天下，但是大约从笛卡尔之骨迁葬之时开始，世俗主义成为另一种社会力量。吉斯伯特斯·伏丢斯曾在乌得勒支如此激烈地反对笛卡尔，认为他的哲学会导致无神论与无节制的个人主义，历史证明，他是对的。

在 18 世纪早期，欧洲各国的作者纷纷推进有关超自然思维——这种思维相信护身符的力量，相信要躲避邪灵撒但——是胡说八道这一观点，并暴得名声。在整个欧洲，公然宣称上帝不存在是一种罪行，所以有些人虽然转向了无神论的禁区，但实际上并没有人真正支持它。代替出现的要么是自然神论，对上帝的信仰是基于理性而不是基于宗教信条，要么是"唯物主义的泛神论"，主张神与包括宇宙中一切自然力量的世界实际上是一体。拉蒂卡迪在 1732 年概括了这种观点，"通过这个宇宙，我领会到包含巨大物质的无限空间。……这种物质，通过运动而变成无数种形式，就那是我所谓的自然，力量、智慧和完美是她的品质与属性，无不被她发挥到极致。"

当然，力量、智慧和完美从前都是神的属性，这样在定义上做文章并不能躲过那些教会人士,这些教会人士正密切关注着任何围攻他们的世界观和权威的企图。1708 年,一位德国神学家为他的同僚们编制了一本手册,用以对付那种"称神为自然"的想法,他将这种想法描绘为"无神论最系统化的哲学形式"。

大多数激进的启蒙运动人物,包括上面提到的柯林斯、拉蒂卡迪和范·恩登等人,他们的名字并不具有和那些中立的启蒙运动参与者同等的明星效应,但也并非所有人都是默默无闻之辈。乔纳森·伊斯雷尔把斯宾诺莎宣传为激进派背后的主要力量和知识上的教父(并且是历史上最有影响的哲学家之一),斯宾诺莎大量使用笛卡尔的范畴,更加肆意地将它们应用于包括宗教在内的诸多事物之中。像笛卡尔一样,他"证明"上帝存在,但他也"证明"上帝不能有人类特征,不可能行神迹,或者干预人类事务。斯宾诺莎写道,圣经中包含着许多智慧,但当它说到分开海水或者将水变成酒的故事时,人们不应该相信。他嘲笑大众对超自然存在的信仰,在一次辩论中,他就灵魂是男是女这个问题做出了自己的回应,他说,"那些看见过纯粹灵魂的人们不应该将目光投向性别。"

在激进世俗主义者、中庸世俗主义者以及神学家之间展开的三方争论,几乎涉及到每个可以想见的问题,但它的中心依然聚焦于有关上帝的观念。在 17 世纪后期和 18 世纪早期,对无神论的指控似乎从未停止,这并不是因为指控对象宣称自己不相信上帝,而是因为他们确认上帝的方式并不需要教会作为中介,而脱离圣经的上帝观被视为对教会与国家的威胁。斯宾诺莎根本没有将自己看成是一位无神论者,他相信神必须存在,因为他将神定义为无限的实体,并推理道，"一种由无限属性构成的实体……必须存在。"在他看来，神等同于自然，这意味着神不仅仅是自然的世界，而且还是一切事物的总和。在这一点上，他极端到甚至于颠覆了中世纪的实体观念，将神定义为宇宙中存在的唯一实体，其他任何东西都是神的子部件。

斯宾诺莎坚信，宗教真理这种东西确实存在，但是，他也坚持认为，宗教组织的出发点基本上是为了保护它们自身的地位。在很多时候，斯宾诺莎关于迷信及其操纵的思想听起来不仅是现代的，而且是超现代的。摘录一下他在《神学政治论》中的语句，以下的文字，可能出现在任何一本21世纪反宗教的畅销书之中："在怀疑中，人类的心智很容易发生摇摆……[人们]会认为任何可惊愕之事都可能是诸神或上帝愤怒的征兆。而且，他们将迷信误认为宗教，认为不用祷告和祭祀避灾就不算虔诚。他们不断祈求这类神迹奇事，仿佛自然像他们自己一样疯狂，他们如此荒诞地解释自然……"斯宾诺莎在一段文字中认为，宗教制度在许多世纪里使许多人成为这种不安全感的猎物，"因此，巨大的痛苦被引向……[投入]宗教，无论真假，备有堂皇的仪式，可以抵制一切的惊恐，使人人都虔诚信守。"

斯宾诺莎式的泛神论遭到同时代以及后来的基督徒和犹太教徒的诟骂（23岁时，斯宾诺莎被逐出阿姆斯特丹犹太社区），但它放在现代却很合适。爱因斯坦很出名的一件事是，当他接受挑战，陈述自己的宗教信仰时，他站到了斯宾诺莎的一边，他说："我相信斯宾诺莎的神，这位神在存在物之有序和谐中启示自身，而不相信亲自关心人类命运和活动的神。"

　　真正的无神论,相信在宇宙和宇宙的创造中,并没有神的参与,人类在宇宙中是孤独的,这种理念当然是 17、18 世纪欧洲在现代化进程中出现重大转折的结果,但是,把启蒙运动想象成反宗教的也是大谬,这场运动中的主流思想家,包括绝大多数激进派人士,反的是教会,而不是信仰。他们对宗教的诟病是因为宗教妨碍了人类个体运用自己的心智,妨碍了人类用自身内在的理性去理解这个世界以及他们在这个世界中的位置。这种批判不仅针对天主教,也针对新教神学。确实,新教是一种为个体呐喊的运动,它的形成在很大程度上是因为该运动的领袖感到个体基督徒需要拥有个人与神的关系,而不以教会为中介。路德斥责天主教使人们成为教士的奴隶,但与此同时,他在《论意志捆绑》一书中又认为,个体必须在智慧和意志上服从圣经中的神。正如法国启蒙运动领袖孔多塞侯爵谈及诸如路德这样的改革人物时所说的,"激发改革家的精神并不导致真正的思想自由。在它统治的国家,每种宗教都只允许特定的意见存在。"新教教会并没有比梵蒂冈更愿意接受神即自然的观点。

　　启蒙运动的人物希望人们完全自由地运用自己的心智,让理性之光闪耀,这其中也包括将理性应用于信仰:用清晰的眼光来评估和评价生命的内在实体,包括宇宙、神和自然,但大可不必运用有组织的信仰这个工具。你或许会说,启蒙运动根本就不是想要贬低上帝,事实上正相反,这个运动的目的在于开拓上帝这个词的维度,使之涵括这些新式学问形式所覆盖的一切,这样来看,它的对立面有两个:一是权威,包括任何主宰如何信仰和信仰什么的权力或组织,二是模糊思维。

　　而所有这一切，都可以直接回溯到笛卡尔。在经过学习研究之后，他发现自己依然"承受着这么多的怀疑与错误，看来我的自我教育一无所获，除了越来越发现自己是多么的无知"，这促使他转向了哲学，"清晰而明确的观念"，这既是笛卡尔的目标，也是下个世纪思想家的目标。因此，斯宾诺莎猛烈抨击迷信。18 世纪 40 年代，身为著名的百科全书派背后的力量及法国大革命的知识教父之一的狄德罗，用格言形式道出了对清晰度的热情："迷信之害甚于无神论。"

❖　　❖　　❖

　　通常，历史时期都是由后人来命名的。生活在公元 1300 年前后的人们就不会这样在路上彼此打招呼："这是一个多么可爱的中世纪后期的早晨啊！"启蒙运动却是个例外，它的领袖在当时就为自己所处的时代这么命名了，这个时期的个人有着不同于前代人的意识。整个欧洲，人们用不同的语言，却不约而同地用光明来隐喻这种照亮黑暗的思想。其中最清晰的表达之一来自于身材矮小、性格内向的德国哲学家康德，他的宏伟计划之一就是为宗教确定"先验"式的基础：信仰将不是基于教会或圣经，而是基于人类思想、这个世界以及这两者之间的关联之上。康德是个胆小谨慎、深居简出的人，他从未离开普鲁士家乡超过 100 英里，他的著作和任何其他哲学家的一样凝重。不过，时不时地，他也会高调发声，当他被问及如何定义他和他的同时代人正在体验的这股力量时，他宣称："启蒙就是人类走出其自我招致的未成年状态。未成年状态就是没有他人的指导就不能运用自己的理性。……'敢于去认识！'有勇气运用你自己的知性，这是启蒙运动的座右铭。”

如果那就是启蒙运动的座右铭，那么在 18 世纪，它在政治上以两种非常不同的戏剧性方式被付诸实施。18 世纪 70年代，当人们驻足等待一个全新的现代化竞技场的诞生时，在发明创造和科学活动的狂热之中，一个隐喻性的间歇悄然出现。大西洋彼岸，北美前英殖民地的居民决定摆脱他们的母国，在真实的世界里检验代议制政府的理念，这种理念曾在约翰·洛克等人的理论中孕育了近一个世纪。美国人习惯于认为，美国革命把欧洲一个世纪的知识动荡推向了巅峰，正如伟大的美国学者亨利·斯蒂尔·康马杰在 1977 年所写的那样，“旧世界想象、发明并表述了启蒙，新世界——当然是英裔美国人那一部分——使启蒙得以实现并圆满。”而欧洲人对此却有不同的看法，对他们而言，美国革命只是一个穿插的小节目，而法国大革命却以它所有的血污、光荣与悲剧，以它对教会与国家的重大颠覆，成为启蒙运动以及始于笛卡尔“我思”的漫长转变过程的终极表述。

当然，这两次革命都与之前那个世纪的变迁密不可分，杰斐逊、麦迪逊、亚当斯等美国领袖和欧洲人畅游在同样观念的潮涌之中，他们都在洛克的政治哲学里跋涉，接受其认为社会通过统治者与被统治者之间的“社会契约”而结合在一起，而且如果权力被滥用，人民就有权造反的理念。杰斐逊曾写道，他的哲学源自牛顿、培根与洛克，尤其是将科学质疑与观察带入政治领域——你或许会说，“我思”在政府中也占有一席之地。但是，美国革命也有它自己的另一面，亨利·梅在他 1976 年的研究《美国的启蒙》中提到，宗教和美国生活是如此错综复杂地交织在一起，因而，在美国，这个话题不是有关"启蒙与宗教",而是"作为宗教的启蒙"。18世纪三、四十年代,福音热席卷美国殖民地,第一次所谓的大觉醒给了接踵而至的政治戏剧披上了一件灵性的外衣。与此同时,许多美国精英都是有神论者,他们实质上是将牛顿的科学转变成了宗教,杰斐逊以诉诸于"自然法与自然神"的独立宣言将有神论织入了美国国家结构。在邦克山或约克镇,没有教堂被烧掉,这样看来,美国革命是启蒙运动强调秩序、和谐及信仰与理性的平衡之中庸派的完整表达。

但是,另一种激进型启蒙却有着它自己非常独特的政治表达方式。1789年,当巴黎人民涌上街头,力图从国王那里争取宪制时,欧洲的科学家与发明家,思想者和宣传家,再度停下脚步开始记录,因为这是将他们启蒙的政治理想注入一个陈旧的、已有的国家的努力。完全不同于美国革命,法国大革命是旧秩序及其代表——君主制与天主教教会——的系统性崩溃。对皇室与教会的不满,憎恶其囚禁民众于牢笼,掌控民众的生活、心灵和钱包,这些一开始形成于少数知识分子心里的东西逐渐扩散,渗透到社会的各个阶层,逐渐演变成一股前所未有的面对面、嘴对嘴短兵相接的强劲势力。

如果说现代的诞生最终需要彻底摧毁包括思想、信念、社会等所有事物在内的现有结构,那么,18世纪八、九十年代在法国大地上发生的一切绝对具有必要性。它也会证明,当笛卡尔围绕理性重建世界观时还不能理解的一些东西,在接下来的数个世纪里已让人们耳熟能详。作为一种组织原则或者战斗呐喊,理性并不必然导致和平与秩序,它有时还会引发大规模的非人性暴力。

正是在这种世界历史性的剧变中,笛卡尔的骨骸再次进入了人世。

❋　❋　❋

他的这张脸,最准确的描述就是如同天使一般,如果天使意味着纯洁,那么它同时还隐隐带有超越俗世和幽灵的感觉,而所有这些特质,都非常适合这位名叫亚历山大·勒努瓦的特立独行而热力四射,严谨缜密而超凡脱俗的男人。他1761年生于巴黎,这已是勒内·笛卡尔的遗骨被葬在这个首府城市近1个世纪之后。在一幅35岁时的画像中,勒努瓦看起来就像一个十几岁的少年,这真是令人吃惊,他的皮肤雪白光洁,他的嘴唇有点淡淡的紫色,像女性般柔和,露出捉摸不定的浅笑,那双勾人的幽深眸子仿佛打开了黑暗的通道,他的头上戴着一顶奢华的宽边黑帽,一条金色围巾绕着脖子打了个结。

他是艺术爱好者,他研究绘画,娶了一位画家,他似乎生来就对死亡、死亡意象、雕像以及人类遗骨如痴如醉,作为一个有如此特殊癖好的人,他可谓生逢其时,法国大革命为他那充满好奇的生活做好了铺垫。1763年,勒努瓦还是一个婴儿,当时的国王路易十五新征了一系列税收。在以往,这样的举动可能只会导致一阵牢骚,但是,现在情况不同了,在过去的10年里,狄德罗32卷本的《百科全书》已出了一半。狄德罗和他的合作者们试图将在欧洲传播的一切新知识都囊括其中,它不仅提供客观立场,而且还提供直率的信念,比如坚持理性思考与获得被统治者认可的道德必要性之间的关联。经年累月,这套书和它所隐含的逻辑渐渐渗入这个国家的精神之中。法国最高法院联合起来反对征税，某些法院（它不是立法机构，而是地方的司法议会）其至逮捕了国王派来的总督，各种涂鸦出现在政府建筑上，扬言要取下国王的脑袋。随着事态逐步升级，法院破天荒第一次宣布，他们将共同代表人民的意志，没有他们的同意就不能征税。国王的反应出奇地迅速，他不顾体面地直接从凡尔赛宫骑马到达巴黎（到达新桥时他遇上了一支宗教游行队伍，在这里他稍作停顿，在队伍经过的时候，他下马跪在泥地里），他大步跨入最高法院，接下去就发布了载入法国史册的鞭笞讲话。它粗暴地反驳政府成员联合对抗国家元首的观念，也是对君主权力最有力的肯定："主权系于朕一人……政府因朕而存在，其权威乃源于朕一人……朕独占全部立法权……政府官员须经朕授权而……"

从此，一场最终结束了欧洲最专制皇室的斗争开始了。1770 年，国王解散了法院，但从某种意义上来说，造成的破坏已经无可挽回。时论作者广传法院的论理，和民众产生了共鸣，并延续了很多年。1778 年，重新组建的巴黎法院警告新国王路易十六，他们是不会站在皇家的独裁统治这一边的，现在，法院开始采用"人权"及"经过理性推断证实"等等措辞。接下来的那年，第三等级（回溯到中世纪，社会被划分为由教士组成的第一等级，由贵族组成的第二等级及由平民组成的第三等级）的代表们更进一步又推进了这种新语言，宣布他们根本就不能被称为一个等级，他们不是那些掌权者眼里的三等咨询议会，他们是真正的"人民"，事实上，他们是国民议会。国王将他们关在会议厅之外，于是他们就聚集在附近的一个网球场，宣誓保持联合直至国王同意立宪。士兵们开进了巴黎,在一次起义中,国民议会"废除封建制",接着发布了《人与公民权利宣言》。

在这场导致革命的骚乱中,亚历山大·勒努瓦长大成人,而且这位外表柔弱的艺术家也投身其中,然而,他的兴趣很快就在一个关键之处与革命的目标分离。他的导师中有加百利·弗兰西斯·杜瓦扬,一位以绘制意大利文艺复兴风格的华丽巨幅宗教画而出名的艺术家,以及博学的查尔斯-弗兰索瓦·杜普伊斯,他除了是电报发明者之一以外,还写过非常成功的《一切宗教崇拜的起源》,在这本书中,他宣称基督教不过是古代太阳崇拜的翻版。沐浴在杜瓦扬、杜普伊斯及共济会成员(这个流派本身的思想来源于把自然作仪式化神学处理的自由思想家)的影响之下,并沉浸在异域的个人秘仪中,勒努瓦形成了自己一套独特的普世主义的信仰体系,这种体系以理性、历史、宗教艺术及建筑为核心。

令他惊恐的是,随着革命逐渐升级,他的革命同胞中的暴徒按字面意义实践了其领导人关于"摧毁旧体制建筑"的号召,开始攻击教堂与宫殿。建筑物被洗劫,绘画与雕塑被损毁,修道院变成了马厩。这个国家的许多古代宗教建筑物,如克吕尼的大修道院,圣丹尼斯教堂,法国君主的埋葬地,一个接着一个地遭到洗劫。曾经珍贵的遗骨,包括以前备受尊敬的国王的遗骸,被取出来游街示众,路易十四的遗体尚处于防腐处理过程之中,也被欢呼着挖出来用刀乱砍。这是一场疯狂的行动,但它是有思路的,这种正在形成的革命性意识形态强调自由、平等与博爱的价值,它稳稳地扎根于17世纪的"新哲学"。这种意识形态摒弃过去的一切象征,因为它们都把"奥秘"置于理性之上,它们没被烙上"功利的印记"，而且"与良好道德相悖"。法国政府不仅怂恿群众，而且实施了官方的"去基督化"方案，其结果是导致法国各个城镇的宗教建筑——从乡村教堂到巴黎圣母院——都遭到摧残和亵渎，圣经人物雕像也被损毁。

然而，革命领导人的热情却并非完全狂热。随着出于意识形态的对艺术品的野蛮破坏逐渐升级，某些革命领导人开始担心了。事实上，正是在致国民大会的一个报告中，公共教育委员会对于给国家造成的损失感到非常遗憾，因而用到了 vandalisme（野蛮破坏艺术品）这个词，它指的是那个在 5 世纪因洗劫罗马而臭名昭著的日耳曼部族。

碰巧，画家杜瓦扬也是领导人之一，他的学生勒努瓦在失望中想出了一个办法，他向杜瓦扬献计：在不收回拆毁旧秩序的使命的同时，何不派一些人去翻捡在革命运动中的废墟，从中挑选可能具有历史价值的艺术作品？对那些带着奴性服从国王和教会之毒素的标志物加以摧毁，与抹去一个民族的记忆之间，显然需要找到一种平衡。

杜瓦扬将这种想法上呈给了巴黎市长，市长随即又将之上呈给革命政府。或许，连勒努瓦自己都感到惊奇，他得到了一份为那些在革命中失序的艺术及建筑维持秩序的工作。他的权限很大，而且有两位助手和一笔薪水，还另辟处所放置他想要保留的物件：其中之一是被政府征收的天主教领地，位于塞纳河岸的前珀蒂-奥古斯坦女修道院。

勒努瓦怀着或宗教或革命热情开始了这项工作，一旦革命群众将要进攻某个修道院或者教堂或者城堡的消息传到他这里，他立即和他的助手们穿过被战争摧残的巴黎街道，匆匆赶到现场，到达后，他就挥动公共教育委员会或者国家财产转让委员会的令状,以革命政府的名义下令不许毁坏某些物品。人群退下后,勒努瓦和他的助手就会将受损物件放进马车,将它们运到塞纳河边的仓库里。他的部分日记有如下记录:

> 星期三:贝吕勒墓,卢瓦陵园的天使。
> 星期四:嘉布遣小兄弟会小礼堂的大理石雕刻。
> 星期五:西贝乐和梅雷阿格里的作品各一件。
> 星期六:一个哲学家,古典型塑像。
> 星期天:来自圣奥雷诺小礼堂的贝吕勒大主教雕塑。来自索邦的黎塞留大主教雕塑。

有时候,革命群众也会拒不理睬勒努瓦的官方许可,就在上述的最后一次行动中,他与正在破坏黎塞留大主教坟墓的士兵发生了交锋,并在冲突过程中受了伤。还有资料显

这幅画表现了勒努瓦阻止革命群众破坏墓穴和纪念物

示,在他保护路易十二的坟墓时,他同样奋力挡开了手持长枪与斧子的激进分子。

在革命期间,国家没收了数以百计的宗教场所,其中一处有着独特的故事。它就是为巴黎守护神而建,占据了城市制高点的圣吉纳维夫教堂,它恰巧也是勒内·笛卡尔的埋葬地。回溯至 1744 年,这座教堂已经日渐衰败,当时,路易十五发誓要建造一个新教堂。他的建筑师雅克-格曼·苏弗洛,是一位热爱古希腊、迷恋哥特式设计的人,他构想了这座与一排排希腊庙宇比邻的新建筑,它的前方有巨大的廊柱,中央有高挑的圆形屋顶,以及大量的中世纪元素。这个建筑的建造历经数十年,它和旧教堂隔了一座广场,当它接近竣工时,法国大革命爆发了,它生不逢时地刚好成了革命政府谴责的对象,被视为封建主义与神秘主义的殿堂,在当时,这两种主义几乎被等同于邪恶。

这座建筑物之所以被国家接管,或许部分原因是由于它开阔的古典结构适合革命的艺术理想,于是被去基督化,并改造成可能是"激进"启蒙运动凝固在石头中的最纯粹的表达:先贤祠(Pantheon)。这座先贤祠不是通常意义上用于献给诸神,而是献给法国的伟人,或者,采用具有那个时代特征的语言,"献给名望"。和教堂一样,它将是一个反思的地方,但它将是专门用来做世俗反思的一个地方。和教堂一样,它也会存放人类遗骨,但目的不是为了暗示自然身体与非物质灵魂之间的联系,而是藉此遗骨来告诉人们逝者在大地上完成的伟大事业,为人类走向自由和平等而献身的事业。它将会是一个世俗的殿堂,是一个摆脱了宗教与"迷信"的人类理性与人类进步的圣地。

在做这样的重新设计时,建筑上用理性取代信仰成为了崇拜的源泉,革命派创造了一个独一无二的纪念碑,今天我们去参观它,不仅能感觉到这种动机,也能感觉到那种天真与空洞。一走进去,就会被一种奇怪的感觉所淹没:这座建筑空间的巨大简直就和将之奉献给"伟人"与"名望"的观念同样可笑。它听上去带了点讥诮,又有点空泛。墙上画着来自于神话以及法国历史的场景,但根本没有关联性。建筑内部是大片的空地,那些高大的石柱立在那里,如同沙漠里的树木。楼底的地下室里是伟人们的墓穴,它们如此亮堂,你肯定以为身处某个电影镜头之中,而最为古怪的是没有一点装饰品,在一个奉献给死者的圣所却刻意回避任何宗教主题。在这样一个地方,你会理解,为什么说单单理性只是一只空的容器。

这座建筑的世俗化是多方位的,以显示它与科学及秩序之间的关联。穹顶上的十字架换成了一个地球仪(它后来被

18世纪的一幅画,描绘了勒努瓦的法国文化纪念物博物馆的内部,拿破仑说,这地方让他想起了叙利亚

一座雕像取代，但最终还是被还原为十字架），作为城市制高点的穹顶之端，也另有用处，伟大的法国天文学家让-巴蒂斯特·约瑟夫·德朗布尔把它当作一个观测平台，在上面测量地球的大小，并由此确定了科学的测量单位：公尺，这种新的单位取代了老式的测绘系统。这座建筑作为现代的展示大厅，其吸引力持续到了 19 世纪，1851 年，物理学家里昂·福科从穹顶之端垂下他的钟摆，以此示范和证明地球的自转，使成千上万慕名而来的参观者获得了对科学最直接的感性认识。

这座先贤祠是当时人们面对现代化的集中体现。"去基督化"成了法国大革命中现代化计划的官方组成部分，并且传播到生活的各个方面。旧历书被废弃了，因为它是围绕着天主教圣日建立的，带有宗教意味，取而代之的是新式日历，这种日历基于对自然界，包括太阳、月亮、季节、地球的自转与公转等等的观察而建立。街道与城镇的名称也摆脱了与宗教的联系：圣雅克、圣路易及圣弗兰西斯消失了，而包括了丹东与米拉波，还有加图、布鲁图斯和本杰明·富兰克林这些共和英雄们突然出现在路标与地图上。这场革命如此彻底地将宗教和迷信画上了等号，以至于当它进入最激进的阶段时，甚至还在巴黎圣母院举行了一个仪式，宣布废止宗教，提倡无神论和"理性崇拜"，一个女演员扮演了自由的角色，拜倒在熊熊燃烧的理性之火面前。

想要理解法国革命与美国革命之间的差异，你或许可以想象一下美国的国父们，在暴徒的怂恿之下，把费城一座教堂的宗教色彩全都除去，将其转化为一座理性的殿堂。这幅看起来很可笑的画面值得重视，不仅是对历史，而且对一部分的现实亦是如此。至少西方国家今天遭遇到的某些问题，比如与军事伊斯兰之间的长期搏斗，从根本上来说，就是和现代西方国家具有分裂个性这一事实大有关系：在信仰与理性的关系上，它们一直困惑于这两者之间到底是互相依存，还是互相取代。简单地说，在美国，宗教依然是私人或公共生活中的一股强大势力，因而美国依然延续中立的启蒙传统，呈现出中庸的现代性；而欧洲则不同，在这里，有组织的基督教已经大致上都被取消了，因而延续的是一条激进的道路。这种分歧可以直接追溯到1789年和1776年发生的事情之间的差异，当然，最终还是要回到笛卡尔。

当新的圣吉纳维夫正在经受激烈的世俗化的同时，那座破旧的老教堂依然矗立着，在它里面，有着数十位圣徒的坟墓、纪念碑及雕像，因而，在1792年它成了革命狂热者的目标。当政府终止了它的宗教崇拜活动之后，其牧长求助于"文物仓库"守护人勒努瓦，希望在建筑物被毁之前转移一部分能够被保留下来的东西。

当然，笛卡尔的遗骨就在这些坟墓与纪念碑当中，在他去世142年之后，笛卡尔现在被视为法国历史遗产的一部分。他是一个"伟人"，而且是一些革命者希望这样来定义他。在勒努瓦接到抢救旧圣吉纳维夫遗骨的请求之前一年，革命政府已经就如何将圣吉纳维夫改造成先贤祠展开了辩论，辩论议题涉及到如何定义革命本身，如果这座建筑将要成为供奉伟人的殿堂，那么谁能称得上是伟人？如何决定谁的遗骸能被授予进入先贤祠的荣誉？在这些辩论的过程中，笛卡尔的遗骸自然也成了辩论的一部分。这场辩论随着革命的剧变与跌宕而展开，在对骂指责中有时激烈到凶残的程度,而从被选入以及被剔出先贤祠的伟人名单中,亦多少能反映出理性作为一种客观力量的内在缺陷。

正是广受尊重的革命英雄奥雷诺·米拉波在 1791 年 4 月 2 日的死亡,激发了人们将这座新教堂转化为世俗陵园的想法,因此,国民大会中各纷争的派系终于第一次达成了一致,支持米拉波进入先贤祠。但是,就在他正式落葬于这座巨大建筑后不久,人们发现,当国王寻求活命并继续掌权下去的时候,他曾向国王作出了让步。罗伯斯庇尔认为米拉波背叛了革命理想,应该从坟墓中挖出来并移出先贤祠,确实,他后来被不声不响、很没面子地从边门拉出去了。

辩论还在继续,领袖们围绕着将伏尔泰的遗骨搬进先贤祠的想法形成了统一,这是一个很受欢迎的选择,难得没有在提出之后引发通常都会有的充满恶意的争论。伏尔泰曾经被当作无神论者而遭致咒骂,他还曾经被囚禁在巴士底狱,现在,他被视为启蒙运动的保护神(世俗的)。他死于 13 年前,死后被悄悄地埋葬了,但如今,将他重新移葬到先贤祠的仪式变成了革命中的重大事件之一。10 万人拥上街头观看游行,12 匹白马拉着一支规模浩大的乐队,一只金箱里装有伏尔泰创作的 92 卷全集,一个由攻打过巴士底狱的自豪的普通公民组成的方阵,最后,一只覆盖着旗帜的三层石棺里装着这位伟人的遗骸。

但是,革命者让-保罗·马拉却遭遇了和米拉波相似的命运,作为恐怖时期的背后力量,如今人们对他的最深刻印象来自于雅克-路易·大卫为他做的画,画像戏剧性地描绘出他被刺后无力地瘫在浴缸里。在他被选为新共和国的世俗圣徒之后不到一年,人们对他的看法骤变,他的遗骨被拉出了先贤祠。

1791年4月12日,米拉波死后刚好10天,先贤标准和谁能进入先贤祠的问题再次引起热议,笛卡尔的案例摆在了国民大会议事日程。最初的请愿是由笛卡尔兄长皮埃尔的后代提出来的,后来,当作为革命领导人之一的孔多塞提议最能体现启蒙精神的伏尔泰时,先前有关笛卡尔的请愿再次被提了出来。在中央政府会议厅里,几百个人一圈圈地围着他而坐,大家都知道他能耐很大。多年来,孔多塞积极致力于将科学视角带进政治、经济及教育,提倡以理性原则重整社会。身为一位数学家,他还提出了有名的孔多塞悖论,揭示了在多数投票原则下产生的数学意义上的差异。在政治上,他是一位少有的很早就提倡完全平等的人,为妇女和弱势群体力争完整的权利。

孔多塞认准了他以及同时代人正在经历的这场伟大变革的源头,他在别的地方曾经写道:在前一个世纪,欧洲正陷于"迷信所导致的可耻睡梦之中",正是笛卡尔"将哲学带回到理性",因为"他明白,我们能够通过观察人类的精神活动,获得重要而明确的真理,哲学必须全然来自这些真理"。现在,孔多塞将一位同胞的案例摆在他的革命者同伴面前,因为这位同胞,才有了这场他们目前正在积极参与的伟业,比起伏尔泰,这位同胞是这场革命更深的根源。"笛卡尔因被迷信所迫而离开法国,客死他乡。"他的开头十分煽情,"他的朋友和他的弟子至少希望他在自己的国家里有葬身之所,于是,在他们的照料下,他的遗体被迁葬到旧圣吉纳维夫教堂……他们准备了一首公共的挽歌,但迷信禁止称颂一位哲学家,傲慢阻止荣誉降临在个人身上,因为他仅仅是一个杰出的人……但这漫长的等候或许可以到头了。他带领我们冲破约束人类精神的障碍,他为永久地粉碎政治上的约束作出了预备,他佩得以自由国家的名义被授予荣誉……"

孔多塞很有说服力,国民大会同意将请求递交宪法委员会,然而,底层发生的事件似乎要压倒这些政客的定夺。当委员会正在考虑将笛卡尔骨骸从旧圣吉纳维夫教堂迁移到广场对面的新圣吉纳维夫,也就是先贤祠的时候,勒努瓦从旧教堂的牧长那里得到了它正被洗劫的消息,并接到抢救珍贵物件的请求。在法国大革命的进程中,这是特别动荡喧嚣的一段时间,对这场革命冲破国界的担心(还有期待)导致了1792年4月与奥地利的交战。8月,激进分子接管了巴黎公社,并推动国家一举废除了国王权力,开创了真正的共和国。去基督教化行动在9月达到了高潮,当时,民众确信天主教神父正在掏空革命的努力,于是他们向巴黎监狱(那里继续在做弥撒的神父在前几个月遭到监禁)发起猛烈的进攻,杀害了230名神父及1000多名囚犯。同月,君主体制终结。次年1月,年仅39岁的书生气的、尊贵的路易十六,稀里糊涂地掉了脑袋,革命终于彻底圆满了。

在一片喧嚣之中,勒努瓦狂热地收集着,并做了仔细的记录:

> 来自于圣埃蒂安山,布莱兹·帕斯卡尔白色大理石墓碑上的墓志铭……

> 来自于巴黎圣母院,库斯图与考伊策沃创作的两座跪着的雕塑,分别是代表路易十三和路易十四赠送的……

来自于圣肖蒙，圣维耶热的石膏雕塑，以及圣约瑟夫雕塑，还有一幅描绘墓中耶稣的浅浮雕，也是石膏质地，由杜雷特创作。

来自于圣贝努瓦，著名解剖学家温斯洛的白色大理石上的墓志铭。

后来，他说到过，他在那段时间里并不快乐，尽管我们不知道他为什么不快乐，但这意味着他当时并不是随心所欲。尽管如此，他和他的助手还是去了好几次旧圣吉纳维夫，并且一丝不苟地记录了他们从教堂拆卸并拉回到他位于塞纳河边仓库的保险箱里的许多东西：

四具女性木雕，杰曼·皮隆创作……

一座斜倚雕塑，国王克洛维一世，石雕……

来自于维罗内的两根圆柱，另有两根佛兰芒大理石圆柱……

两根小灰花岗岩圆柱……

拉罗什福科跪着的雕塑，一个天使提着他的大衣后摆，白色大理石质地……

来自于下堂的两个古代黑色圆柱……杰曼·皮隆创作的一张黑大理石桌，用以摆放两件赤陶作品，分别是"墓中耶稣"以及"耶稣的复活"……另有两根同样来自下堂的小圆柱……

勒努瓦还仔细绘制了圣吉纳维夫的格局，显示出地板下每个棺椁放置的方位，他给很多棺椁仔细画了素描，其中不乏某些正处于防腐半保护状态的尸体的可怖模样。

而且,在1793年的元旦,他不辞劳苦地记录了一个事故。当时,他让他的助手,一个叫波考特的木匠,去搬教堂里"装饰华丽的"大理石神龛,波考特将它放在套了八匹马的像雪橇一样的运输工具上,但马负担过重,雪橇翻了,神龛摔成了碎片。勒努瓦的描述非常详尽,甚至还记录了他是如何处理这些碎片的:他将镀铜的底座与顶盖卖给了博讷大街上的内勒旅馆。

奇怪的是,虽然他对圣吉纳维夫如此重视,但他居然没有对笛卡尔遗骨做任何记录。他后来坚称确实挖开了这位哲学家的坟墓,他说,他不仅将装有笛卡尔遗骨及遗骨碎片的盒子带下了山,放进他在河边的仓库里,而且他还对里面的东西感到尤为兴奋。和孔多塞以及其他启蒙人物一样,勒努瓦相信进步的观念,相信经历每一代,每一个世纪,人性是向前发展的,朝向幸福、自由、平等和更高的文明程度。而当

在圣吉纳维夫教堂发现的众多的石棺和遗骸,但不见笛卡尔遗骸的踪影

今的朝代，尤其是法国大革命，它是西方历史演进的方向，对勒努瓦来说，笛卡尔不仅仅是历史的首要推动者之一，他还是"哲学之父"以及"教我们如何思考的第一人"。

这么说吧，勒努瓦对死亡、骨头及坟墓更加入迷了。在抢救坟墓与纪念物的同时，他发掘了许多人类遗骨，其中包括另外一些著名的历史人物，比如莫里哀，著名的中世纪情侣阿贝拉与爱洛伊丝，笛卡尔的保护人雅克·罗奥。有证据显示他对自己工作的这一方面带有非同寻常的癖好，据一个同事回忆，他扑在刚刚打开的棺椁上，深深地吸口气，还毕恭毕敬地将双手探入尸体阴湿的内脏。在取出亨利四世国王的遗骸时，面对半保存状态的尸体，他很兴奋，他这样写道："我很高兴触摸那些令人愉悦的遗骨，他的胡子，那微红的髭须保存得如此之好……"尽管事实上他还说道，"我是真正的共和主义者，"正如他觉得有必要重申的，但他无法让自己放开这位君主已经石化了的手。有关笛卡尔的遗骸，他后来写道，他有点过分地取了一片骨头碎片，"一片非常小的骨板"，拿它刻了几枚戒指。也就是说，勒努瓦将笛卡尔的一部分遗骨做了首饰，"那些戒指，"他写道，"我送给了偏爱笛卡尔哲学的朋友们。"至于那些人是否真的戴过笛卡尔戒指，在宣扬自由、平等和博爱的晚会上让手指闪耀着优雅的"现代的诞生"之光，还是一个秘密，但是可以确定的是，笛卡尔自己可能不会为其遗骨做这样一个设计。作为一个虔诚的天主教徒，如果目睹这种对遗骨崇拜的世俗化嘲弄，他肯定会非常吃惊。

对于我们现代人，包括某些笛卡尔时代的人来说，这种做法当然是非常诡异，非常可怖，然而，勒努瓦的行为并非闻所未闻,用人类骨骸与头发制作奖品、装饰品和纪念物是他那个时代的特征,是天主教圣物崇拜文化的世俗化表现。正如先贤祠本身显示的那样,现代主义者让社会远离宗教的意图并没有阻隔人类和过去保持联系,和必死性达成妥协。就像尽管宗教性建筑的改造带有世俗的人文主义的目的,但它本身毕竟带有超然的意味,某些人类骨骸或可成为连接凡人与圣人的观念被传递下去,并赋予其新的含义。它们经由去神圣化,从而象征世俗的成就和进步,但启蒙主义仍旧拥有它自己的圣物,而且,对遗骨的崇拜将代代相传。19世纪探险家们到处寻找这样或那样的稀奇古怪的物件和标本,放在"奇物柜"里展示,点缀自己的家,博得来客的惊叹,其中不乏某些名人的遗物。在瑞典隆德历史博物馆的收藏品中,有一片据说是笛卡尔头颅的碎骨,它原初就装在那种展示柜里。

勒努瓦后来说,当他在教堂里挖掘的时候,发现了笛卡尔的遗骨,它们躺在已经腐烂的木棺里,因此,他将它们带回到他的仓库,仔细地将它们转移到他更早时抢救的另一件东西当中,那是他从圣日尔曼-奥赛尔教堂抢救出来的古埃及斑岩石棺,他认为笛卡尔的遗骨很适合永久保存在这个石棺里。现在,它被安放在这座前修道院的花园中,和那些不断增加的雕塑与坟墓在一起,最终,他收集了来自法国各地的数千块石制艺术品,时间跨度几乎可以覆盖这个国家的各个历史时期。

而与此同时,正在考虑进入先贤祠标准的政府委员会颁布了它的报告,报告迅速被整个机构接受了。在一个将速度看得比反思更重要的时代中,革命政府的这种行为称得上是很谦逊了,它将历史进程停滞在那里,从而有较长的时间来思考这项事业,以及他们在这项事业中所处的位置。这个报告由玛丽-约瑟夫·舍尼耶执笔,这位剧作家在创作上经历了一次又一次的失败,终于在攻占巴士底狱事件发生后不久,他因一部带有革命基调的剧作而时来运转,这部剧作的成功上演使他一夜成名,并成为革命政府的成员,他的兄弟安德烈·舍尼耶是一位更著名的革命诗人。在研究孔多塞的提议过程中,舍尼耶彻底被笛卡尔的理念所折服,认为他是理性、自由、进步和平等观念的开先河者,一句话,笛卡尔就是革命之父。舍尼耶年轻、英俊、无畏,充满激情,眼下,他和他的兄弟双双成为革命的宠儿(第二年他兄弟就被送上了断头台)。他代表革命委员会发表了一通流畅的演讲:

公民们:

受公共教育(public instruction)委员会之托,我谨在此向各位呈献一件事关国家荣誉的文件,它将给予各位一个机会,向欧洲证明你们对哲学的尊重,合法制度以及真正的人民的法律的来源。在法兰西帝国的最初世纪里,一位来自南泰尔的村民被宣布为神圣的,并被尊为巴黎的守护神。今天,巴黎与所有法兰西人民只将自由认作守护神。过去,为圣吉纳维夫创建了一座教堂,现在,这座教堂就像偏见一样成为过去,在时间之手中逐渐坍塌。但是,在这些宗教的瓦砾之中,靠近这些令我们的祖先如此盲目崇拜的圣物,穿越人性的愚昧,在被恐惧充溢的祭坛中,在那用骄傲点缀的墓穴中,一条没有任何装饰的长条石碑覆盖了勒内·笛卡尔不朽的遗骨……

当然,可以理解的是,在时代的一片大混乱中,舍尼耶和革命委员会并未意识到勒努瓦已经从旧教堂里取走了笛卡尔的遗骨。然而,也存在着另外一种可能性,这个我们留待后面详述。舍尼耶接下来将笛卡尔置于思想家的前列,这些思想家所做的工作形成了现代性的中坚,"洛克与孔狄亚克……牛顿,莱布尼茨,欧拉,拉格朗日。"舍尼耶还总结了委员会的发现,"我们认为,我们这个受益于启蒙运动而获得自由的民族,必须怀着崇敬之心来收藏这位杰出人士的遗骨,他是开阔公众理性视野的巨人之一……"他对哲学家坎坷的生活表示遗憾,称他是因为"专制主义"而被迫在欧洲游荡,最后,他十分动情地结束了演讲:"共和主义者们,国王曾经如此轻慢了勒内·笛卡尔的遗骨,如今,复仇的任务就落在你们肩上了!"

政府同意了,并起草了法令:

国民议会法令

1793 年 10 月 2 日与 4 日,统一的法兰西共和国二年,

授予勒内·笛卡尔伟人荣誉,并命令将其遗体以及由著名的帕茹制作的雕像转移至法兰西先贤祠。

1. 10 月 2 日

在聆听其公共教育委员会的报告后,国民议会立法如下:

第一款

授予勒内·笛卡尔伟人的荣誉。

第二款

这位哲学家的遗体将被转移到法兰西先贤祠。

第三款

在笛卡尔的墓碑上将刻有这些字:

以法兰西人民的名义

法兰西议会

致勒内·笛卡尔

1793 年,共和国次年

第四款

公共教育委员会将咨询内政部,确定转移的日期。

2. 10 月 4 日

国民议会下令,由著名的帕茹制作,在古式大厅找到的笛卡尔雕像,将在这位伟人的遗骨转移到那里的当天被移至先贤祠,并授权内政部做好实施这项工作所必需的一切安排。

　

这不仅是对笛卡尔在法国历史上之地位庄严的、官方的、全面的承认,也是对正在历史上起作用的这股力量以及进步观念的承认。从某种角度来说,这是一个让全社会来了解这股力量的完美时刻,但是换一个角度而言,这个时刻又过于完美,因为革命正迈向血腥的巅峰。欧洲的君主们联合法国的贵族阶层和教会人士,力图制止这场意在扭转政治现状的暴乱,这导致了一系列与革命力量之间的战争。战争与阴谋反过来又使得人民的生活条件急速恶化,饥饿导致群众偏向于革命中最激进的元素,因此,在罗伯斯庇尔控制了政府之后,采取了恐怖统治,以此来应对他察觉到的对新生共和制度的威胁。断头台成了革命中血腥镇压的标志,成千上万的脑袋在此落地，其中最为著名的有王后玛丽·安托瓦内特，以及最终罗伯斯庇尔自己。更极端的是，孔多塞在恐怖时期也差点被捕，鉴于他的某些反革命的倾向，比如他反对处死国王，就在舍尼耶发表支持孔多塞对笛卡尔进入先贤祠的请求演讲的第二天，逮捕令就下来了，孔多塞被迫逃离。正是在他东躲西藏的过程中，他写出了《人类精神进步史纲要》，

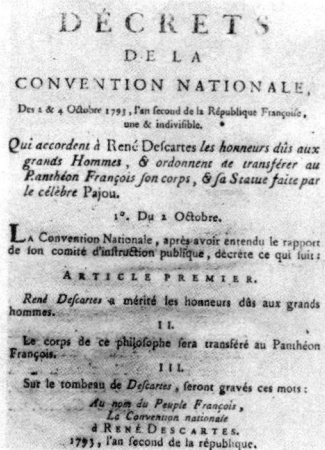

巴黎的革命者国民议会法令，授予笛卡尔及其遗骸特殊荣誉

在这本书中，他总结了自己对启蒙运动及其价值的坚定信念，尤其表彰了笛卡尔的贡献。最终，他还是被捕了，不明不白地死在狱中。

因此，既然法国革命据称是现代性最强烈的自我表达，如果说在这个期间将笛卡尔移入先贤祠是恰当的话，那么在恐怖统治来临前夕做出崇拜现代之父的决定，自然是恰当不过的，自由、平等和民主都是"我思"的衍生物，是围绕理性的人性定位。但是，早在1739年，苏格兰哲学家大卫·休谟就已经认为，主张理性是道德原则的基础是一个错误，因为他知道，理性可能会导致最不理性的追求。作为一种工具，它能建立一个新社会，但是，由于天真的信仰或者故意的欺骗，它也能残杀和摧毁社会，这种双重性正是现代历史的一种形象说明。长期以来，历史学家们都将"恐怖统治"视为历史上

众多丑恶事件的先驱,从斯大林的白色恐怖,到臭名昭著的"摧毁一个村庄以拯救一个村庄"的越战逻辑。在这样的恐怖统治中,法律失效,暴力被官方用来实现所谓高贵而理性的目标。休谟在《人性论》中嘲笑地刻画了理性的反面应用,"宁愿毁灭整个世界也不划破我的手指,这并不与理性相悖。"在法国进入恐怖统治的同一年,康德在他那与世隔绝的德国村庄里思索着这个难题:如今,尽管理性被确定为现代社会的首要原则,但人性中的"邪恶倾向"也不可否认。康德在《纯然理性界限内的宗教》中的结论至今仍然是我们的结论:

> 人在道德意义上是什么? 以及,他应该成为什么? 是善是恶? 这必须由他自己来造成,或者必定是他过去所造成的。善与恶必须是他的自由任性的结果。因为若不然,他就不能为这两者负责。从而他在道德上就既不能是善的也不能是恶的。如果这意味着,人被造就成为善的,那么,这意思无非是说,人被造就为向善的,人的原初禀赋是善的。但人还没有因此就是善的,而是在他把这种禀赋所包含的那些动机接纳入自己的准则(这必须完全听任于他的自由选择)之后,他才使自己成为善的或者恶的。(据李秋零译本)

正如罗伯斯庇尔与其他恐怖主义煽动者自己也成为恐怖统治的受害者是咎由自取,1793 与 1794 年的整肃与暴力也使得向现代之父致敬的努力笼罩上一丝嘲讽。这么多新的尸体需要埋葬,这么多自己的同伙面临逮捕或处死,国民议会发现,比起迁葬一副已经腐烂的骨骸,还有更急迫的事情等着要处理,于是,笛卡尔的遗骨被继续留在亚历山大·勒努瓦的仓库里。

❧　　❧　　❧

然而,恐怖对勒努瓦的事业却很有利,他的收藏品随着暴行的升级而增多,这些藏品优雅而散乱地堆放在位于塞纳河边的前女修道院地面和房屋四周,创造出层层叠叠富丽堂皇的雕琢感,这里,美好与暴力交相辉映,庄严的过去与变形的现在彼此混杂。正是在这世界历史的变革与混乱之中,勒努瓦产生了一个想法,到底最终应该怎样处置这些刻录着往日辉煌的瓦砾,这些记载着一个民族的过去的纪念物呢?再一次,他首先想到了**进步**这个观念。他将过去的时代视为筑入当今时刻——理性与启蒙时代——的建筑。以往的时代在它们的艺术品中得到了呈现与折射。这一切,难道都将淡出历史吗?面对突如其来的灭顶之灾,它们会永远从人们的记忆中消失吗?过去悠长的记忆,将在一代人手里抹去,这会是个令人恐怖的错误吗?历史的教训和进步难道不应当铭刻在一个民主国家的公民思想中吗?

理性的力量带来了如此暴烈的、大规模的变化,但是,同样是理性的力量,如果施加到这些被拆除的物件之上,赋予它们以秩序,让人们清晰地看到历史的变迁,又会带来怎样的效果?是的,他的想法就是创造一个历史和艺术的空间,一个有教育作用的平台,一个展示人性高贵之作的所在,他要建立一个献给缪斯的殿堂:一座博物馆。

在这几百年中接触笛卡尔遗骨的人们有一个令人吃惊

的共性,那就是几乎所有人都以某种方式体现了由笛卡尔带来的现代性的侧面。1796 年,在政府支持下,勒努瓦将他的仓库转变为法国文化纪念物博物馆,很有可能他建造了第一座历史博物馆,并成为以社会-科学方法对待艺术和历史的第一人。以理性与进步为指导原则,他用从革命战争的摧毁中抢救出来的碎片建立了某种新的东西:一个讲述民族故事及其演变的公共机构。

当时,已经有一座国家博物馆在建,内政部长在给勒努瓦的授权书中规定他的机构实质上将成为新卢浮宫的分支,这让勒努瓦怒不可遏,以他的估计,卢浮宫不过是个大杂烩。他决定,他的博物馆将有一套自己的组织原则。

事实确实如此,如果说历史是文明由低到高的有序发展,那么他首先会考虑到让来访者体会到这一点。漫步于勒努瓦的博物馆,人们将依循年代的推进,从一个世纪走到下一个世纪。在这一工作中,他展示了极高的设计天分,赋予每个房间一种他认为符合其时代特征的特有氛围,或者特有的葬礼气氛。他这样描述 13 世纪艺术馆的第一展厅:

> 阴森的灯从拱顶垂挂下来。门和窗……由著名的蒙特罗根据阿拉伯人复兴的建筑品味设计。窗玻璃也是那种风格的……弥漫在这个大厅的微弱灯光也是模仿那个时代……仿佛一种魔术,表现出迷信用恐惧来冲击人类,使他们处于永久的脆弱状态。

在有关各个时代的教堂灯光布置的描述中,勒努瓦透露出他对历史和进步的看法,"我观察到,越是靠近我们当今时代的纪念碑就有越多的光照,仿佛太阳光只适合受过教育的人。"大概,一直要到大革命,那时,当教堂的屋顶被真正掀开,黑暗的内幕才会全部暴露在日光之下。

如果说勒努瓦的法国文化纪念物博物馆标志着博物馆的开端,那么它也标志着人们对博物馆耳熟能详的抱怨的开端:展品的错位使得它们脱离了原有的来源、目的和最初的意义,被迫进入一个陌生的新结构,博物馆将展品压榨出新的含义,超出了创造者原有的设想。一个在普罗旺斯乡村教堂的祭坛上站立了数百年的处女雕像,接受着世世代代村民的膜拜,在他们眼里,她就是他们的圣母,在她身上,杂糅着他们对这位公元初巴勒斯坦女性的真诚尊重以及他们的日常生活的平凡侧面,她是他们生活的一部分,如同构成风景的山峦。现在,这具雕像和大致上来自于同一个世纪的其他的无关展品放在一起,占据了展厅的一角,一起讲述着在艺术中现实主义的发展的故事,对于勒努瓦而言,这展示了人性的演进。

如果这是对现代性、现代生活和理性力量的抱怨,抱怨它切断事物发展中形成的有机形态,将它们分解成可供分析的碎片,然后以新的方式重新组合它们,从中找到新的亮点,对于很多人来说,这亮点却无异于非人道的令人寒颤的一道冷光,但是,有意思的是,勒努瓦的博物馆却成为革命年代中巴黎唯一流行的文化景点。说来奇怪,游客居然还真的在时局动荡中来到这座城市,这家博物馆成了他们必到之处(1801年英文版的《巴黎简介》用了14页的篇幅专门介绍它),为此勒努瓦印了一份展品目录,后来还被翻译成英文,游客们花5个法郎就可以买到一本参观那些阴森的花园和房间的指南。

在这份目录的开头,勒努瓦高调宣扬整个博物馆项目的内在主题:"法国人珍惜经由他们发动的这一著名革命。这种革命建立了一种基于理性与正义的事物的新秩序……"这份目录还包括了一个很实用的通知,如此平实,也显得非常的现代:"法国文化纪念物博物馆在星期四的 6 点到 14 点,夏天在星期天的 6 点到 16 点,冬天从 6 点到 15 点向公众开放。"

尽管勒努瓦十分关注对公众的指导,但其博物馆的布局部分也源于他那令人毛骨悚然的口味,博物馆的中心是一个布满古老坟墓的花园,他称之为爱丽舍花园,这个名字源于古希腊神话中为最高贵的灵魂而保留的来生领域,这个花园是他的骄傲与快乐,来到这里参观的游客注定会陷入对美丽与死亡的深深思索。他在目录中对这座花园的描述显示出他对阴森之物的特殊癖好:"在那座平静祥和的花园里,人们可以看到 40 多座雕塑,四处散落在绿色草坪上的坟墓有尊严地静默在安宁之中。松树、柏树、杨树与之相伴,放在墙上的死亡面具与骨灰坛,给这个令人愉悦的地方一种甜蜜的忧郁,这种忧郁会对敏感的灵魂倾诉。"

根据勒努瓦的感受,这座花园之所以重要,是因为它集中了许许多多过往的优秀男女的遗骨,他们中有哲学家、诗人、画家、剧作家,他们曾为法国的光荣作出了贡献。他的信念是,"他们在一个地方再聚,只是将那种光荣汇集,为的是以更大的光辉把这种光荣传到外面的世界。"对这种公开"再聚"的遐想使他如梦如幻:

一个人可以想象那些无生命的遗骨接受了新生命,

被看到,被听到,分享一种共同的不可改变的极乐吗?

古代极乐世界的画卷会比如此壮观的相聚提供给我们的画卷更有诱惑力吗？……我高兴地说，每次我踏进这种庄严的场所，都感到一种新的甜蜜情感。我还要说，对我的热心之最珍贵的报答或许是，在我创建这一极乐宫时，我对那些安息此地的伟人的智慧、才华和美德的崇高敬意，将会传递给我的读者和到此参观的人们的灵魂。

这座花园也是勒努瓦放置装有笛卡尔骨骸的石棺的地方，他在目录中认真地编了号，并做了如下描述：

第 507 号。镂空硬石石棺，内放 1650 年死于瑞典的勒内·笛卡尔的遗骨，石棺上置狮身鹰首巨兽（献祭给朱庇特的）和代表家的太阳徽章。几乎爬上云顶的杨树、紫杉与鲜花遮蔽着这个石棺，它矗立着。献给哲学之父，第一位教给我们如何思考的人。

然而，笛卡尔的骨骸能够在紫杉与杨树的遮蔽下栖息多久呢？现在，法国又有了一个新的革命政府，即"五人执政团"执政，另有两个立法部门。正当勒努瓦打开博物馆大门的时候，新组成的立法机构，即 500 人议会，再度着手研究进入先贤祠的标准。今天，坐在巴黎国家图书馆后现代的回廊中翻阅立法议会的原始记录，一切都显得那么不同寻常，这些记录经历了岁月洗礼，深褐色的页面上还留下了霉点，罗马粗衬线字体和哀怨的斜体的交替使用显示了时代的紧张感。当年，在一连串实实在在的诸多议项之间，立法者们居然还能全身心地投入这一看似超然的争议,确实让人感到不可思议。在数天时间里,议会讨论了难民问题,"在里昂及在罗纳河、卢瓦尔河的暗杀与屠杀的被告指控"问题,财产税问题,"保留我们的丝绸、尼龙及羊毛的生产"问题,"重建巴黎和平宫"问题,以及"重新唤发公共精神的方法"问题。

在这一系列议题之中,1796 年 5 月 14 日,玛丽-约瑟夫·舍尼耶再度催促他的同事,执行转移笛卡尔遗骨至先贤祠的命令。事情本来很简单,但现在这样一个象征性事件却带上了强烈的政治意味。"公民代表们,"他选择着革命化的措辞,"你们的长官被要求检查令人瞩目的问题,而立法机构今天不得不解决与勒内·笛卡尔有关的问题,就是要知道他的遗骨转移到先贤祠是否应该在牧月 10 日,即复活节,与执行督政官向你们发出的邀请一致。"他的谈话提示在场的人记起一个令人很不愉快的讽刺,那就是,自从 1793 年通过了将遗骨转移至先贤祠的授权之后,积极推动笛卡尔为革命之父观念的孔多塞自己却在这场革命的暴力中掉了脑袋。随着舍尼耶谈话的展开,议会在笛卡尔进入先贤祠议题上显然出现了分歧,这在某种程度上给如何看待革命画出了一条界线。

被舍尼耶称为"无政府主义独裁者"的激进分子,是恐怖统治的领导者,他们代表着对作为革命之本的理性的扭曲,如今,正是这批同样的人试图否定现代性先驱应得的荣誉。"活着的孔多塞迫害者不想给死了的笛卡尔荣誉",夏努控诉道,他再次提请他的同事注意"笛卡尔对人性的重大贡献"。他报出了一长串的名字,洛克、牛顿、莱布尼茨、伽利略、开普勒,尤其重要的是笛卡尔,这些伟大的人物为知识的转型作出了贡献，而与会者他们自己正是受益者。他接着列举了150年前法国政府对她的子民所做的种种"耻辱"之事，最后要求在商定的时间里执行先前通过的法令，将这位"伟人"的遗骨送进先贤祠。

显然，舍尼耶早已预料到会有反对的声音出现，它来自于路易斯·塞巴斯蒂安·梅西埃，当时法国最为多产，也是最为固执己见的剧作家之一。到56岁时，他所出的著作已经包揽了所有的文学形式，但他最出名的还是两本指南类书籍，《巴黎一览表》和《新巴黎》，这两本书本身也是现代化出版物的先锋作品，内容涵盖这个城市和城市中的一切，它提醒读者注意迷途的动物和雾，它建议如何正确地指导一个马车夫或心不在焉的人观察巴黎，留意这个城市在不同的时间段的变化（比如，下午2点，"那些受邀参加晚宴的人出门了，穿上他们最好的行头，扑了粉，化了妆，踮起脚尖走路，免得弄脏了袜子"）。梅西埃还写过一本名叫《2440年》的古怪的科幻小说，书中他假想这个城市在那个极其遥远的年代里的景象，成了轰动一时的畅销书。

年轻时，梅西埃粗制滥造过大量散文，曾创作了为名人歌功颂德的系列"颂歌"，笛卡尔就是他歌颂的对象之一，但他后来改变了主意。现在，他站了起来，面对舍尼耶的慷慨陈词，他开始回应："我年轻时也曾为笛卡尔做过颂词……"但是接下来他说自己并未意识到"世界上最伟大的江湖骗子有时也是最声名卓著的人"。梅西埃选择避免与舍尼耶发生政治上的冲突，他将话题引入了"笛卡尔对他的国家犯下的重罪的历史"。他宣称，笛卡尔"因其过失造成的长期的思想禁锢明显地拖了进步的后腿：他是统治过法国的最荒谬的教义的创始人,那就是笛卡尔主义,它谋杀了实验物理学,它给我们的学校带来的是学究而不是自然主义的观察家。"

梅西埃说,笛卡尔主义因为源于学院,其关注点在于理论而非实验,结果是让英国人在科学上占据了领先地位,梅西埃坚持认为自己并非在做民族主义情结的长篇大论,"我们并非因为英国人的优越性而生气,"他说道,"牛顿属于全人类。"但笛卡尔引导法国在一切自然科学中走错了路,梅西埃只承认他在数学上所做的贡献。梅西埃回顾笛卡尔以前的葬礼:在斯德哥尔摩,在克里斯蒂娜女王的监督下,在巴黎,在教会与索邦成员的注视下,"我相信,就纪念笛卡尔来说,那些荣誉已经足够了,他的灵魂也应该意足了。"他说,"先贤祠是共和主义的殿堂,我们应该将它留给革命的英雄和烈士。"

梅西埃的话不无道理,至今有些人都会认为他的观点是站得住脚的。法国人长期以来都有一种抽象的文化习性,他们自己有时候将之描述为产生不良后果的,而在法国国界之外,现代性也有其耽于沉思而疏于行动的一面。除了民族界线,还有偏爱沉思而非行动的现代性之另一面。各个学术领域,包括社会学、文艺批评以及历史学本身,都被指责创造了封闭式的学术崇拜,其成员只彼此交谈而不参与真实世界。接着,就是梅西埃在对笛卡尔主义的谩骂中体现出来的反讽:源于学院,阻碍进步,这恰恰就是笛卡尔及其追随者对亚里士多德体系的指责。

即使梅西埃的批判有其正确的成分,但它终究还是缺乏远见的。另一位成员站出来表达了这种困惑,"自然已安排了事件的秩序,乃至法国大革命诞生于 18 世纪末,"他说,

"然而,我承认,听了这段话之后,我们不得不问自己,我们是真的朝着 19 世纪前进,还是朝着黑暗倒退呢?"这位立法成员将笛卡尔的生命过程视为因循一个模式,这是自他的时代以来一再追踪自身的模式,其最近的例子就是让-雅克·卢梭的生命,后者为了回避对其作品的批判,也曾背井离乡,浪迹天涯,2 年前,卢梭已进入先贤祠。"我们只要记得笛卡尔的事业,就能够判断他的天才,以及他应得的敬意了,"这位成员接着说道,"他被国王迫害,被神父迫害,他遭到放逐……那些迫害者们,你会发现他们如今正在追寻另一位更新近的著名作家……我要说的是,正是这些同样的人迫害了笛卡尔和让-雅克。"这位成员说出了一半的真相:准确地说,笛卡尔并未遭到国王与神父的迫害,也没有被放逐,但是,想为革命确定一位历史先驱的冲动不可抵挡。

现在,议会开始举棋不定了,显然,梅西埃的观点和某些人产生了共鸣。舍尼耶再度忿然站出来,"至于我以委员会名义提出的方案,"他说道,"我相信立法机构会自取其辱……"当秘书提示辩论时间时,他接下来的话被"激烈的杂音"淹没了,"我只能这样来表达我的想法,"片刻后,舍尼耶继续说道,"我相信,如果今天立法机构对某些人的错误倾向做出让步,否决由国民议会做出的纪念笛卡尔的庄严承诺,那就是在损害自己的荣誉和国家的荣誉。"

争端不断激化,伏尔泰也被牵扯进来了,成员们开始比较伏尔泰、笛卡尔与卢梭的革命资格。一个成员站出来解释伏尔泰与笛卡尔的贡献之间的差别,"伏尔泰启蒙了所有阶层的人民,"他宣称,"他运用了适合每个阶层的语言,使得每个人都能理解,艰深的哲学著作难以推广到全世界的范围。

至于笛卡尔,我读过他部分的著作,我承认,我从不知道有这么一位伟大的天才。我也读过牛顿的著作,但我更尊重笛卡尔,因为他是最早的,或者也许是因为他是法国人。我请求立刻采用舍尼耶的方案。"

但是,当时的意见太不统一,有些人建议先将这件事情放一放,对此建议舍尼耶表示同意,但他坚持如果笛卡尔进入先贤祠的议题再次提上日程的话,"我请求什么也别决定,直到我们在这个讲台上听到所有那些想为启蒙与哲学作出辩护的声音。"

❖   ❖   ❖

然而,事实证明这种拖延对舍尼耶的使命来说是致命的,很多年过去了,笛卡尔的骨骸依然躺在勒努瓦博物馆的花园里。博物馆一直很成功,但外面的世界发生了很多变化。法国对欧洲君主国的开战引发了革命的终结,不是因为外部力量的强大,而是因为革命政府自身的一位军事领导人的崛起。战胜了意大利与埃及之后,拿破仑·波拿巴于1779年杀回自己的国家,推翻了软弱的五人执政团政府,建立了自己的政权。他以"第一执政"身份实施的最著名的变革部分恢复了天主教会以前的地位。接着,在1804年,权力巩固之后,他更改了自己的头衔。现在,他是皇帝。民主共和国终结了,而且,承载着围绕理性、科学及个人重整社会的美梦和理想的救生艇似乎也沉没了。

如果说,拿破仑带给法国和欧洲的是一个大问题,那么他带给亚历山大·勒努瓦的则是一个特殊的问题。勒努瓦现在发现自己处境很尴尬,那座在革命的喧嚣中诞生的博物

这幅 18 世纪的画像描绘了勒努瓦的法国文化纪念物博物馆,这里就是让拿破仑回想起叙利亚的地方

馆是"革命博物馆",认同的是革命的价值。他力图将它卖给新政权,不再定位于提供革命高潮的历史建筑图景,而是着眼于颂扬法国的过去。他将自己努力的方向集中在拿破仑妻子约瑟芬的身上,设法让她带着随从一起来参观博物馆。傍晚时分,她来了,勒努瓦用燃烧的火炬装点这座建筑物与花园,以更好地展示其阴森之美。拿破仑自己也参观过一次,这位矮小而尊贵的客人若有所思地凝视着这些躺在繁星点缀的蓝色天花板之下的石雕人像,评价说这充满异国情调的忧伤让他想到了叙利亚。

从某种程度上说,勒努瓦的努力奏效了:博物馆安然度过了拿破仑统治时期。但在厄尔巴岛流放与滑铁卢之后,随着 1814 年拿破仑的去世和波旁王朝的卷土重来,勒努瓦的运气也用尽了。在世俗主义和宗教之间的摆荡是现代世纪的特征,在其中最为著名的一次摆荡结束之际,天主教会和君主制一起重新掌权。作为这种回归的内容之一,全国各地的教堂要求收回它们的财产,为了安抚教会人士,保留住这些展品,勒努瓦提议为博物馆增加宗教的关注点。他的想法是,把这些坟墓都集中到他设计的教堂之中,并在那里提供弥撒,但是这次他没有成功。1816年,路易十八签署法令,命令将法国文化纪念物博物馆的宗教财产物归原主。同一年,博物馆的土地也被出让给国立艺术学院。现在占据这块地方的是巴黎艺术学院设计学院。

勒努瓦监督了个人收藏品的拆卸,许多东西回到了原来的教堂,另外一些藏品送进了卢浮宫,至今还在那里。法国国王的雕像还给了圣丹尼斯教堂,勒努瓦本人也随之而去。为了表彰他为保护国家及教会财产所做的努力,他被委任为该教堂的纪念物监管员,他在那里度过了余生,并继续为艺术与艺术品编制目录,直至1839年过世。他的儿子阿尔贝特子承父业,并成为建筑史新领域的创始人,花费27年完成3卷宏制《巴黎文化纪念物博物馆统计》。

在法国文化纪念物博物馆行将关闭的时候,如何处理这么多法国名人的坟墓这一问题激发了人们普遍的兴趣,招引来各方官员的介入。一种设想与佩雷·拉雪兹公墓有关,这个墓地是在拿破仑手中组建的,但它距离城市很远,人气不够。这个将著名人物的遗骨从勒努瓦那里转移到墓地的设想成了一个公共事件,这些古代的、历史的遗骨会给这座远在城市东隅的新建墓地带来关注和声望。1817年3月,该城的纪念物监管员致信内政部长及塞纳警察局长,建议应该给予笛卡尔、阿贝拉与爱洛伊丝、诗人布瓦洛以及学者蒙福孔和马比荣的坟墓以同等待遇,说"所有这些卓越人物应该得到同等的尊重和同等的宗教对待"。官员们同意了,这些坟墓被一同迁移,这个计划得到了实施。伟大的莫里哀,诗人拉封丹,尤其是苦命鸳鸯阿贝拉与爱洛伊丝——他们的爱情悲剧发生于12世纪版的信仰与知识冲突的背景之中——这些名人坟墓的到来激发了人们病态的兴趣,并鼓励了有文化的巴黎人去购买那里的墓穴。今天,拉雪兹公墓新近入驻的"居民"包括肖邦、奥斯卡·王尔德、格特鲁德·斯坦因、伊迪丝·琵雅芙以及吉姆·莫里森等这些作家、音乐家,这里也成了巴黎最受欢迎的旅游胜地之一。

但是,笛卡尔并没有加入去往佩雷·拉雪兹公墓的大迁移之中,看来,又是一群"哲学之友"对他的骨骸产生了特殊的兴趣,并运用了他们的影响力。墓地太偏远了,如果说现代哲学之父的遗骨曾安置于巴黎守护神的教堂里,那么必须找到另一个具有同等象征性的地方。他们选定了位于塞纳河左岸的圣日耳曼-德佩教堂,它是巴黎最古老的教堂,建于6世纪,它的历史和巴黎的历史交织得难解难分,它在革命期间遭受的部分毁坏即是一个佐证。1819年2月26日,为笛卡尔这些遗骨再一次举行了正式的宗教墓礼,这已是第3次了。在警署专员、第十区市长及塞纳警察局长共同出席的场景下,笛卡尔的遗骨与马比荣及蒙福孔的一起,从勒努瓦博物馆的花园里被取出。它们"以一种宗教关怀"的方式被"提取"出来,放入新的橡木棺椁之中。由法兰西科学院的众多成员组成的队伍护送着棺椁,沿着塞纳河左岸走完了从前修道院到教堂之间这一段短短的路。然后,他们就被安葬在这里,3块黑色大理石墓碑竖立在教堂中厅右边的小教堂里。

安放在巴黎圣日尔曼-德佩教堂的
笛卡尔之墓(中间),右为墓碑铭文

今天,我们仍然可以看见教堂里的墓碑,笛卡尔的墓碑上刻着用拉丁文写就的陈词滥调,赞美他的不朽成就。但是,那躺在刻有他名字的墓碑之下的东西才是真正有争论的。当斑岩石棺被打开时,凑过去观看的科学院成员们对所看到的以及没看到的,都感到分外迷惑和惊讶。似乎不对头啊。真相并非如同他们被引导去相信的那样。

最后,这些有学问的绅士就像优秀的现代科学家那样,训练有素地开始分析信息,构筑新的假设。笛卡尔的骨骸正准备离开历史,进入科学,或者说,进入另一种现代建构,一种那时刚刚出现的文学建构,——它们正准备成为侦探小说的主角。

第 4 章

错置之颅

斯德哥尔摩,1821 年 4 月 6 日

先生,

很荣幸与你进行这样奇特的交流。在我旅居巴黎期间,参与了一次贵科学院的会议,会上我听到科学院成员们所作有关笛卡尔骨骸迁移的报告,我相信那是从圣吉纳维夫教堂转运到另一个地方,报告称骨骸的一部分不见了,而且如果我没记错的话,是颅骨不见了……

如果笛卡尔骨骸之传奇能充当现代性隐喻的话,那么,它的身首分离更具有双重的隐喻意义。这副骨骸穿越数个世纪,给各类思想家、艺术家及科学家留下了无尽的、神秘的想象空间。因为,在今天,笛卡尔不正是代表着理智在物质之上,也就是说头脑在身体之上吗?不正是他把身心问题留给了我们吗?

在 17 世纪,如果思想家涉足相当广泛的研究领域,而且或多或少是现实的领域,这在人们看来很正常。无论是笛卡尔,还是霍布斯,或是莱布尼茨,他们的著作很可能一本是关于光学或视觉的,另一本是关于地理学的;一本是关于神学的,另一本是关于自由意志的;一本是关于潮汐运动的,另一本是关于行星运动的。随着 18 世纪的逝去,这种壮丽的景观变得越来越不可能,一篇写于 1542 年的植物学论文列举了已知的 500 种植物,到 17 世纪末,这个数目是 10000 种,

到 1824 年,瑞士植物学家奥古斯丁·康多依编列了 50000 种植物。到了这个时代,专业化已成为增进知识的唯一途径。笛卡尔与他那个时代的自然探索者相信自然是个谜,只有一系列正确的发现才能揭开这个谜,由此导致甚至难以想象的惊人改变。他们看到令人震惊的改变,当然是正确的,但是,他们对自然之谜的复杂性的理解显然过于天真。

到了 19 世纪,对这种复杂性有了更深入的认识,认识宇宙的任务被划分为不同的领域,专业化有时也有地域特色。巧的是,在笛卡尔去世的那个国家,矿产资源特别丰富,这使瑞典成为新兴的化学领域的中心。到 19 世纪晚期,在为人所知的 68 种元素中,瑞典化学家们所发现的占据了很大一部分,其中包括氧这种基本元素(尽管卡尔·威廉·舍勒在 1773 年发现了氧,但由于出版商的延误,至 1777 年才出版公布,从而被英国化学家约瑟夫·普利斯特利领先发表,但这项荣誉通常归属于他们两个人)。

那些化学家当中最伟大的一位,同时也是科学史上最重要的人物之一,就是发现了元素硒的琼斯·雅各布·贝采里乌斯。1821 年,这位化学家坐下来写了一封匿名信,其开头就是本章开始时所引用的那些文字。他来自于瑞典乡村,在那里,他收取大麻籽,睡在土豆储藏室里。后来,他投身医学生涯,却发现自己对实验与分析的热爱更甚于治病。他在斯德哥尔摩的外科学院找了一份工作,是在尊敬的医学与药理学教授安德斯·斯帕尔曼的手下。他租住在一位煤矿主的房子里,同屋的是一位经营矿泉疗养地的医生,就像人们沐浴治疗性的矿泉水,这位医生沉浸于化学物与化学当中。年轻的贝采里乌斯手头总是很紧,于是他和水疗医生达成协议,医生为他付饭钱,他则为医生发明一种新的矿物水,这种用塞尔兹碳酸水、苦味剂、碱水和"天然苏打水"(俗称"肝脏水")混合而成的矿物水让疗养者感到很愉快。

在斯帕尔曼的手下,贝采里乌斯做的那些发现稀有元素的事情在今天都有可能会获得诺贝尔奖,但是,当斯帕尔曼退休的时候,贝采里乌斯却被忽略了,没当上他的接班人,于是,他只好准备回去做一名乡村医生。但是,天有不测风云,接替斯帕尔曼位置的那位年青人突然死了,于是,贝采里乌斯获得了那时世界上还很稀缺的化学领域的工作。他是一位直率而外向的年青人,能量充沛,工作起来干劲十足。这个领域必须清除的障碍之一就是确定每种元素的原子重量,这是了解元素是如何彼此结合并形成新合成物的先决条件,于是贝采里乌斯着手确定当时一切已知元素的重量,这在化学家中间已经成为一个脑力与体力劳动相结合的佳话。他通常从早上 6 点半一直工作到晚上 10 点,在一次爆炸中他几乎双目失明,虽然如此,但回报还是甜蜜的。在确定了银氯化物与硫酸及钡氢氧化物的合成之后,他记述道:"这是无可名状的极乐……但为了这一目的,我已经付出了 2 年不间断的工作。"他出版了他的研究结果,并很快成为化学领域的标准教科书。与此同时,和别人一样,他也被各种科学家为这些元素及其合成物设计的混乱术语及符号惹怒,这些术语及符号有的看起来简直就是象形符号或儿童涂鸦,于是他发明了自认为更清晰的体系,以拉丁语开头字母来代表每种元素,由此给出了一个周期表,这道化学风景线就是我们今天看到的元素周期表的样子。

紧接着这次工作狂热,随之而来的却是神经衰弱,他的朋友们建议他用旅行来使身体康复,于是贝采里乌斯向着两个科学的首都进发了。他现在已是一位国际名人,被伦敦与巴黎的科学小圈子所接纳,在伦敦,是皇家学会,在巴黎,则是科学院,这两个机构折射出科学在这两个国家发展过程中所得到的不同对待。英国人是自由职业者,所以皇家学会相当于某种绅士俱乐部。但是,如果说法国由上而下的方式阻碍了国家工业的成长,那么它对西方历史的发展却是功不可没。作为政府的一个分支部门,科学院拥有皇家学会所不具备的权威,正如坎特伯雷的肯特大学的科学史学家莫里斯·克罗斯兰指出的那样,这个为科学下定义的权威机构本身就是和科学这个词同时出现的。皇家学会有着整体性的知识观,有时带点游戏的意味,这种传统可回溯到 17 世纪的自然哲学家身上,到了 19 世纪早期,它的成员仍倾向于将科学一词用于宽泛的中世纪意义,因而神学仍被视为"科学的王后"。克罗斯兰认为,是法国革命促使科学院成员开始对这个词做严格的限定,用它来特指对自然界的一种特殊类型的世俗性质的研究。因此,在英国,"science"一词直到 19 世纪 30 年代才拥有了当今的用法,而科学院的名字"Académie des Sciences"中,"Sciences"一词的使用表明,法国人在通往现代的路途上早就这么用了。

科学院对科学采用了适当的科学方法,将自己的组织结构划分为类、科及属,这种方式直到现在还在帮助大学系科和研究所构造知识。天文学、几何学、化学、物理学、矿物学、植物学、动力学、农学,每一科学分支都有一个系,每个系都与一个在该领域进行教学的学院联系在一起。各个学科都会举行学术会议,授予奖项,资助研究。有必要的话,科学院的成员会碰面讨论是否应建立一个新的次级学科,比如,当整个欧洲的化石收藏品不断增加之后,古生物学和再下一级的古植物学科应运而生。

回到法国大革命之前,科学院也定义什么不是科学。当年,弗朗茨·梅斯梅尔因其先驱性的催眠术"动物磁学"引起了骚乱,他被逼逃离维也纳来到了巴黎,1784年,科学院成员为此碰面讨论逐渐被人们所熟悉的"催眠术"是否具有任何科学根据。梅斯梅尔的技术使用磁铁、长时间的凝视及对手臂的压力来导致病人体征的变化;他认为,在人的身体里存在着能以这种方式发生转移,从而产生治疗作用的不为人知的液体或"潮"(tide)。整个欧洲对动物磁性是否真实存在产生了一种狂热,医学院和科学院决定介入。他们组合的审查委员会可谓18世纪科学的全明星团队,其中包括现代化学之父拉瓦锡,法国大革命标志性设施断头台的发明者约瑟夫·吉约坦,以及提出了电流理论的本杰明·富兰克林。在使用安静剂及"单盲"实验的早期实例中,他们把实验对象分为两组,一组是被告知将实施催眠,事实上并没有,另一组在并不知晓的情况下被催眠。他们发现,被告知催眠的那些人,即使并没有真正被催眠,却出现了阳性的结果,而那些被催眠但不知情的人没有显示任何反应。因而,科学家们得出结论,没有证据能够支持身体里面有液体的潮汐运动,所谓反应不过是"想象"的结果。由此,科学院认为,催眠术并非科学,而且从那一刻起,它不再被认为是科学。次年,梅斯梅尔离开了巴黎。在19世纪的美国,催眠术还很有市场,但它最后还是走上了不归路,濒于绝迹。最终,历史将弗朗茨·梅斯梅尔的不朽地位从难忘的名词降级为短命的形容词。

1818 年,贝采里乌斯作为科学院的访客抵达巴黎,他被巴黎以及那些他受邀出入其间的堂皇大厅给镇住了,这个城市里社交沙龙平等的气氛("在交谈中,地位高的那些人与其他善良的普通人之间并无区别。演说中从未使用过诸如王子、伯爵这种头衔……"),还有他的专业领域在这里的高度发展都让他痴迷("我相信,在这里有 100 多个实验室用于研究,有几位专营化学玻璃仪器的经销商,他们的库存量之大对我这么一个可怜的斯德哥尔摩人来说真是太震撼了,我平时即使需要个简单的蒸馏器,也至少要等上 3 个月")。沙龙确实散发着民主的气息,但科学院本身,这座欧洲科学的内殿,则以其宏伟壮观而让贝采里乌斯难以忘怀。科学院成员们甚至都穿着特别设计的镶金边的绿色长袍(他们毕竟是法国人),这更增添了科学的统一感。贝采里乌斯的旅行是为了自己的身体康复,不过他现在已经感到元气充沛,完全有足够的精力开始下一轮狂热的科学活动。他携手当时两位伟大的化学家克劳德·路易·贝托莱和皮埃尔·路易·杜隆,设计出进一步改良氢原子重量计算的方法。他与景仰已久的脂肪酸及过氧化氢的发现者见面(尽管这些化学成分当时还没有演进到时尚领域)。而且,他还致力于将自己的著作译成法文。

第 3 次埋葬笛卡尔骨骸的时候,贝采里乌斯碰巧在巴黎。受邀参加葬礼的人当中还有让-巴蒂斯特·约瑟夫·德朗布尔,他那个时代的顶尖天文学家,也是科学院两位常任秘书之一,他是葬礼的协助指导。德朗布尔不但热爱科学,而且钟情于它的历史,他坚持精准和精确的理想,这种理想带来的成就即是我们今天所处世界的这个面貌。之前将近

30年，也就是在法国大革命期间，经他指导的一个项目最终导致了公制的诞生，为我们打开了现代性的整个前沿。在整个中世纪时代，欧洲各地设计了数百种不同的度量衡单位，乡村与乡村之间都有不同的单位，甚至拥有同样名称的那些单位也有不同的含义，因此，一磅面包或一品脱啤酒在不同的地方意味着不同的数量。这种无系统性维持了地方传统，但也阻碍了贸易，它在一个很实用的层面上把欧洲留在中世纪里。新的现代的观念是要给这个世界上的每个人一种度量衡，这种公制不是基于习俗、传说或者古代神话，而是基于自然，确切地说，是基于一种自然标准的科学计算。

　　法国大革命是这种观念出现的合适环境，同时也是危险的环境。革命政府中的度量衡委员会决定，"米"（meter）这种新的基本单位应该与地球的大小有关，尤其它应该等于从赤道经过巴黎到达北极的子午线的千万分之一。计算这个长度意味着需要穿越那个距离中的一部分，基本上就是法国的长度，运用复杂的瞄准及三角测量设施，来获得此间距离中各段的精确长度。这就是年轻的德朗布尔所从事的工作，而且它是在危险中进行。随着战争的进程，他和他的科学家及助手团队时时被变幻的革命派或反革命派视为间谍，但他们坚持工作，用望远镜察看，不断更换工作场所，匆忙地做着记录。当使命完成时，德朗布尔虽然躲开了无数颗子弹，但却未能躲开监禁。虽然公制被普遍采用还有一段时间（1819年笛卡尔骨骸重葬之后2年，荷兰、比利时和卢森堡成为第一批采用公制的国家，而法国自己直到1840年才采用这个体系），但是，因为这个在科学共同体中的体系，以及在天文学上的成就（当他同意参加葬礼时，他认为这将是在形式上给这位现代的创始人一个纪念），德朗布尔很早就获得了国际声誉。

接着，这位年长的天文学家尽职尽责地监督了整个迁移过程，看着从勒努瓦放置笛卡尔骨骸的斑岩石棺中取出一副木棺，然后随着队伍，走了短短的一段山路，从以前的勒努瓦博物馆走到圣日尔曼-德佩教堂，在那里，在中世纪凝固的寒气中，内棺被打开了。这里面的东西实在是太异常了，引得德朗布尔做了笔记，甚至在他即将完成的《天文学史》中，也加入了对棺椁里面的遗骨埋葬过程的描述，"内棺上系有一块铅匾，"他写道，"将它清理干净，可以看到一段十分简单的记述，上面刻有笛卡尔的名字和他的生卒日期。"此外，令所有在场人员大吃一惊的是，棺椁中只存有几块形状可辨的骨骸，其余的都是骨头碎片与粉末。德朗布尔还说，开棺的那个男人"拿了几把粉末给我们看"。接着，在这群人的注视之下，这稀少的遗骸被放入为之准备好的墓穴，然后用一块沉重的石头将它封住。

其他卷入笛卡尔骨骸之谜的人或许会用"宗教的"、"珍贵圣物"等用词来描述这些遗骨，但德朗布尔的兴趣却不同。这位年已70岁的老人是一位经历过大革命和启蒙运动盛世的无神论卫士，他不能容忍宗教的或灵性的情感，他的兴趣在于科学及历史的精确性。曾经在亚历山大·勒努瓦手中保存的棺椁内的遗骨仿佛在讲述一个故事，一个不同于德朗布尔及其他人所知道的故事。如果当初埋葬得当的话，这些骨骸必定能在笛卡尔去世后的169年有更好的状态。这些就是笛卡尔遗骨的全部吗？或者，他们正在庄严地埋葬的，根本就不是笛卡尔的遗骨？如果它们事实上是笛卡尔的，又怎么会变成这样一种状况？

虽然德朗布尔很好奇，但他并未进一步追究这件事情，只是回到家里以后如实地记下他的观察。当然，此后在科学院的例会前后，他也曾和某些科学家同行讨论过那些奇怪的发现。重新下葬时，那些人中的其他几位也在场，当他们谈论这件事时，他们的话题总是再三回到颅骨上面。即使在很不利的环境下，相对来说，人类颅骨都能保存得更完整，所以像现在这样成为粉末很让人觉得不可思议，唯一的结论只能是颅骨和身体其他部分的遗骨分离了。显然，其中的一位科学家还做了一些调查研究，报告说听到过一种令人怀疑的流言，认为在法国的笛卡尔遗骸中根本就没有颅骨，也就是说，笛卡尔的颅骨从来就未曾离开过瑞典。

瑞典人贝采里乌斯听到这种流言后很愤慨，如果是他的同胞中的一员无论采取什么手段将伟大的笛卡尔的颅骨从骨骸的剩余部分中分离出去的话——这里贝采里乌斯并不回避宗教术语，他称笛卡尔的遗骨为"绝对珍贵的圣物"——那么所有的瑞典人都应该因这种"渎圣"行为而受到谴责。

事情就这样结束了。除了对这件蹊跷的事作一番评论，然后让它们与遗骨一起腐朽，还能做什么呢？德朗布尔继续致力于他作为科学院常任秘书的职责，贝采里乌斯在康复期结束后也重返故里，回国途中他在日内瓦与图宾根稍作逗留，于当年10月抵达斯德哥尔摩，担任了和德朗布尔相当的职务，成为瑞典科学院新晋秘书。

2年过去了，接着，在1821年3月的一天，贝采里乌斯打开了一份斯德哥尔摩报纸，他的注意力立刻被一篇文章吸引住了，这篇文章有关已故的安德斯·斯帕尔曼教授的财产，最初贝采里乌斯就是在这位教授手下工作，并最终接替了他的职位，"最近注意到有些事情发生，"文章中说道，"在医学博士斯帕尔曼教授死后的一个拍卖会上，其中一件拍品为著名的笛卡尔的颅骨，据说成交价为 17 或 18 里克斯（原瑞典银币）。"

贝采里乌斯被这种巧合惊呆了，他在巴黎时，人们发现笛卡尔的颅骨丢失了，而且很明显，他自己认识的这个人曾经拥有过它。他立刻着手调查，首先联系上了拍卖公司，随之发现这个颅骨被一个名声不好的名叫恩格林的赌场老板买走了。当时，拥有一个"奇物柜"是很拉风的事，很多人趋之若鹜，各种珍宝稀奇之物都可以展示其上，其中包括骨骸、长牙、化石、雕刻的手工艺品、羽毛头饰、荚果、繁殖护符、蝴蝶、干粪，等等等等，这是一种试图从自然和人类世界的无序中制造秩序的微观尝试，看来，恩格林先生的想法是，这位伟大思想家的颅骨会为他陈列在赌场的奇物柜添上重重的一笔。贝采里乌斯找到他那里，向他简述了笛卡尔骨骸的历史，并解释说最近人们在巴黎发现这块颅骨不见了。出乎贝采里乌斯意料的是，这个男人很爽快地同意将这个东西以买入价转卖给贝采里乌斯。

贝采里乌斯于是就坐下来写了本章开头引用的那封信，并与这件不同寻常的东西本身——笛卡尔的颅骨——一同寄出。他在巴黎最亲密的朋友是他的化学家同行贝托莱，但他认为最好还是给生物学家乔治·居维叶写信，不仅因为居维叶也对笛卡尔骨骸有强烈兴趣，而且因为居维叶与德朗布尔共事，担任第二常任秘书。收到颅骨后，居维叶立刻决定将它保存在作为自然历史博物馆一部分的比较解剖学博物馆里。但他并不打算立刻就存放过去，它应该先获得一些特殊的关注。

❖ ❖ ❖

至少与同笛卡尔骨骸有关的那些人——罗奥,孔多塞,勒努瓦,德朗布尔,以及贝采里乌斯自己———样,乔治·居维叶也亲身体现了现代性的重要侧面。的确,在这个阶段与骨骸相关的这三个人,都因与那个时代科学首要关注的东西有关而出名:对在所有地区涌现的大量数据进行分类与测量。德朗布尔直接促成了全球性测量标准的产生。贝采里乌斯提出了代表化学元素的现代方法,并确定了它们如何最终合成为地球上的每种物质。生物学的情形尤其复杂。生物学家们渴求在生物学领域出现像牛顿为物理学领域提供的那种基本的原则,然而试图分类生命形式就需要首先回答这么做的目的所在。在 19 世纪早期仍起主导作用的体系是由亚里士多德创立并由经院哲学家改良的"目的论分类法":即"存在物等级"的体系,法文称之为"série",或系列,它作为"存在巨链"而广为人知。和中世纪的体液系统一样,它比其流行模式所显示的更加复杂而有用,但它也有严重的局限,这种局限就是它的目的论基础。目的论指的是一种目的或终极目标,而且通常指一种宗教目的,比如在神的计划中。亚里士多德的知识之方向是目的论的,这使它容易让经院派学者改变它,并使之符合基督教的创世观。因此,作为从最简单的有机体向复杂有机体演变的生命形态的链条,它也反映了一种灵性层阶。在 18 世纪,这种体系开始失去它的用途,到 19 世纪早期,生物学家与植物学家处于一种坦诚的"物理学钦慕"状态——渴求像牛顿一样的人去创立能为他们的科学奠基的基本规律。居维叶支持一种全新的体系,这种体系将无视目的论,而是奠基于对生物体部件及其功能的观察。在跟上这个体系的过程中,他协助发明了现代动物学与比较解剖学。

居维叶的工作以他的前辈,瑞典人卡尔·林奈的工作为基础,后者将生物排列成界、类、目、属及种。林奈依赖繁殖系统的部分,以之为对生物进行分类及区分的基础,但是,虽然繁殖是不可否认的要素,但它并不一定是最有用的组织原则。相反,居维叶将他的体系奠基于生物各肢体间的关联性,以及那些肢体如何在一种生物环境中协调活动(比如一种有利爪的动物往往也有适合撕裂它所捕获的猎物的牙齿)。他根据身体构造将动物划分为四类:脊椎动物,软体动物,节肢动物(如昆虫)及辐射动物(如海星),这种分类对现代的大部分人而言仍然是生物学的基础。居维叶几乎是以一种数学逻辑来应用他的体系,比如,从定义上来说,一种反刍动物必定有前胃,用于部分地消化食物。因此,如果你发现具有这种内脏结构的动物,你就能断定它是反刍动物。相反,如果你发现一种动物没有前胃,那么它就不可能是一种将食物分成两个阶段消化的动物。有一个也许是杜撰的故事:居维叶的一些学生用一张牛皮把他们中的一位裹起来,然后叫居维叶来辨别这只动物,当这位老师走进教室并向它走去时,这位裹在牛皮里的学生叫道,"居维叶,我是恶魔,我要吃掉你!"然后居维叶应该是这样回答,"别开玩笑了! 你长着分蹄,所以你是吃谷子的!"

比较解剖学仅仅是居维叶开创的领域之一,他对骨骸的兴趣直接导致了对化石的研究。通过对不同地质年代灭绝的动物的骨架进行比较,他得出了结论:地球曾经经历过数次史前大洪荒,因此造成了大规模的生物灭绝。他当然注意到了那些看似相关生物的骨骼的细微变化,但他并不支持进化论。在当时,进化论小荷初露,他在科学院的同乡和同事让-巴蒂斯特·拉马克就在不久前提出了一种进化论观点,与之相反的是,虽然居维叶有着很多开创性的成就,但是他在今天最为人所知的,却是他几乎一手遮天地阻挠了进化论在科学共同体中的发展,使它得不到重视,直到1859年达尔文《论物种起源》的出版,情况才发生改变。在技术上,在科学上,居维叶对进化论的反对都基于他的肢体关联理论。他曾写道,"自然实现了所有这些并不矛盾的组合,而且自然就是这些矛盾,这些不相容性,自然就是一种变体与另一种变体共存的不可能性,这些变体在不同群类的生物体中间建立了那些分离和差别,它们标识着它们的必然界限并创造了自然的分支:类、目及科。"这就是说,存在的每个种,或者曾存在的种,是一个需要其所有部分都按部就班的功能性整体。一个部分的轻微突变就会摧毁整个系统。因而,基于世代小变化之上的进化是不可能的。而且,居维叶的论点刚好相反,他支持"物种稳定性",并尽其作为科学院常任秘书的一切能力来推广这种观点。

居维叶对进化论的看法有不那么科学的方面。他是一位虔诚的基督徒,而19世纪晚期就是这样一个基督徒用科学来支持圣经的时代,而这一切的源头当然要回溯到笛卡尔本人,他相信他的自然机械论事实上是对基督教的辩护——它"悬置"了物质世界,使它成为科学的领域,并让神学不受干扰地专门来面对人类的灵魂。到了19世纪早期,对科学的信念已经变得足够强大，以至于连十分刻板的基督徒都倾向于在科学中寻找答案，用科学来为圣经中诸如创世记或诺亚方舟的传说提供证据。

居维叶是一位严格的科学家，他没有公然操控数据以支持基督徒的说法，他的兴趣在于证明科学与信仰是相容的，这一点在他对待生物学及古生物学的方法上也得到了反映。问题是，在他那个时代，看似与圣经的基本部分相悖的科学证据堆积如山。于是，达尔文用来证明物种进化是基于自然选择的证据，被他用于完全相反的理论，使之与圣经的创世观相符。在某些方面，他的论证带有一种奇怪的现代气息，他毫不怀疑地相信上帝，其实他认为用理性怀疑上帝就是一种误用，这一点是他的学说的基调，包括他认为大自然"厌恶"对其设计进行改动的观点。换言之，对居维叶来说，大自然显示了造物主的智慧，而在时间的进程中受随机力量的冲击发生了物种进化的这种观点，同时受到大智慧和人类智慧的排斥。他的学说，是非常流行的"智能设计"理论在 19 世纪的变种，这种理论就是由像居维叶这样的基督教思想家提出来的，它认为进化论对基督徒世界观是有害的。

尽管如此，居维叶依然是 19 世纪科学家的典范之一，他不仅热爱其学术领域中不断发展和不断增加的复杂性，也热爱它的开端。1821 年 5 月，当他从瑞典驻法国大使手中接过一个包裹，里面附有贝采里乌斯从斯德哥尔摩发出的描述了那段意外发现的信件，他怀着无比敬畏之心打开了它。和德朗布尔一样，2 年前，笛卡尔遗骨重葬时那种可悲的状态，以及颅骨的缺失，都让他感到深深的遗憾。现在，眼前的这件东西似乎要让这个秘密更加扑朔迷离，同时又开启了另一个秘密。

可以肯定的是,颅骨不是件普通的东西,眼前的这块颅骨更不是块普通的颅骨。在艺术与古董画作的世界里,出处就是一切,它可以是书面记录,可以是一系列过往所有权的证据,但是,这块颅骨仿佛与它自己的出处一起抵达,这让居维叶备感兴奋。他立刻联系德朗布尔,于是两人将这个主题提上了科学院的议事日程。

1821 年 4 月 30 日,科学院在塞纳河边的本部开会。那天到会的成员中包括了科学史上最如雷贯耳的一些名字:贝托莱,协助创立了现代化学语言;让-巴蒂斯特·拉马克,创立了进化论语言;盖-吕萨克,确立了多条物理学定律,与他人共同发现了水的化学构成,他所做的大量工作为测定酒精含量奠定了基础,现在这种"酒精度"计量出现在每瓶葡萄酒、啤酒及烈性酒的标签之上;皮埃尔-西蒙·拉普拉斯,他扩展了牛顿在数学物理学中的工作,并在理论上说明了太阳系的起源;还有安德烈-玛丽-安培,电磁发现者,测量电流的基本单位因他而命名。现在,这些如群星般闪耀的人物围拢在一起,凝视着这个由居维叶放在他们面前的东西,怀着化学家贝托莱所说的那种"宗教性的敬仰"来研究它。居维叶读了贝采里乌斯的信,信中贝采里乌斯讲述了自己如何在笛卡尔重葬期间来到巴黎,听说了遗骨中颅骨的缺失,然后又如何在一个月前发现了这块据称是笛卡尔颅骨的骨头,这块骨头曾为他自己以前在斯德哥尔摩的老师斯帕尔曼教授所有,后被拍卖,"我们驻巴黎的部长,前天离开这里的勒孔特·德罗雅姆先生,十分友好地负责运送这个圣物,"贝采里乌斯的信中说,"先生,我恳求您按照您判断是合理的方式来使用它。"

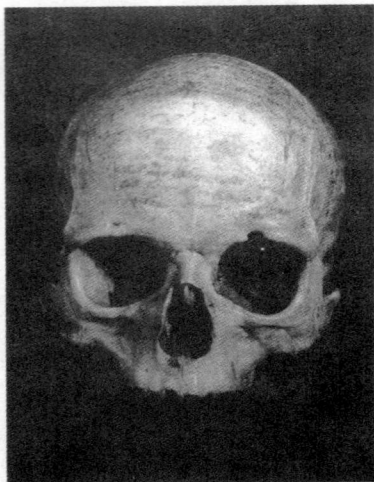

笛卡尔的头骨。横贯前额的是瑞典文，谴责 1666 年的一场偷窃，由此开始头骨的旅行。头顶是首拉丁文诗，称赞笛卡尔的天才，并哀恸他遗骨的散落

这块颅骨的下颌骨不见了，除此之外还是非常完整，它深邃的黑眼窝和眼前这群载入史册的睿智之士对视着，仿佛在责备他们追求知识过程中所积累的骄矜之心，迫使他们去思考他们都要面对的冷酷界限，以及死亡之无动于衷的冷漠。

与此同时，它也发出了一种挑战。因为，这些人都献身于解开自然之谜，对他们而言，方法已成为第二自然，现在，摆在眼前的这个谜正是有关这个人，他可谓是他们各自所有学科之父，即"方法"的始创者。尤其撩逗人心的，还有这块颅骨上面各种复杂的笔迹，其中很多是签名，标志着曾经的所有权，但是，那首写在颅顶的小诗，字体是飘逸的草体拉丁文，它不啻为面对观察者们所发出的呐喊：

这块小小的颅骨属于伟大的笛卡尔，
遗骨其余隐藏在遥远的法兰西；
然而他的天才，到处被颂扬，
他的心灵，天堂为之欢腾。

问题越来越纷繁。这首诗是谁创作的？创作于何时？"隐藏"一词指的是什么？那重新葬在巴黎圣日耳曼-德佩教堂的骨骸有可能不是笛卡尔的吗？眼前的这个真的是笛卡尔的颅骨吗？如果它是真的，那它又是如何与身体分离的呢？在他死后的171年里，勒内·笛卡尔的遗骨到底发生了什么？

还有一条线索也显示在颅骨上，这条线索看来很重要，它潦草地用瑞典文写在前额上，贝采里乌斯提供了翻译：

"笛卡尔的颅骨，被 J. Fr. 普拉斯特罗姆取走。1666 年。其时遗体正移交法国。"

居维叶做过一些调查工作，倾向于支持这块颅骨的真实性。他将一幅笛卡尔的画像放在颅骨旁边，并向专家们指出其颅骨上相似的特征，以此作为佐证。但还有更多的工作需要去做，因为各种疑点实在太多了，比如说，在关于神秘的普拉斯特罗姆的那个句子的上方有几处模糊的、几乎不可辨认的词语——一个同样难以辨认的名字，"1666"再次出现，还有瑞典字"tagen"也再次出现，贝采里乌斯告诉他们这个字的意思是"被取"。居维叶希望得到有关"这个珍贵圣物"的更多信息，科学院成员们同意安排人员继续研究。接着他们转向别的议题，一位叫瓦莱的先生起身提交了他关于"处女膜"的研究论文，或许他们对此也同样有浓郁的兴趣。

❖　　❖　　❖

接手颅骨调查事项的是德朗布尔。德朗布尔将笛卡尔奉为科学之父，他明白自己也有大量的科学工作要做，但他72 岁了，健康不佳，他打算用这个古怪的小任务为他的科学生涯画上一个句号。

1821年5月14日，在科学院的一次例会上，他在一份长达3000字的报告中汇报了他的发现，做这个报告几乎用去了这次例会的所有时间。这份报告的标题是《来自瑞典的颅骨，据说是笛卡尔的：事实与思索》，确实，它就是由一系列的"事实"组成，每个事实后边都跟着被标为"评论"的部分。

但是，如果他的同事居维叶期待的是他的猜测能够得到确定的话，那么等待他的将会是失望。在完成他的调查之后，德朗布尔十分强烈地感到，在这件事情上，他的角色肯定是反方律师了。在其报告的顶端，他龙飞凤舞地写下了自己的结论："居维叶先生认为这块颅骨是笛卡尔的，因为他发现颅骨与雕像十分吻合，我的发现却恰恰相反。"

他开始大声宣读，他为他的同事们陈述了与笛卡尔骨骸有关的事件的历史，以2年前的第三次葬礼为高潮，在那次葬礼上，他和其他人曾经看到过棺椁所展示的内容，那种可怜的状态在他看来，"真的有点异常"。

接着，他将自己的注意力转向摆在他们面前的这件东西。他承认，颅骨表面的记号确实很吸引人，"但是，"他说道，"我们能从其他地方得到证明其真实性的证据吗？我们在它的表面，辨识出一些铭文，多少有点被抹去了，它们是那些先后拥有这块头骨的人的名字，还有一些日期，除此之外，就没有什么了。"确实，颅骨上似乎透露出某种证据，但是，谁又能说出这位普拉斯特罗姆是谁呢？而且，关于写下这句话的原告，我们又有什么信息呢？从这句几乎不能辨认的句子中，人们几乎可以做随意的推测。即使这位普拉斯特罗姆的确在1666年取走了这块颅骨，这也不能说明这块颅骨到底是何时真正同其他遗骨分离的。它可能是这样的："要么是在死后不久，就在夏努大使的家里；也可能是在1650年的临时性坟墓里；或者是在石墓里；或者是在1666年，当特伦在场的时候；或者最后是在佩罗讷镇，当铜棺被海关官员打开时"。德朗布尔还说，甚至有可能是出于某种特殊的目的，将它作为历史记录的一部分而被移走。人们知道，夏努曾经为笛卡尔做了一副死亡面具，一位经常出入克里斯蒂娜宫廷的法国艺术家瓦莱里，曾经根据这副面具创作了笛卡尔的半身像（后来死亡面具与半身像都不见了）。会不会是那位雕塑家"为了方便操作而将头颅从躯干分离，然后又忘了将它还回来呢?"德朗布尔问他的同事们，"人们至少得承认这有点道理吧。"如果是这样的话，那就意味着从身首分离之日开始，到普拉斯特罗姆"取走"了它的年份之间，存在着16年的间隙。人们又怎么能知道，早期某个挖掘笛卡尔头骨的人不是因为嫌麻烦而随意找了个头骨，刻上字来骗人骗钱呢? 而且，当第一位拥有者被欺骗了之后，后续的拥有者都会误以为来源是真实的，而事实上他们所拥有的，无非是一个"缺乏证据的论断"，无法证明就是在这块颅骨里的大脑曾经思考过"我思故我在"。

总而言之，德朗布尔认为最有可能的还是这块颅骨从未离开过身体。德朗布尔在棺椁中看到的遗骨大部分都是碎片。经过分析，这应该是在向他表明遗骸曾遭遇过严重的暴露，这块颅骨也是同样的遭遇，那么它现在的状态也就合乎逻辑了，"所以，在169年之后，这些骨头都成了这个样子，也不是不可能。"德朗布尔用一个请求结束了他的报告，他希望他的报告能够在科学院存档，因为"可能有人会提出反对意见来回应,或者能够澄清我的疑问"。

回应很快就来了。居维叶坐在那里倾听着他那杰出同事的报告,但他越听越疑惑,这份报告内容驳杂,前后矛盾,于是他起身发表自己的看法。居维叶认为,在任何一种分析中,都应该运用常识。比如,怎么可能因为要制作半身像,而在人死后立刻将头部锯下来呢? 这么一个恐怖的假设,它的基础是什么? 居维叶指责他的秘书同伴是在虚构夸张的情节和怀疑。根据科学的"简约性原则",简单的解释好于复杂的解释。可以肯定,更为合理的推测应该是假定确实是这位普拉斯特罗姆取走了这块颅骨,而不是凭空设想并没有人取走笛卡尔的颅骨,但又用了另一个人的颅骨,并围绕着它编造故事。尤其不要忘记是什么促使了这一次的调查:是 2 年前打开棺椁时,里面没有颅骨这个事实。

而且,居维叶断言,这块颅骨本身就揭示了它与骨骸分离的时间:1666 年。那是遗骨在斯德哥尔摩被挖出的时间,也就是大约在法国大使府邸举行仪式时的时间。对于居维叶来说,有一点很清楚,"这颗头颅被移走的时间必定就是骨骸被重装准备运回法国的时间"。至于是谁取走了它,也有清楚的证据,虽然不是结论性的,但足以令人信服,就是那个"普拉斯特罗姆"。只要找到那个人,秘密就将被解开。

居维叶对他的同事也感到很疑惑。当他在陈述自己对笛卡尔颅骨的观点的同时,德朗布尔实际上也向他的科学家同行们展示了自己大不如几年前的身体状况。他当时病得厉害,同时已经在安排自己的后事了(第 2 年他就去世了),是衰老或者不佳的健康状态影响了他的推理能力吗? 科学院的每个成员都知道德朗布尔无与伦比的毅力与决心,这很可能与他儿时的一次事故有关。在他很小的时候,得了天花,因而失去了他部分的视力,而且,眼睫毛也掉光了,这让他在接下来的生涯里都显出一种异常没有抵抗能力,容易受伤的孱弱模样,但同时又非常紧张而病态。受损的视力促使他加倍地寻求补偿:年轻的时候,他如饥似渴地阅读,也希望视力有所改善,他如愿以偿了。此后,如同患上肌肉失调症的人发誓要成为职业运动员一样,他也形成了一种透过望远镜小孔搜寻千百里之外的光点,从中发现新事物的强烈欲望。他彻底征服了自己的明显缺陷,以至于成了当时顶尖的天文学家,更不要说还开发了推动科学革命性进程的测量标准。

但是,他的能力真的已完好无损吗?居维叶肯定有过怀疑。在他对颅骨的分析中可以看出,德朗布尔似乎在不遗余力地制造困难。当然,另一种解释可能也值得注意,那就是德朗布尔拒绝他人的成见左右自己的思维。对任何带有不确定性的科学调查他都很敏感,对此他是有着特殊而非同寻常的缘由,而这个缘由,居维叶并不知道,科学院的其他同事也不知道,如果他们知道的话,将会引起一场轩然大波。

30年前,德朗布尔带领他的团队测量从敦刻尔克到巴塞罗那的弧线,从中得出与地球周长相关的米的长度。当时他有一位同伴,名字叫皮埃尔·弗朗索瓦·梅尚,两位天文学家做了分工,德朗布尔从巴黎出发北上,梅尚则南下。经年累月的风餐露宿,数千里的长途跋涉,难以计数的运算测量之后,最后的结果出来了,可是德朗布尔得到的是一个令人崩溃的发现:他的同伴算错了,并掩盖了这个失误。1810年,就在他与笛卡尔的颅骨相遇前的11年,德朗布尔发现了这个秘密,然后他做了一个决定,这个决定被 2002 年出版的《万物的尺度》的作者肯·奥尔德认为对他的个人和职业来说都是致命的:他决定继续掩盖同事的错误。在《巴黎观察》档案中,奥尔德发现了德朗布尔的手写便条,很显然,自从他写下之后,一直没有被人看到:"……我没有向公众透露一些他们无需知晓的事情。我隐瞒这些细节,是不希望公众对如此重要的一项使命丧失信心。……我小心平息这一切,为的是梅尚先生不会因此失去享受良好声望的应有权利……"但是,德朗布尔留下了记录着那些错误的笔记,随同他自己的发现。他在真理、错误与确定性等问题上极为认真,却无奈地允许了错误与不确定性的存在。如今,在生命的终点,他接手了一个现实意义微乎其微,但象征性意义却十分重大的项目,现在德朗布尔需要的是绝对的确定性,否则,这个颅骨的一切真实性都不复存在。这个处境和他当时发现了一个科学上的失误,并试图去掩盖它没有任何的联系,但是,按照奥尔德自己的论点,梅尚的错误以及德朗布尔对它的发现在科学史上是重要的,因为那两个事实表明,即使是最坚定的科学家,也开始认识到绝对的确定性是不可能的,错误和不准确是他们工作的一部分。如果德朗布尔掩盖其同伴错误的意愿代表着可能性与错误是生活的一部分这种现代意识的觉醒的话,那么,他拒绝考虑支持笛卡尔颅骨真实性的相关证据,或许是一种逆向而行,是出于消弭不确定性、力求完美的反身的渴望。

与此同时,居维叶认为关于颅骨的证据十分有力,于是他接手调查,需要知道的只是更多有关斯德哥尔摩开墓挖掘的情况。他联系上在外交事务办公室担任政府档案保管员的华特里夫伯爵，华特里夫自己也有过异国生涯，他曾经在君士坦丁堡工作过，是法国派往奥图曼帝国的外交使团成员，在转入研究职位之前，他还在美国建国之初在纽约担任领事。居维叶跟他讲述了有关笛卡尔的生平和死亡的一些特殊细节，以及在遗骨运送过程中涉及到的官员的名字。或许，在当时的官方通信中有可能找到一个答案。

居维叶、德朗布尔和华特里夫都能接触到我们今天所有的关于笛卡尔生平同样的早期资料：由 17 世纪阿德林·巴耶神父撰写的笛卡尔传记中，居维叶注意到，巴耶在他的传记中提及，他有机会看到特伦致法国财政部长达阿里贝特的信件，以及蓬波纳公爵西蒙·阿诺德的手写便条，当时公爵正接替特伦担任驻瑞典大使，并参与了 1666 年的开墓以及随后在大使府邸举行的仪式。

然而，华特里夫没能在政府档案里发现任何相关的文件，"法国驻瑞典大使特伦骑士在 1666 年与 1667 年的通信中丝毫未曾提及笛卡尔遗骨的运送"，华特里夫向居维叶如是汇报。

但他还是发现了一些东西，他接下去说道，"有人查阅了各种印刷品，其中之一提供了有关这件有争议之物的奇怪信息。"华特里夫发现了一部出版于 18 世纪中期的瑞典著作，书中记录了这件疑似笛卡尔颅骨的所有权转让过程。这里有一个名字，一个故事就围绕着这个名字展开，根据这份原始资料，这个取走笛卡尔颅骨的人在第一次挖掘过程中扮演了一个角色。原始资料给出了这个人的名字："伊萨克·普拉斯特罗姆"。

❖　❖　❖

　　因此,让我们回到起点,也就是终点:1650 年那个死亡之冬的死亡之夜。在斯德哥尔摩市中心一栋建筑物的楼上房间里,一个病入膏肓的男人咽气了。经过一番争论之后,人们决定将他葬在 1 英里外的一个城郊荒凉墓地里。16 个夏天的太阳温暖了埋葬着这个遗体的土地,16 个冬天的酷寒又冻结了它。在最初的 128 天里,软组织将会分解掉,这是根据现代法医人类学的估计,以平均 10 度的温度为基础。在第 1 年里,骨骸可能会开始变白。不到 10 年,骨骸就会开始成片剥落并开裂。如果棺木不结实(笛卡尔的棺椁曾被描述为"松散的"),那么延伸的树根、啮齿动物以及蚯蚓都会加速它的腐烂。

　　然后,在埋葬了 16 年之后,遗骸被挖了出来,又被运回到这个男人度过他生命中最后几小时的那座建筑里。在那里,在法国大使府邸的小礼堂里,举行了由瑞典天主教教会人员主持的一个仪式,已经开裂的骨骸被转移到一个 2.5 英尺长的小铜棺里。当时正准备到丹麦走马上任的圣约翰骑士及法国驻瑞典大使胡戈·德·特伦请求允许取走笛卡尔右手食指的骨骸作为私人收藏圣物。棺椁在斯德哥尔摩城市卫兵的看管之下一直存放在特伦的府邸,直至取道哥本哈根,前往巴黎。

　　伊萨克·普拉斯特罗姆是执行这项临时任务的卫兵队长,他卷入其中的详情来自于华特里夫的信息。华特里夫发现,在 1750 年,一位来自斯卡拉镇的名叫斯文·霍夫的中学校长写了篇关于数年前的一次旅行的游记,那时他去斯德哥尔摩拜访一位名叫约纳斯·奥洛夫松·邦的朋友兼同行,后者骄傲地向他展示了勒内·笛卡尔的颅骨。伴随着这颅骨的,还有一个故事。这块颅骨是从他的父亲那里传下来的,邦的父亲叫奥洛夫松·邦,是一位啤酒制造商和经纪人。当时一个欠他钱的人死了,因而老邦就拿了一些死者的财产来抵账,这些抵账的东西中就有笛卡尔的颅骨。老邦告诉他的儿子,死者普拉斯特罗姆以前是斯德哥尔摩的一个卫兵队长,曾被委派看管即将运往法国的笛卡尔遗骨。普拉斯特罗姆解释过他的行为,说他觉得瑞典不应该"彻底失去这样一位伟人的遗骨"。邦说这个卫兵队长在他的余生中一直将这块颅骨作为"一位哲学圣徒的稀有圣物"来保存,邦后来也在自己的余生中一直保存着它,直到死后传给了他的儿子。

小邦将这个故事告诉了他的朋友霍夫,接着显然说了些表示希望用合适的词汇来描绘这件藏品的话,于是霍夫就用拉丁文写了一些纪念性的诗句,后来邦将之铭刻在颅骨的顶端。霍夫的游记里有那些拉丁文句子,它们与现在放在科学院里的颅骨上的那些文字是一致的。

贝采里乌斯在他写给居维叶的信中提到了装饰颅骨的不同名字,这些名字有些已无法辨认,有些只能部分辨认,他建议应该可以从这些名字入手,从而厘清这块颅骨在瑞典的历史。在 19 世纪六、七十年代,一个叫彼得·利耶威赫的人曾做过这事。利耶威赫生于瑞典的隆德市,后来成了一名医学博士及传染病专家,他曾入伍,并游历过丹麦、德国与俄国,并最终成为 1829 年至 1860 年间执政的瑞典与挪威女王德希德利蕾亚的宫廷医生。在那之后的某个时间,利耶威赫返回他的出生地隆德市安居,并开始了他奇怪的退休计划:

确定勒内·笛卡尔颅骨的瑞典所有者。

2006 年夏天,我前往隆德大学图书馆的手稿分部,在那里,一位图书管理员将标记为"利耶威赫"的收藏品放在我面前。我打开这装满了柔软纸张的文件夹,这些纸张被出自19 世纪优雅之手的笔迹所覆盖。利耶威赫逆时间之流而上,追寻这些因为这样或那样原因而成为这块颅骨的所有者的那些人的生平与行迹。这块颅骨,不知怎么的从小邦那里转到了一位名叫约翰·阿克塞尔·海格弗莱希特的军人手中,他保存了它,直到 1740 年去世。当他去世后财物散去之时,这块颅骨落到了一个叫安德斯·安东·史丁恩曼的政府官员手里,在颅骨上仍然看得见他的名字,在右边标着年份,1775 年。当史丁恩曼去世时,他的女婿奥拉夫·摄尔修斯发现自己成了这块颅骨的主人,并很快将他自己的签名刻在了枕骨上,即颅骨的后下方。这个摄尔修斯是位神父,后来成为隆德的主教,他对笛卡尔颅骨的兴趣必定是将之视为科学纪念品或护身符,因为他的家族和科学有渊源,他的父亲是一位植物学家,其他长辈中还有天文学家和数学家,而他的表兄弟安德斯·摄尔修斯也是位天文学家,温度计就是因他命名的。

乍看之下,接下来的拥有者,斯德哥尔摩的"经济主管人"约翰·费舍尔斯特罗姆看起来似乎有点另类,其他倾心于这块颅骨的那些人,总有这样或那样比较明显的与现代性相关的特征,而他并不符合这个条件,但费舍尔斯特罗姆显然也是个性情中人,他的生命中值得一提的并不是他的职业,而是他的情爱故事,他是被视为瑞典第一位女性主义者的海德薇格·夏洛塔·诺登弗吕希特的爱恋对象。诺登弗吕希特是一位从事哲学的严肃学者,也是斯德哥尔摩启蒙时代领风气之先的文化协会的先驱,这个协会有个非常精彩恰当的名字,叫健心会(the Mind Builder)。因为沉浸于对诸如在道德决定中理性所扮演的角色这些问题的思考,诺登弗吕希特身上萦绕着一种哲学忧郁,还夹杂了情爱忧郁,她的声名来自于她的诗歌,那是她探索自然与失落主题的领地。18世纪60年代早期的某个时候,她在"健心会"的一次聚会上邂逅费舍尔斯特罗姆,并坠入情网,当时她40出头,而他还不到30岁。后来他为了她的一位更年轻的朋友而离开了她,据说结果是她自溺身亡。花花公子费舍尔斯特罗姆却还好好地活着,并在之后某个时候,为了丰富自己的奇物柜而罗致了笛卡尔的颅骨。

费舍尔斯特罗姆保存着这块颅骨,直到他1796年过世,当他的财产被拍卖时,这块颅骨被一位叫阿尔格伦的估税员买走,今天在左耳后面那个地方依稀可以辨认出他的签名。

18世纪60年代,在斯德哥尔摩,当诺登弗吕希特被费舍尔斯特罗姆冷落时,另一位瑞典哲学爱好者安德斯·斯帕尔曼,正在伟大的植物学家卡尔·林奈的指导下接受着尽可能好的科学教育。为了游历亚洲,斯帕尔曼一完成学业就签约做了一名船上医生。他在中国待了2年后返回瑞典,收获了这个国家的大量动植物标本,这些标本是他个人奇物柜的开端。1772年,受采集自然界标本的激情驱动,他冒险到了非洲,在那里,他通过做医学顾问,以及给好望角殖民地官员的孩子做家教,以维持自己的收集爱好。这年接近年末的一天,来了一位名叫约翰·福斯特的德国人,他的船停靠在桌湾。福斯特自己是一名博物学家,于是这两人一拍即合,成了好朋友。福斯特断言,对于像斯帕尔曼这样激情四溢的年轻博物学家来说,没有比福斯特正为之工作的那艘船更好的地方了。船长詹姆士·库克当时正处于他的第二次世界历史发现之旅中,而且,福斯特还说服了库克,让他相信将斯帕尔曼这位瑞典博物学家揽入麾下是很有价值的。

因此,斯帕尔曼搭上了进入历史的便车,他与库克一起在海上度过了接下来的 3 年,他们绕开南极浮冰,环行南极圈和新西兰,探索了南太平洋的塔希提岛及其他岛屿。库克的使命之一是挑战已被公认的知识,如同威廉·哈维的血液循环理论挑战更古老的体液系统,或者像笛卡尔用他的哲学来反对由经院哲学家提出的中世纪知识体系。皇家学会让库克负责寻找南方大陆,这片大陆经由亚里士多德及后来的作者们的推断,认为理论上它应该位于南极。这种古代思想的依据是,在地球的南端,必定有一片巨大陆地与地球北端的陆地抗衡,许多皇家学会成员仍然相信这种逻辑,尽管库克自己根据首次航行的发现作出了结论,但事实并非如此。

斯帕尔曼协助库克证明了南方大陆并不存在,这个结论将从很多方面拓宽人们对这个世界的认识,除此之外,他还在旅途中做了大量的笔记,并据此撰写了《好望角之航》,这本书成为 18 世纪自然主义的经典之作,也是有关库克生涯的标准原始资料。后来,他自己深入南非内陆探险,满载各种标本而归,随后,他又去了一趟伦敦,参观了被人们普遍认为是世上最壮观的那个摆放自然物件之"柜"。

当他再次定居斯德哥尔摩时,荣誉从天而降,他被视为瑞典最伟大的科学家之一。在 18 世纪 90 年代,他成了外科学院的教授。1802 年,年轻的贝采里乌斯获得了给他做无报酬助手的职位,3年后,斯帕尔曼退休,而贝采里乌斯最终也继任当上了教授。大约与此同时,税官阿尔格伦显然和他的朋友斯帕尔曼有过交流,告诉教授他拥有了一件物品,这件物品可能会让教授感兴趣。斯帕尔曼可不会与这样一件东西失之交臂,他曾经走遍全球去采集各类生物的颅骨与股骨,腓骨与化石,而这块颅骨,这块孕育了现代哲学的颅骨,将使他的收藏登峰造极。

所以,当亚历山大·勒努瓦照看他在巴黎的法国文化纪念物博物馆花园中的其余遗骨的时候,这块颅骨却在斯德哥尔摩,在贝采里乌斯前导师的收藏品之中。可以说,正因为遗骨被迁移重葬时贝采里乌斯碰巧在巴黎,他因而成为重新接上身首的环节。

真是他的颅骨吗?法国科学院的专家们能得出结论说这块颅骨真的属于笛卡尔吗?他们当中没有人知道这块颅骨在瑞典的更多经历,只有来自于霍夫的信息可作为佐证。在首次讨论这块颅骨的5个月之后,居维叶与德朗布尔在科学院举行了一次后续会议,会上德朗布尔做了一个补充报告,就华特里夫提供的新信息做了一些评论。德朗布尔承认,它具有令人信服的特征,但他仍然怀疑,而且他的怀疑也不无道理,因为,新的难题接踵而至,这个难题伴随着中学校长霍夫的证据而来。霍夫声称:"伊萨克·普拉斯特罗姆,斯德哥尔摩城的卫兵队长,将这块颅骨从笛卡尔遗体上取走,**他用另一块颅骨代替了这块……**"如果这是实情,那么它倒是解释了为什么后来经手过这些遗骨的人,包括1666年在法国边境打开棺椁的海关官员,都没有报告说有任何东西缺失。但是一个新的秘密又出现了:这第二块颅骨,笛卡尔头骨的代用品,它的下落又如何呢?

当法国科学家们正在苦苦思索这个秘密的时候,贝采里乌斯碰巧给一位瑞典朋友写了封信,信中他跟朋友讲述了围绕着勒内·笛卡尔颅骨发生的怪事,并且他相信自己的解答很令人满意。没想到,朋友的回信迎头浇了他一盆冷水。这位朋友叫汉斯·华奇特梅斯特,是贵族和政府官员,业余爱好化学,他在回信中写道,这个故事听起来很吸引人,"但是,你能完全确定这是那块真的颅骨吗?"在隆德,也有一块笛卡尔的颅骨,华奇特梅斯特告诉贝采里乌斯,而且,"对于它的真实性,教区长及议会随时可以做宣誓保证。"他还冷淡地说,假如这场闹剧的结果显示伟大的笛卡尔有两个颅骨,那也不失公正,既然"我们知道那么多蠢货都有一个"。

那么,这是第二块颅骨吗?难道世上真的有两块笛卡尔颅骨,一块是真的,另一块是由普拉斯特罗姆悄悄塞进铜棺的替代品吗?但是,如果真是这样的话,怎么会两块都在瑞典呢?其中的一块当初不是随着特伦的队伍历尽千辛万苦回到巴黎了吗?

纠纷才刚刚开始。在巴黎,专家们正在为另一个问题寻找答案。关于霍夫的信息夹杂在一位叫约翰·阿基霍尔茨的人所写的克里斯蒂娜女王的传记中,这位阿基霍尔茨用了9 年的时间,以 4 卷的篇幅来讲述女王的故事,霍夫所描述的与笛卡尔颅骨的交集出现在 1751 年出版的第一卷中。直到 1760 年出了第 4 卷,阿基霍尔茨才让自己进入这个离奇的插曲之中,他写道,他自己在 1754 年"得到了这块颅骨的一部分,它被证实是真的,而它的另外部分正栖息于已故的海格弗莱希特先生的展示柜里……"。因此,从目前来看,已经有4块颅骨或颅骨残片声称曾经属于笛卡尔,这种情形开始有点和基督教早期的圣物买卖相似,那个时候的圣徒骨骸大量增加,约翰·加尔文以新教徒的鄙夷口气写道:在欧洲大地上,号称是"真十字架"碎片的多到足以装满一艘货轮。

不过,至少还是有一些碎骨值得去探究。华奇特梅斯特说得没错,隆德大学确有一件藏品,其监护人认为它是笛卡尔骨骸的片段。可能正是这件藏品激发了利耶威赫,促使他在19世纪60年代去追踪落实这块颅骨的拥有者。事实上,这件东西仍然在那儿。和欧洲各地许多古老的博物馆一样,隆德历史博物馆也是很久以前在某人捐赠的奇物柜基础上建立起来的,这家博物馆虽然也加入了一些21世纪的元素,比如贴了一些轻松风趣的标签,也有一些互动的内容等,但很令人安慰的是,它基本上还是保持了原有的传统。一位叫基利安·斯托巴耶斯的科学家在1735年将其收藏品捐给了隆德大学,欧洲第一座考古学博物馆由此诞生,他对部落物品有着特殊的痴迷,因而拥有来自全球各地的各种藏品,包括弓箭、篮子、珠宝,甚至一条桦木船,能在瑞典中部地区见到如此丰富的美洲印第安人工艺收藏品,还真是令人称奇。历史学家汉普斯·钦蒂奥带我参观这些藏品的时候告诉我,这批在时间上可追溯到美洲殖民地革命前数十年的藏品,让美国一些博物馆垂涎三尺,这些藏品大多数都保存完好。

和这些美国印第安收藏品同居一室的是一个玻璃橱柜,柜子里摆放着很多展品,其中的一件是一块人类的颅骨,标签上是古代字体:"Cartesi dskalla 1691 N.6"。在它的旁边,显然并非巧合,是一双紫色绣花拖鞋,这双拖鞋看上去是那么小巧,仿佛是给洋娃娃穿的,但它们曾经穿在克里斯蒂娜女王的脚上。那块弯曲的骨骸，大约是两只手合拢那么大，就是华奇特梅斯特所指的那个东西，它也是 60 年前阿基霍尔茨所指的"躺在后来的海格弗莱希特先生奇物柜里的那部分颅骨"。利耶威赫的研究工作显示这块颅骨也有它自己的历史，这段历史基本上和在巴黎的那块颅骨的历史非常一致，但问题是，这部分的颅骨，是构成头顶左侧的左顶骨，但巴黎的那块颅骨并没有缺失这部分。这两块头骨不可能都是勒内·笛卡尔的圣物。

1983 年，在隆德展出的这块弯曲顶骨引起了 C. G. 阿尔斯特罗姆的注意，这位大学病理学教授联手两位同事，对它进行了详尽的科学与历史研究。研究结果中，除了汇报尺寸、颜色、矢面骨缝（两块顶骨之间的关节）处的细小缺口等解剖学上的特征之外，他们还注意到了一个细节，那就是这块颅骨很完整，这是一个提示。人类的颅骨并非是单纯的一片，它是由 23 块骨头组成，这些骨头彼此间凭借被称为骨缝的隆起关节连接起来。隆德的这块颅骨是完整的，包括它复杂的骨缝，这意味着它未曾被锯开或打碎过。"这块颅骨绝对完整的特征表明，它可能是使用所谓的爆胀法被非常谨慎地从头盖骨中提取出来的。"阿尔斯特罗姆及其同事报告说，"这种方法是将头盖骨腔用干燥的豌豆或小米填满，然后注满水使其膨胀，由于颅骨内的压力不断增加，头骨的各部分慢慢开始彼此分离。这种至今仍在使用的方法被应用了很长一段时间，在 17 世纪与 18 世纪期间很流行，为自然奇物柜准备人类与动物骨骸的时候都用到这个方法。"

于是，一个奇怪的画面出现了，有人不辞劳苦地为了四处传播骨片，增加圣物，而分开一块颅骨。可能阿基霍尔茨得到的就是同一个颅骨中的另一片，但现已丢失。同样奇怪的事实是，18世纪中期从海格弗莱希特那里开始，接下去的好几位拥有者在拥有完整颅骨的同时，也拥有颅骨片。隆德大学的记录显示，顶骨进入该校的收藏品之列是在1780年，当时是一位娘家姓史丁恩曼的妇女作为礼物馈赠的，史丁恩曼也是完整颅骨的拥有者之一，而结果表明，这位捐献者是奥拉夫·摄尔修斯主教的妻子，安德斯·安东·史丁恩曼的女儿。把这条信息和阿基霍尔茨提供的信息——1754年海格弗莱希特拥有过这块颅骨片——放到一起，就意味着这块完整头骨的连续三位拥有者——海格弗莱希特，史丁恩曼，摄尔修斯——也拥有过这块分离的顶骨。实在无法得知他们心里是怎么想的。或许他们中的海格弗莱希特首先拿到了一片，他认为是真的，接着他又发现了另一片，出于好玩，他买下了它，因为这两片之间必定有一片不是所说的那件东西。或者，既然当时每一片都有其渊源，或许他就同时把赌注压在这两片上面，这样一来，他的奇物柜反倒添了双重的稀奇。他的藏品，包括笛卡尔那些非同寻常的东西，后来传给了史丁恩曼，并由史丁恩曼传给了摄尔修斯，然后到了摄尔修斯的妻子手里，她或许对这种事有点害怕，于是将这块顶骨送给了隆德大学，而那块头骨则到了情圣费舍尔斯特罗姆手里，然后一直传下去。

在1780年有关隆德藏品中的这块顶骨的原初登记中，人们理所当然地认为它是真的，但怀疑很快就悄悄出现了。如果它被埋在地下度过了数年，那么为何它还是如珍珠般洁白无瑕呢？一个年近54岁的男人的颅骨怎么可能像纸张一样薄呢？后来，隆德藏品的保管人自己也慢慢地不再宣称它真的是笛卡尔颅骨的一部分了，带着我参观了博物馆藏品的汉普斯·钦蒂奥对此说法也只是一笑置之。

在现代世纪最初的 150 年的跨度里，相继几代瑞典人显然被骗了。这是普拉斯特罗姆设计的圈套吗？或者，他的罪行仅仅是偷走了笛卡尔的头骨，并将其归为己有吗？这块顶骨一直未见于历史记录，直到笛卡尔去世一个世纪之后。即使想猜测厚重的帷幕后面到底发生了什么，100 年未免也是一个太大的帷幕了。

❖　❖　❖

到了 1821 年，已经习惯用投票来决定对所有科学意向的合理性表示支持或反对的巴黎科学院，仅仅在这么一块颅骨上就花费了可观的时间，而且似乎达成了一个共识。在第一次关于这块颅骨的会议之后，化学家贝托莱给他在斯德哥尔摩的朋友贝采里乌斯写了一封信，信中写道："上星期一，科学院带着宗教般的敬重和活泼的感情接受了您送来的礼物，我们比较了这块颅骨与笛卡尔的肖像，发现了其中的吻合性，加上您所提供的证据，对于这块头骨的主人，已经没有什么可怀疑的了。"

贝采里乌斯写了回信，为这个消息而感谢他，接着进入了有关氢氧化硫的研究工作以及"在氢氧化硫液中加水之前还是之后形成硫酸"问题的冗长讨论。贝托莱后来在回复中提到，在科学院的一次后续会议上，德朗布尔竭力使人们相信这块颅骨并不是笛卡尔的，但据贝托莱的观察，"他的观察似乎站不住脚"。

这群世界上最伟大的科学家得出了一个结论，这个结论并不是建立在确定性的理想化理念之上,而是建立于可能性的现代化观念之上,他们对这颗头颅产生过怀疑,而正是这颗头颅,第一次让我们知道怀疑是推进知识的工具。最终,他们对这颗头颅点头称是。

第 5 章
颅之容量

　　1767 年的某一天，德国巴登州蒂芬布伦村的一个男孩观察发现了一个奇怪的现象，在他的同学中，那些语言记忆力最好的，比如那些最擅长学习并背诵大段圣经的人，眼睛大都凸出。弗朗茨·约瑟夫·高尔如果未能保持他的好奇心的话，或许也就是个碌碌之辈了。20 年后的现在，他已经是一名维也纳的医生，开始举办有关他称之为"器官学"的公开演讲。他为解析大脑提供了一种新的技术，这种技术不同于以往，它不用像切火腿那样把大脑切开，而是将大脑分区，从而分析它各自分离的结构。在这项工作的基础上，他形成了一个观点，那就是大脑的不同区域控制着不同种类的精神活动。如果到此为止了，那么他也能在科学先驱的名单中占据尊贵的一席之地，因为现代神经科学的领域就建立在大脑机能定位之上，但他却走得更远。他假定，大脑区域的运作和身体肌肉的活动相仿，因此，那些越是高度发展的部位，在形体上也是更发达的，也就是说，它们会更凸出。由此推理，认识了大脑的各个区域，以及相应的精神官能之后，我们就有可能通过"解读"某人的颅骨而确定他的或她的自然习性。

　　高尔的一个助手创造了"颅相学"这个术语，高尔自己并不喜欢它。当这门新兴的心智科学被他人研发出来之后，对于其中的很多原理，高尔也并不认同，但他自己的名字，却是和这门学科紧密相连。这其中的原因之一是由于他对这门学科的积极推广，当时，高尔在维也纳的公开演讲与展示大受欢迎，人们急于抓住这种新的、"现代"的方法来理解普遍的人类和特殊的自我。高尔强调了特殊性，他认为人脑中可定位的区域不少于 27 个，它们有各自的功能和习性，其中包括了狡诈，勇敢，谋杀倾向，分寸感，建筑天赋，讽刺感，仁慈，固执，语言能力（高尔将之定位于眼部后方）等。160 年之前，笛卡尔差点就宣布科学即将解开人类的奥秘，而高尔则宣布他已经做到了。

而且，和笛卡尔的遭遇一样，高尔很快也发现自己遭到最高当局的抵制，因为他所宣扬的哲学将会动摇已有秩序的根基。"这种被热烈讨论的有关脑袋的理论，"奥地利皇帝弗兰西斯在禁止高尔继续阐述颅相学的一道诏令中写道，"也许会让一些人掉脑袋，它会导致唯物主义，因而，它与道德和宗教的首要原则是相抵触的……"这种逻辑，和雷吉乌斯在 17 世纪 30 年代在乌得勒支就笛卡尔主义发表第一次公开演讲时所遭遇到的情形几乎完全相同。"唯物主义"是这样的一种哲学，它认为物质力量构成了人类的一切，因而没有为神学留下任何空间。如果善与恶的倾向被预先编入大脑，那么教会在控制人类行为上还能起什么作用呢？而且，在欧洲大部分地方，教会与国家如此紧密地捆绑在一起（弗兰西斯曾派遣过反对法国革命政府的军事力量），对宗教的这种明确的威胁等于就是对政治权力的威胁。

和所有优秀的自我推销者一样，高尔利用了这种争议，他和同事约翰·史普汉离开了维也纳，开始在 30 个城市中巡回展示他们的颅骨秀，他们的名声传遍欧洲。当他 1807 年抵达巴黎时，受到热烈的欢迎，"头脑科学"的漫画上了媒体头条，在聚会上，年青人彼此摸头成了半开玩笑性的时尚做派。高尔想鱼和熊掌兼得，他既享受大众的关注，又渴求合法性，而科学院无疑是科学合法性的授予者。1808年，他在科学院院士面前总结了自己的工作，大家的最初反应是谨慎而混杂的，从那份15页纸的严谨报告中，委员会看出高尔的剖析工作令人印象深刻，但是对于解读头盖骨凹凸这个主题还是保持了审慎的沉默。

高尔在巴黎定居下来，他下决心要赢得官方的认可，并继续发展自己的观点。他的器官学理论的缺点在于和他的大脑解剖分析没有什么联系，但是，他非常倚重于一个原理，这应该会让乔治·居维叶喜欢他，而居维叶作为科学院的常任秘书，有权授予高尔的研究以正当性。比较解剖学是居维叶参与创立的，它是高尔的论证基础。在维也纳时，他在一个精神病院工作，周围的病人有着这样或那样的偏执狂，当时他就草草勾勒了大脑定位理论的轮廓，他推断，关注点和行为上的偏执肯定和大脑的某一部位相关。后来，在一所监狱工作的时候，他研究了犯人的头骨，并声称他在大多数犯人的头部找到了共同的异常点。他总结道，这个部位异常（紧挨着耳朵的上部）反映出犯罪或反社会行为的倾向。

比较解剖学上的特征是高尔理论的基础。在维也纳，他设法从警方及精神病院获得杀人犯和"疯子"的颅骨，然后对这些颅骨进行分析和比较。高尔相信，研究成就突出的重要人物的颅骨同样重要，但是，伟大的思想家、艺术家及政治家的头骨可不是那么容易获得的，不过高尔坚持不懈，随着时间的推移，他也慢慢收集了300块颅骨和颅骨石膏模型。歌德的例子集中体现了高尔追寻选定的颅骨的手段与执著，因为在高尔追逐他的时候歌德还活着。高尔如此渴望拥有这位特殊天才的颅骨,他甚至还并不满足于歌德的慷慨应允,同意用他的头做模型,他继续写信给为诗人死后制作雕像的雕塑家,"我恳求你贿赂他的亲属",为了让他们交出这颗头颅当作他的藏品。

高尔不得已将大部分颅骨留在维也纳收藏,但是到了巴黎,他很快又开始新的收藏,并急切地追逐着著名人物。于是,在1821年,很多事件离奇地纠结在了一起。就在高尔认为自己已经为进入科学院,成为其中尊贵的一员而积累了充足的证据与准备工作的同一年,史上最著名的伟大思想家之一的颅骨抵达了科学院,这块颅骨将是高尔非常乐意染指的一件物什。

然而,高尔达到第一个目标的机会却并不大,对于"器官学"和"颅相学"(通过触摸颅骨来发现一个人的天资与缺陷),科学院成员们几乎众口一词地表现出鄙夷。尤其是居维叶,他发现高尔的哲学是一种推测,而不是基于临床的诊断工作之上。更重要的是,他认为,和进化论一样,器官学将这么多人类的智慧、情感和偏好归结于生物学上的因素,这就亵渎了对他而言是核心且无可辩驳的信念:智慧的造物主将自由意志赐予了他的受造物。

而且,当论及是否批准高尔进入科学院的事项时,只有他的朋友,博物学家艾蒂安·圣伊莱尔投了赞成的一票。然而,受挫的苦涩并未阻止他继续向科学院恳求,1821年10月15日,就在德朗布尔发表他关于笛卡尔颅骨的最终报告一周之后,高尔提交了作为候选人资格评判依据的研究成果。高尔可能在5个月以前就意识到,贝采里乌斯包裹里的这块颅骨即将来到。他请求允许为它做一个石膏模型,居维叶批准了这一请求,于是,笛卡尔和伏尔泰及歌德一样,也成了高尔的收藏品。

7年之后,高尔去世了(竟然死于脑溢血),他留下遗嘱,要将自己的颅骨增加到他的收藏品之列。高尔去世后,居维叶为自然历史博物馆买下了高尔的收藏品,考虑到居维叶当初对高尔本人和对他这些收藏品相关工作的断然否定,他的这一行为似乎显得很奇怪。不过,在当时,即使那些对颅相学中某些具体论点持反对意见的人,也认为对大脑和颅骨的比较研究是有价值的,它将推进人类对大脑的认识。也就在这同一家博物馆,科学院的专家们决定将笛卡尔的颅骨也放进去——既然他们已经认可了其真实性。于是,笛卡尔颅骨的石膏模型和那块真正的颅骨,以及高尔的颅骨,现在都放到了一起,同在一处的还有这家博物院拥有的一系列灵长类与原始人类的骨骸。

1821年,当居维叶担任高尔成员资格审核委员会委员的同时,他还是另一个委员会的委员,负责审核递交上来的科学资料,递交者为当时在大脑研究领域正在冉冉升起的一颗新星,他的名字叫让-皮埃尔·佛洛昂。佛洛昂一开始追随过高尔,但后来彻底改弦易辙,他是如此决绝,甚至后来在他自己的职业生涯中不断地攻击高尔及其颅相学。因而,随着高尔淡出人们的视线,他自己的头颅也被放到竞争日益激烈的大脑研究领域的资料堆上,一个后继者横空出世了。佛洛昂确信,由于高尔的理论不是以实验为基础的,因而从根本上来说是错误的。对于这种指责,高尔绝不否认,而且他还认为由于实验方法具有破坏力,会导致错误的结论。高尔的方法特征就是观察,他坐下来研究大脑迷宫般的结构,而且他对颅骨反复进行比较。与此相反，佛洛昂相信，科学家们需要主动积极地努力解开大脑的秘密。他做了大量有关各种活体动物（包括鸭子、鸽子、青蛙、猫和狗）的大脑实验，系统地确定了各个部位（大脑、小脑、脑干等等）。接着，他要么切除他想要理解其目的的大脑部分，要么刺探大脑以刺激相应的部位（在此过程中，他还开了将氯仿用于麻醉的先河），最后，他研究了动物行为的变化。且不论活体解剖反对派的立场，佛洛昂的方法在今天看来也是做科学研究的合理方式，但对于佛洛昂来说，他不得不为实验方法辩护，尤其是因为他的方法和高尔的方法针锋相对。他曾说过，仅仅是做观察的话，未免"太过局限，难以作为依据"，他也意识到实验可能会导致错误的结论，但是，那只意味着实验者必须对自己的方法要很有把握，并且愿意根据后续实验而不断修正自己的结论。

除了在研究大脑基本部位的功能方面处于领先地位，同时对认识实验方法的重要性做出巨大贡献之外，佛洛昂工作的显著之处还在于它的哲学基础。因为在19世纪的科学家当中，佛洛昂称得上是一个返祖现象，他是一个彻头彻尾、无怨无悔的笛卡尔主义者。他的许多著作都大量引用笛卡尔，而且他写道，"我经常提及笛卡尔，甚至走得更远，因为我将用我的工作来缅怀他。我为了反对一种坏哲学而写作，同时尽我的努力呼唤一种好哲学。"

佛洛昂心目中的坏哲学就是高尔的哲学，他指的不仅仅是高尔对颅骨凹凸的专注，而且还有颅相学所隐含的东西。如果像高尔声称的那样，人类所有的行为、思想和天赋类别都对应着大脑的某个特定角落，那么，大脑必定就是心灵本身了。这两者在表面上看起来可能并没有很显著的区别,但是,结果证明它是现代性中最为棘手的问题之一,直到今天都是如此。正如那位奥地利皇帝所担心的那样,这种哲学似乎暗示着人类行为的整个领域可以被还原到物质层面,也就是颅骨内部的那一点小东西。那么,人类必定就和精心制作的机器一样,原则上其功能可以被完全理解和安排。一旦这种观点被采纳,那么不光是人类的灵魂,包括人类文化与文明在内的许多东西,诸如艺术、宗教、爱恋、婚姻与家庭纽带、政治与社会关系等等,都变得相对容易被消除,被贬低,或者被重新归类。将思想与行为归结到生物学层面,这看起来如同从那些事物中抽走了基础,使它们反而成了应对生活的临时性工具,随时都可以根据其他标准而被改变或抛弃,比如最有利于个人便利的标准。社会基础被削弱的可能性时时会引起人们的警觉,从而导致社会震动和混乱,比如在 19 世纪,其情形与现代哲学在 17 世纪首次公诸于众相仿。

或许,笛卡尔比任何其他人都更有力地鼓起了这阵狂风,这其中的部分原因是他选择人类的身体作为分析研究的对象,如同对待自然中的任何其他东西一样。但是笛卡尔坚决反击任何将他归为"无神论"(这是对无神论及其可能暗示的一切的统称)的指控,因为他的哲学建立在心灵与身体之间明确的区别之上,而且他将灵魂包含在心灵这个概念之中。他相信,他非但没有竭尽人性的含义,而且事实上还维持了心灵与灵魂各自的完整性,同时也使得科学能够深入到事物物质层面的核心。

秉持笛卡尔的观点,佛洛昂反对将大脑等同于心灵。但是就他而言,这看起来有点奇怪,因为大脑等于心灵这个结论看似很合乎大脑解剖研究者的逻辑。你刺这根神经,它就会导致那块肌肉收缩,你拧一下另一个区域,就会看到它影响说话,或颜色辨别,或正确与错误的意识。最后,看来不可避免的,你会相信,从这块被颅骨包围着的物质中,你能找到和心灵相关的一切属性。但是,尽管对大脑进行了大量的探究,佛洛昂还是和笛卡尔一样,他相信,心灵不知怎么的,是"别样的"。佛洛昂认为,高尔为大脑各部位确定功能的器官学,无非是耍点小噱头,取悦那些来听他讲座,看他用手指头在别人头上摸来摸去的人。高尔之分离的功能或官能并非真的在身体上是独立的:"你的官能,"他隐喻地讥笑道,"只是一个词汇而已。"

佛洛昂承认,高尔因其他的理论而极受大众欢迎,但他相信颅相学是一种坏的科学,所以他必须以科学院的名义制止它。"每个时代都有它自己的哲学,"他说道,"17 世纪推崇笛卡尔哲学,18 世纪推崇洛克与孔狄亚克的哲学,难道 19 世纪应该推崇高尔的哲学吗?"在其他地方,他以双重悲剧的意味加强了这种对比:"笛卡尔背井离乡,客死瑞典,而高尔却来到法国颐指气使。"

佛洛昂坚持认为,心灵并不是官能的集合,而是单个的、整全的、不可分的实体,在这一点上他也追随了他的英雄。笛卡尔曾经写道,心灵与身体之间的一个首要差别是,"身体按照其本性总是可分的,而心灵在整体上是不可分的。"这是基于笛卡尔对他自己的观察,"当我沉思我的自我,并将我的自我看做一种思考的东西时,我不能在自我中发现任何部分,但我清楚知道并觉察到我是绝对单一而完整的东西。"

这种观念看起来显然是前心理学的。现代世界的一个特征恰恰是我们认为自我或心灵或人格是由不同部分组成的，其名称随世代而改变——自我与本我，内在小孩，花孩（flower child），父亲形象，大地母亲，俄狄浦斯情结——因此在某种意义上，就颅相学的怪诞而言，高尔是更现代的思想家。他的器官学是一种心理学体系，是比弗洛伊德早一个世纪的分析个体的科学尝试。

但是，佛洛昂和其他的科学机构一样，并不准备沿着高尔所指的那个方向前行，这其中，有科学的原因，也有非科学的原因。科学史家罗伯特·杨强调了佛洛昂的科学与他个人的哲学之间的分裂，他写道，"……佛洛昂大力提倡生理学上的实验，但同时又完全排斥将这种科学的方法应用于精神现象的研究。"论及佛洛昂对大脑自然活动中的一切科学方法的坚持，杨接着说道，"佛洛昂并不准备对人类个性、心灵或者对应的器官进行分析，它们的完整统一是他关于人类尊严与自由的信念的必要基础。"佛洛昂渴望将大脑而不是心灵切成片，而且，他之所以不愿意切碎心灵，是因为他相信这将导致文明的崩溃。

但是，如果将心灵等同于大脑这种做法会让政治的、社会的及精神的危机随之而来的话，那么将它们分离开来就会带来一个更加根本性的问题。笛卡尔也坚持主张这两者之间的完全分离，认为物质的东西与精神的东西是截然不同的实体。但是，问题立刻迎面而来，如果这种观点是正确的，那就好比说身体和心灵存在于两个不同的宇宙之中，那么它们如何相互作用呢？你的胃部的饥饿信息如何传递给你的心灵，然后你的心灵又如何指挥你的双腿走向冰箱，指挥你的手打开冰箱门，指挥你的眼睛扫视冰箱架，然后让你的手指伸向那片吃剩的匹萨呢？简而言之，人们是如何做事的？如果这么基本的一个问题都让"身心二元论"难以招架的话，那么这种理论必定存在着严重的缺陷。

基于他自己所做的解剖工作得出的结果，笛卡尔找到了他的答案，这个答案就在大脑中央那颗小小的、坚果状的东西上，它的名字叫松果腺，这里就是两者交集的地方："灵魂的首要位置，"笛卡尔如此称呼它，"这里是我们所有的思想形成的地方。"他的推断给人简而化之的轻松感，其基础就是对称性。他写道：

> 我之所以这样认为，是因为除了它以外，我找不到大脑中的其他部位不是成双成对的，既然我们的两只眼睛只能看到一样东西，两只耳朵只能听到一种声音，总之，我们在某一时刻不会有超过一种想法，那么，必定就是在这里了：当印象从两只眼睛或两只耳朵等等地方传输进来后，还没有被心灵接受之前，先在身体的某一部位汇总结合。现在，除了这种腺体之外，在整个头部都找不到任何像这样的地方；而且，就它存在的这种目的来说，它所处的位置恰到好处，正位于所有凹面的中央，四周被将情绪带入大脑的颈动脉的细小分支支撑并包围着。

在遭到批判家的抨击之前，笛卡尔极少公开这种观点。如果"心灵"与"身体"真的是截然不同的话，那么一种物质腺体又如何能够成为精神力量的导管呢？这是笛卡尔理论一直遭人诟病之处，它也的确揭示了笛卡尔试图结合身心的荒诞。但值得注意的是，笛卡尔并未断然宣布他已经彻底揭开了这个谜团，事实上，在他去瑞典之前不久，他承认这个问题对于心灵来说有着不堪承受之重："在我看来，人类心灵并无能力形成关于灵魂与身体之间的区分和联结的明确概念，因为，想要做到这点，既要将它们视为单一的事物，又要将它们视为两种不同的事物，这是荒诞的。"

这在笛卡尔来说，真的是违反个性的谦逊了，除此之外，他在二元论上是决不让步的，并给了它一件现代的外衣。可以说，从笛卡尔的时代开始，换言之，也就是从现代开始，西方的哲学与西方的传统里就有了身心问题的 DNA。这个问题是如此之基本，又是如此之势不可挡，以至于在今天仍有很多学科在试图解决它，从计算机科学到神经科学到心理学。像奥地利皇帝弗兰西斯和乌得勒支反对笛卡尔的神学家伏丢斯一样，西方的很多人士靠着倒向等式的物质一边来解决二元论问题。物理主义是这种观点的当代术语，即物理的或物质的世界是真实的世界，在它之外什么也不存在，许多科学家与哲学家都多多少少以某种形式向它靠拢，那些宣称自己是无神论者，那些相信科学、或物理世界、或此时此地的人们，都站在了物理主义者的立场上。

皮埃尔·佛洛昂试图守住抵御物理主义的阵线，这就把早已退潮的笛卡尔主义带到了 19 世纪科学的最前沿。尽管他的努力看起来并不真诚，仿佛故意戴上眼罩，回避直面那些给自己的世界观带来麻烦的事物，但是，他的尝试中固然有其智慧，正如许多当代思想家指出的那样，物理主义观点存在着根本性的问题，简单而直白地说，它所漏掉的，就是自我。当代哲学家托马斯·内格尔是这样说的：

对许多哲学家来说，实在（reality）的典型例子就是物理学描述的世界，物理学让我们最大程度地脱离主观世界。但是，恰恰是由于这个原因，物理学必定会遗漏有意识的精神过程中不可或缺的主观性特征，它们可能是与大脑的物理活动最密切相关的东西。意识的主观性是实在不可或缺的特征，没有它，我们就不能进行物理运动或任何其他事情，在任何一种可靠的世界观里，它必须占据和物质、能量、时间、空间以及数量同样基本的位置。

那就是说，人类意识是一口井，从中汲取了很多对于我们来说最具有意义的东西，因此，任何一种知识理论，如果没有严肃地把人类意识，以及和人类意识相关的一切，比如悼念死者、爱抚小猫、向麦加屈膝朝拜、珍惜褪色的情书、冒着生命危险去拯救他人、潜意识地憎恶你的母亲或有意识地憎恨你的老板等等都考虑进去，那么就是有缺陷的。这就是摆在今天的人们面前的问题，他们试图通过排斥过去的体系，而且通常是宗教体系，然后用一种好的、确定的、"科学"的理解方法来解决现代性的难题。典型的科学视角是一种客观的视角，正如内格尔所说，"尽管客观与实在之间有一种相关……但并非所有的实在只要被更客观地看待就能被更透彻地理解。"我们自己——我们的个体意识，我们追寻客观认识的心灵，一旦找到，就不要松手，即使思想、疼痛与欲望不断袭来——必须是图景的一部分。

有关现代性确定的事实是，自从笛卡尔将身心两者分开之后，还未有人找到一个令人满意的明确方法将它们重新弥合在一起,笛卡尔在 1646 年宣称也许这是不可能实现的。1998 年,托马斯·内格尔断然声明:"……身心问题,无人能解。"1808 年,当居维叶主持委员会首次受理高尔的入院申请时,他在报告中也说了很多同样意思的话,针对高尔的科学理论,居维叶及其同事不失优雅与精湛地批评道:"大脑,似乎在根本上不同于身体的其他部位,"因此,

在动物生命中,我们不能期待从心理学上解释与其他器官行为可比的大脑行为。在其他那些器官中,因果是同一种类型的。当心脏导致血液循环时,它是产生其他运动的运动……大脑功能是完全不同的一种秩序;这些功能包括:通过神经接收感觉印象并立刻传送给心灵,保留那些印象的踪迹,再生产印象……当心灵需要这些功能时,最后总是通过神经,即意志的欲求[将之]传送给肌肉。但是那三种功能预设了可见的物质与不可见的自我之间总是不可理解的相互影响,这是我们的观念体系中无法弥合的鸿沟,以及我们所有哲学永远的绊脚石。

和现在一样,当初在解决这个问题时,有一个可能被称为自由和保守的分界线。换言之,在悄然解决二元论问题的努力与充斥媒体、占据电视脱口秀的各种现实世界的纷争之间,有着一种联系。左派人士倾向于接受心灵等同于大脑所带来的结果,如果它意味着社会的基本特征——比如自我、宗教、婚姻和道德体系——需要根据新的路径来重建,那就这么做。这种革新人类价值观的典型例子可能包括促进妇

女与少数人的平等权利、堕胎合法化、倡导同性婚姻和同性家庭收养、一视同仁地对待不同的文化和宗教等等。关键是，接受心灵等同于大脑的理念，并不是要求人们在这些议题上秉持某种特定的立场，它只是允许一种更宽泛的道德视野。相反，"保守派"则一直在为分离"心灵"和"身体"而斗争：无论事关宗教、家庭还是自我，都力求保持现状；坚持认为存在着一种永恒不变的价值基础。至于笛卡尔，具有讽刺意味的是，这位一度被视为现代工程的信使、一切偶像与传统的破坏者的人，到了19世纪，竟然成了保守派的依据，成了围绕永恒真理砌造保护墙，以使之远离现代性腐蚀力量的人。

19世纪版本的文化之争在数条科学前线上开战。首先归功于显微镜的不断改进，终于催生了细胞理论，这种理论确定了所有生物都是由细胞这种基本的结构单位组成，它们的分裂形成了新的细胞。对于那些具有唯物主义倾向的科学家与哲学家来说，这种生命的基本组成材料的发现，使他们扔掉了形而上学的拐杖；生命是一系列复杂的生理互动的结果。在19世纪文化混战中开辟的第二条战线是达尔文主义，这种风行一时的理论，尤其是它认为人类是猿猴后代的观念，在当时变得最为臭名昭著。和细胞理论及达尔文主义同样根本性的和引起争议的，是大脑研究领域，在法国科学院，身为常任秘书的乔治·居维叶是科学及既有秩序的守门人，他对进化论的抵制部分是出于宗教的原因，因而，在他看来，佛洛昂的出场无异于天遣神将。佛洛昂是一位杰出而敏锐的科学家，但同时也坚守自己的信念，维护心灵乃至于已有的社会体系不受外力的干扰。居维叶将他置于自己的羽翼之下,并立刻着手对他进行调教,培养他做自己的接班人。1832年,在居维叶垂死之际,他敦促他的同事们选择佛洛昂接替他做科学院的常任秘书,他们照办了。

居维叶死于同年的5月13日。3年后,也是遵循他的遗愿,佛洛昂监督了一个如果发生在今天将是相当不同凡响,但是在当时却反应相对平静的事件:居维叶在科学院的一些同事们对他的遗体做了解剖。在19世纪早期,科学家指派朋友们为其遗体做尸体解剖是一种风尚,此举是希望即使在死后仍能继续推进科学知识的发展,这种风尚随着1875年"互助解剖协会"在巴黎的成立而达到顶峰。居维叶的朋友们尽职尽责地切开了他的胸部和胃部,并研究了那些重要的器官,接着,他们转向了重点。当时,《争鸣报》在其头版做了如下报道:"颅骨一打开,所有人都被这颗大脑的高度发展给镇住了,尤其是这颗巨型大脑表层那数量惊人的沟回。"

的确,居维叶的大脑在他活着时就在科学发展史上起了无比重要的作用,这还不包括它在审定笛卡尔颅骨的真实性上所起的作用。如今,在他死后,他的大脑很快就将名符其实地卷入有关脑科学的下一场辩论。这位参与开辟了比较解剖学领域的人,他自己也被解剖开来,即将被用作比较。

❧　　❧　　❧

1857年秋天,当查尔斯·达尔文正在伦敦狂热地忙于撰写《论物种起源》时,一位名叫皮埃尔·保罗·布罗卡的人参观了法国西部城市昂古莱姆的一个农场,并触发了一场科学风暴,这场风暴的规模将会比达尔文的小一些,但是同样会引发世界观的冲突。他来看望一个名叫鲁科斯的农场主，或者说是来看农场的动物。鲁科斯已经花了一段时间在野兔与家兔的杂交繁育上，并将杂交兔卖给当地的屠夫。让这两种动物交配有点麻烦，雄野兔是一种感性的动物，喜欢长时间的前戏，这让不习惯享受这种待遇的雌家兔有点发懵。后来，农场主找到了一个消除这种浪漫行为差异的窍门，于是，他得到了很好的结果，当地老饕也吃上了满意的肉。

布罗卡听说过那个家伙，于是自己跑过来看个究竟。农场主已经繁殖了六、七代杂交兔，这激起了布罗卡的好奇心，并着手进行科学研究。这种杂交出来的兔子带有家兔的某些特征，又有野兔的某些特征，还有某些完全是它们自己的特征，而且，它们还能自行繁殖。布罗卡就此写了数篇论文，他在论文中强调了一种观点：这显然是新品种，这种新品种的出现意味着科学家不得不承认"物种永恒的古典理论是完全错误的"。在巴黎的生物学协会上，布罗卡提交了他的结论，其结果是当场遭遇了令人尴尬的沉默。达尔文的著作，以及大约同时出现的阿尔弗雷德·拉塞尔·华莱士的著作，都主张经历世世代代的演进之后，地球上诞生了海量的物种，他们的观点引发了对进化论的激烈争论。而在这里，布罗卡不仅呼吁着类似的信念上的革命性改变，而且，他坚持的是一个新物种的诞生，所需的时间不过数月而已。当然，数个世纪以来，农场主们一直在饲养动物，有选择性地培育他们的家畜。但布罗卡正在用一种说明性的科学语言来阐明，居维叶的"物种固定性"这种古典理论不过是一派胡言，而且，谁也不能阻止他坦率地谈论性与性行为。

领导生物学协会的专家们给他施加压力，希望他能改弦易辙，于是布罗卡决定自建协会。他一直和另外几位知识分子在一起研究一种新的科学方法，或者可以说是新的科学应用方法，这种方法将结合各种学科，共同研究人类及人类社会。他们的理念是，像对任何其他动物种类那样冷静地对待人类，并尝试着分别从个体角度、群体角度以及所处的环境中去理解人类。布罗卡自己研究过医学，但他超乎想象的能量与好奇心几乎驱动他同时往各个方向发展，因此，他成了一名外科医生、解剖学家、大脑研究者、癌症探索者、进化论宣传家、化石记录与脊髓损害的学习者、输血技术的先驱以及语言机制的理论家。这一段野兔和家兔的佳话促成了一个新的组织的诞生，这个组织将尽可能将天差地别的多个范畴连接到一起，伴随着这个组织又诞生了一个新的领域，这个新生领域就叫"人类学"，它从多层面研究人类自身。

布罗卡的人类学协会立刻遇到了问题。布罗卡需要有官方的认可才能建立一种科学类的协会，但是，这个被提议的新领域将要像对待动物一样对待人类，这对于那些当权者来说，不啻为令人震惊的侮辱。经过不懈的努力以及在各种官僚部门的多方活动，布罗卡最终为人类学协会的聚会获得了谨慎的批准，条件是在聚会期间，必须有一名警察在场，以确保聚会不具有颠覆性（一名警察在他们神秘的讨论过程中打瞌睡，后来干脆悄无声息地再也不来了）。得到批准后，布罗卡开始组织各种不同主题的集会，并主要根据他自己的个人意愿来协调统一它们。家兔与野兔的罗曼史绝非小事，布罗卡全面而冷静地严肃对待人类的互动，直至交配与繁殖的层面。这一切一直让他的一些科学家同行很反感，但是，和别的科学家——比如说居维叶和佛洛昂——不同，布罗卡是针对现状的有计划、有个性的挑战者,是绝对和秩序的憎恨者,因为他站出来反对宗教和迷信,也因为他开拓了新兴的研究领域,他将成为后来科学家心目中的英雄。

与此同时,他也成了一个非同寻常的开拓者,但这方面很难与英雄联系在一起。因为人类学和人类的不同群体以及它们的差异性如此紧密地联结在一起,这种新兴的学科几乎立刻就成了种族主义的一种制度化的科学原则。当然,这个新协会涵盖的许多研究工作看起来非常像今天人类学课程的内容,比如,1861年的一次会议就是从对"新喀里多尼亚节日面具"的热烈讨论开始的,这种面具因为形状不同寻常,并且与古希腊的面具相似,激起了人们浓郁的兴趣。同一会议上,一位成员还提交了一份有关近亲婚姻的报告,起因是俄亥俄州最近刚刚通过一项新的法令,禁止表亲结婚。随同这份报告的还有一系列让法国人类学家觉得"非常有意思"的数据:在那个州已知的873例表亲婚姻中,共生育了3900名后代,其中2400名被严重的畸形或完全的痴呆所折磨。长期以来,这种结合都受到社会习俗和道德伦理的禁止,人类学协会对这些禁令中可能潜在的基因原因深感兴趣。

在1861年的会议上,该协会还收到了一块新喀里多尼亚部落人的颅骨,一块新赫布里底土著的颅骨,一份对比不同民族颅骨的目录,以及题为《各类人种的头型》的一本法译手稿。作为一个新生领域,焦点落在文化差异的对比上也是自然的,但是,这种比较绝不局限于面具,它承载了更重的分量。在19世纪,有关起源、民族与文化身份的讨论风生水起,人们渴望去相信,或者去了解,自己的种族在某种程度上是更优越的,换句话说,科学被要求来做这种古老的自我形象的肯定。至于在法国,炙手可热的问题是:谁是最初的法兰西人民?他们在什么方面是独一无二的?布罗卡的人类学协会成员们滔滔不绝地讨论古代高卢人以及他们与凯尔特人的关系;讨论尤里乌斯·凯撒的《高卢战记》,从中梳理了语言线索,意在努力举证赋予法兰西本身独特性的原初种族。沿着这种思路,科学家们确定了很多原始种族的不同分类法,其中一种将人类按照肤色分为五种类别:白种人、黄种人、红种人、棕种人和黑种人,另一位专家发现了人类的15个种类。

奇怪的是,一方面,人类学是迄今为止对客观性做出科学承诺的最为清晰的表达,它的实践者们发誓要启用冷静的研究模式,这种模式已经成为在人类及人类共同体深处的科学标记,而且它还充分利用了笛卡尔的方法,勇敢地抛弃了传统,漠视社会的、民族的及社会阶级的公认智慧。但另一方面,当他们一头扎进令人担忧的人种问题时,人类学家又顺理成章地成了种族主义者。

不过,如果我们认为这些人是在故意作弊来对付别的种族,为的是证实白种欧洲人的优越性,那是一种误解。事实上,他们甚至从未想过要提出"到底哪个种族更优越"这个假想问题,然后装模作样地去解决它。他们从来没有想过要证明白种人更优越,原因很简单,他们从一开始就是这样认定的,这个事实太明显了,根本无需证明,而科学的正当使用是弄清楚为何如此。当然,种族主义几乎渗入到19世纪的各种文化之中,在为尤其是人类学领域中的种族主义进行辩护时,应该注意的是,正是这种看法导致了此后近100年对人种优越性的质疑,最终导向全新的种族平等概念。

其实,相对于语言学或历史的依据,19 世纪的科学家们更加倚重身体特征来解答他们的种族为何更为优越的问题。头发颜色、皮肤颜色、牙齿大小和形状、鼻孔宽度、嘴唇厚度、下巴轮廓、胸毛、胸围、阴茎长度、性欲——他们对细节的关注程度是具体而全方位的。

在所有被周密检查的身体部位中,脸部与头部具有当仁不让的重要性。所谓的“面相学”,是由一位名叫卡斯帕·拉瓦特的 18 世纪的瑞士诗人创立的,继而被众多的 19 世纪著名科学家所采纳,其根据就是每个人种的头部和脸部特征与其智力及习性相关的理念。而改良了面相学并赋予它科学合法性的不是别人,正是乔治·居维叶。居维叶在比较解剖学方面所做的某些研究,今天读起来还真叫人望而生畏,在《比较解剖学教程》这本教材里,他测量了各种猿猴与不同种族的人类的面部角度,也就是说从前额到牙齿前部的角度。短尾猴的面部角度是 45 度,从前额到嘴唇有一个陡坡。猴子的角度在 60 度以内。红发猴经测量是 67 度,对居维叶来说,这已经很能说明问题地接近于黑人的 70 度了,但是离欧洲人颅骨的 80 度还很远。居维叶还将黑人与红发猴比较显著的坡度与扁平的前额和缩小的大脑前叶联系起来,他接着推理到,面部角度越陡,意味着智力越贫乏,大脑越容易被“动物”本能所驱使。将面部角度添加到其他比较数据上,一幅完整的画面就出现了:“黑人种族被限制在地球的南部,”居维叶在一个概述中很干脆地写道,“它的肤色是黑的,它的头发是卷的,它的头盖骨是扁平的,它的鼻子是塌的,它突出的鼻口和巨大的嘴唇明显使它与猿猴更接近:包含这类人种的部落总体上还未开化。"

这样的数据与结论部分地成了人类学探究人类动物的出发点。而比较解剖学中另一个重要的标志性内容就是颅容量,有关它的研究在布罗卡创立人类学协会时达到了顶点。在高尔的观点中,相对来说比较容易被科学院没有争议地接受的,就是这个有关颅容量的观点。高尔认为,大脑尺度(从而引申到颅骨尺度)与智力相关,也就是说,拥有一个更大的大脑意味着你可能更聪明。

当面相学逐渐失去法国科学院信任的时候,它转而在其他地方继续发展,在19世纪很长一段时间里,它盛行于英国与美国,尤其是在美国,因为它符合美国的个人主义和个人奋斗观念;高尔的大脑精神功能定位理论意味着某些人天生就比其他人拥有更多的爱、智力或认知的容量,但这一点已经不是秘密,触动大众神经的是,世袭的社会地位似乎并不重要。因此,在19世纪美国的父母、医生和教育者当中,面相学演化成一种自励方案,它的原则是每个人都被赐予了特定的长项和弱项,但通过努力是有可能得到改进的。

与此同时,继高尔在维也纳形成的观点之后,面相学在德国沿着一条并行但又非常不同的社会轨迹演化,逐渐成为文化战争中德国之翼的力量。从政治上来说,19世纪早期的德国由混乱的半封建国家联盟组成。在19世纪40年代,各个社会阶层中都燃起了推翻君主体制、拥抱民主、统一成联邦的运动,如火如荼。事实上,面相学被这场运动的领导人之一古斯塔夫·冯·斯特鲁维的律师作为政治平台的支撑,并帮助发动了1848年的革命。和在美国一样,像斯特鲁维这样的德国人从面相学中引申出了这种观点:将重大的个体差异放在一边,人类的大脑与由此而来的精神在本质上都是一样的,因此,所有人都理应得到同等的地位和待遇。

革命留下了令人困惑的政治状况,在传统主义者眼里,这种状况随着科学和唯物主义的不断渗透而日益恶化。到了 19 世纪中期,德国科学家们公开宣告将无神论奉为信仰。从 1854 年开始,这种状况导致了两位著名的德国科学家——生理学家鲁道夫·瓦格纳与动物学家卡尔·福格特——的擂台赛,他们公开争论来自各方面日益增多的科学数据是否与圣经对生命起源的描述相矛盾。瓦格纳坚定地站在保守派一边,他相信,人们会发现每种科学事实都将与创世故事一致,而且,他还进一步认为,宗教与宗教道德是社会的基础,科学有责任将其研究范围保持在基督教教义允许的界线之内。他警告他的同事们说,科学如果导致一种唯物主义哲学的话,那么它将"被怀疑破坏了社会秩序的道德基础"。瓦格纳从大脑科学中找到了唯物主义的根源,他甚至主张,德国科学家必须区分心灵和大脑,此乃爱国义务。而福格特这位桀骜不驯的唯物主义者对此大为鄙夷,他嘲笑着宣称,大脑显然是思想的器官,他还用特别直观的类比来阐释心灵与大脑的等同:"就像胃是胃液的秘密一样,大脑是思想的秘密,肝脏是胆汁的秘密,肾脏是尿液的秘密。"接着,福格特开始抨击将非物质的灵魂等同于心灵的笛卡尔式观点。他断定,"灵魂的活动只是大脑的功能","独立的灵魂是不存在的。"

瓦格纳认为这种想法是危险的谵语,然而,十分奇怪的是,他的回应方式是将自己职业生涯的最后一段时间都用在研究颅骨体积的理论上,计划通过找出存在于唯物主义原理最基本概念中的致命弱点，给它一个迎头痛击。确实，如果在物质的大脑和看似非物质的思想之间真的存在牢固联系的话，那么大脑的体积肯定是与之有关系的。也就是说，如果大脑就是心灵，那么一个更大的心灵将使一个更大的大脑成为必需。因此，他将要对著名思想家们的大脑与颅骨做迄今为止最为彻底的研究，并将它们与普通人的做比较。

瓦格纳的研究工作以一种十分怪异的方式展开。无巧不成书，正当瓦格纳决定开始检查伟大的大脑时，史上最为杰出的伟大的数学家之一，瓦格纳在哥廷根大学的同事卡尔·弗里德里希·高斯奄奄一息了，这两位平素并无深交，但突然之间，瓦格纳频频出现于高斯的病榻边。高斯死后，他的家人同意为了科学的目的而进行遗体解剖，于是，瓦格纳得到了高斯的大脑。

瓦格纳继续收集其他名人的大脑与颅骨（那段时期，在哥廷根，有一批年迈的思想家相继去世，瓦格纳都设法抢先一步获取了他们的头颅），同时，他也收集了普通人、杀人犯、强奸犯以及精神病人的头颅，并写了一份比较其重量与特征的研究报告。报告中，瓦格纳被迫承认，天才们的大脑表层看起来有更多的沟回，但他相信，他的大脑重量图表实际上证明了大脑的大小是无关紧要的，在 964 个大脑中，高斯的是 1492 克，排在第 125 位，而重量名列前茅的大脑，是一位普通工人和一位痴呆者的。

1861 年 2 月，瓦格纳研究大脑重量的细节报告传到了巴黎，这立刻成为保罗·布罗卡的人类学协会热议的焦点。布罗卡自己是测量颅骨与大脑技术的先驱，而且深信大脑体积与智力之间存在正相关的联系，瓦格纳的论文对他来说毫无说服力,非但如此,布罗卡还发现瓦格纳的观点还能反证他自己的理论。当协会开始讨论这个问题时,瓦格纳对同事们说:"迄今为止,在人类学协会讨论过的问题中,没有一个在趣味性或重要性上能与当前这个问题相媲美。"他接着解释了其中的原因,并进一步阐释道,对他而言,颅内体积不仅关系到唯物主义的争论,而且还关系到建立种族等级制度的意图。"颅骨学的重要性让很多人类学家大为震惊,以至于很多人都忽视了我们这门学科中的其他部分,全力以赴地致力于颅骨的研究当中。"他说道,"这种偏好无疑是正当的,但前提是不能只关注其中的解剖学意义,而忽略了那些与不同人种的智力价值有关的数据。"

从 1861 年 3 月开始,连续数月,布罗卡都将瓦格纳和他自己收集的证据摆在同事们的面前。首先,布罗卡肯定了瓦格纳所做的前无古人的研究工作,以及这些工作的意义。但是,他也认为瓦格纳的结论完全不可信,这是因为他犯了一个方法论上的错误:"瓦格纳先生将毫不相干的观察结果杂乱地拼凑在一起,"布罗卡指出,"他罗列了两性以及各年龄段的人们的大脑,这些人当中有蠢货,有癫痫病患者及精神病患者,有脑积水患者,有中风的人,有发疯或没疯的残疾人,我很吃惊,他把这么多形形色色的要素都混杂在一起了。"

众所周知,女人的大脑总的来说比男人的要小,当然,儿童的比成人的更小。而布罗卡列举的许多病症也会导致大脑变大或者变小,因而,布罗卡提出对瓦格纳的数据进行重新考察,只分析那些他认为是健康的成年男性的大脑,这样,考察目标的数量就从 964 例滑落到 347 例。继瓦格纳之后,布罗卡通过梳理历史记录补充了一些数据,其中某些数据他认为也是相对而言的。有一份有关帕斯卡尔生平的记叙中提到,这位哲学家死后做了一次尸体解剖,解剖医生们观察到他的"脑容量很大"。据布罗卡声称,一份对奥利弗·克伦威尔的验尸报告中写道:"这位护国者的大脑的重量不少于6.25磅",对此布罗卡很不以为然,因为这个分量比任何已知的大脑都大出很多,未免太荒谬了。不过他也指出,在英国的旧制度量中,1磅有12盎司,因而在这个基础上重新计算,得出的结果对于布罗卡来说虽然也是很惊人,但就这位发动了英国内战的大人物来说,还是可信的。现在来看看另一个领域里的天才,布罗卡告诉他的同事们,拜伦勋爵的大脑重1807克:比成年男性的平均值重400克。

那么,法国的天才们又是怎样的呢? 布罗卡肯定地说,他们手头就不乏有力的证据,那就是居维叶自己的遗骸,他声称:"所有协助居维叶尸体解剖的杰出解剖学家们,都说他们从未见过覆盖着如此复杂且深刻沟回的大脑。"那些科学家们愉快地切下了居维叶的大脑并称了重量,布罗卡报出喜讯:1830克! 稳居榜首。总之,布罗卡通过对瓦格纳所制表格进行分析,并加以补充和修正之后,最终得出大脑尺寸与智力之间有密切联系的令人信服的证据。布罗卡简洁地下了结论:"一般来说,男人的大脑比女人的大,卓越者比平庸者大,优等种族比劣等种族大。其他条件相等的情况下,在智力发展与脑容量之间存在着不同寻常的关系。"

居维叶自己或许会对此百感交集。一方面,自己死后被用于严格的科学研究无疑会令他很欣慰,但另一方面,他是不会赞同布罗卡的唯物主义观点的,更别提被用于证明这种观点了。

　　而且,在布罗卡那些令人尊敬的人类学协会同事中,也有一个人并不买他的账。路易·皮埃尔·格拉蒂奥莱是与布罗卡齐名的科学家与解剖学家,他是第一个认识到大脑的左右两边分别指挥身体对侧的运动的人,他还确定了大脑的四叶,并为它们命名(枕叶、顶叶、颞叶及额叶)。碰巧,格拉蒂奥莱与布罗卡来自于同一个小镇(今天在法国圣佛瓦·拉格朗镇还有布罗卡广场和格拉蒂奥莱大街),因而这两个人彼此已经认识很久了,但是,格拉蒂奥莱一直过得很不顺利。他从小就被寄予厚望,希望有朝一日能出人头地,但是他的家庭一直很穷,尽管他受到良好的教育,也做出了一些成就,却始终未能挤进上流社会,因而他一生都在贫穷中度过。布罗卡充满激情且目空一切,格拉蒂奥莱则沉默寡言但不屈不挠;布罗卡夺人眼球,格拉蒂奥莱则因为一副受气包的样子而默默无闻。

　　但是,格拉蒂奥莱对大脑的了解并不比那些活跃的人物少(前面所提的细节已经很说明问题了,更不用说他还有鸿篇巨制《人与灵长目动物的脑褶》),而且,当他钻研瓦格纳的著作时,发现布罗卡对它的校正并不能使他信服,也就是说,他没能从中得出大脑重量或颅骨尺寸与智力之间的联系。瓦格纳也许是有错,他可能故意在他的表格中将不相干的大脑类型摆在一起从而捏造结果,但是在格拉蒂奥莱看来,布罗卡也可能在摆布他的数据,使之适应他自己的理论。由于布罗卡把如此之多的关注重点放在居维叶的大脑上,引得格拉蒂奥莱为了找到它而跑到博物馆,结果他发现居维叶的大脑并没有被保存下来,而且他的颅骨也不见了。

　　带着这些发现以及更多的信息,格拉蒂奥莱参加了6月

6日召开的会议,他谨慎地引领同事们重温瓦格纳的数据。高斯可能是那个时代最伟大的天才,但据格拉蒂奥莱的总结,数据很明白地告诉我们:"这个大脑并非巨大,其重量也并不惊人。"他从瓦格纳来自于哥廷根的大脑中举了一个例子:矿物学家约翰·豪斯曼,他的大脑重量在瓦格纳的表格中排名并不靠前,布罗卡将这个人列入了智力较低的群体,这看起来无论是对这些数据来说,还是对于豪斯曼来说,都是不公平的。对他的工作有所了解的德国人都知道豪斯曼是皎然出众的科学家,而且他的法国同事们也是这样认为的。"因而,不用猜测,人们就能肯定这绝不是颗平庸的大脑,"格拉蒂奥莱观察道,"然而,我得重复:他的大脑很小。"

现在,开始进入关键点了:格拉蒂奥莱开始就居维叶的大脑体积挑战布罗卡,"如果允许我从字面上理解[布罗卡的]表述的话,那么居维叶的大脑重量即使不是大到畸形,也基本上可以说是超乎自然了"。然而,并没有别的方式证实或否证这个1830克的数据。不过格拉蒂奥莱另辟蹊径,想出了新的一招。他想到,称大脑重量可不是件随随便便可以做的事,但是测量头围却不然,而且测量头围非制帽匠莫属。于是,他就在居维叶生前好友里面打听,嘿,还真给他找到了,一位叫卢梭的医生拥有一顶科学院前常任秘书居维叶的帽子。格拉蒂奥莱将这顶帽子带到了巴黎最有名的制帽匠那里,老法师告诉他,这顶帽子按尺寸来讲是已经很大了,但绝不至于大到过分的程度。但格拉蒂奥莱还有更多的话要说,他告诉他的同事们,"居维叶头发特别多",而且十分浓密,因此实际上这顶帽子的尺寸要比那个头颅的尺寸更大,他这样结束他的观点:"我刚才给出的测量数据已经很明确了，如果说居维叶的颅骨尺寸相当可观的话，那么这种尺寸并非大到异常，而且独一无二。"

不过，格拉蒂奥莱试图推翻颅骨容量理论的宣讲又揭开了新的篇章。根据颅骨容量理论的逻辑，伟大的智力意味着巨大的大脑与颅骨，至高无上的智力必定有巨型的大脑与颅骨来匹配。高斯，一个有着巨大精神成就的人，却只有平均尺寸的大脑。很不错，这是一个绝佳的反证例子。那么，还能找到另一个类似的，甚或更大声望的天才人物的大脑或颅骨吗？格拉蒂奥莱对博物馆的收藏很了解，他可以准确地出示所需的物件。如果那些支持颅容量理论的人因高斯的例子而受挫，而因居维叶的例子多少有点宽慰的话，那么他们会对勒内·笛卡尔的颅骨说些什么呢？很久以来，笛卡尔就不仅被视为现代之父，而且还被视为法兰西民族的知识之父。从他的心里——当然，布罗卡及其拥趸们会坚持说是从他的大脑里——给了我们一个框架，让我们能够面对诸如心脏的跳动、彩虹的颜色、夕阳的落山、还有心灵的本质这些谜团，这些让人们苦苦追寻了两个世纪答案的谜团。然而，很显然，在过去的190年里经手过它的人都明白，笛卡尔的颅骨小巧而精致。写在它上方的拉丁文诗句说得很清楚：小小的颅骨（Pavula calvaria）。

"在博物馆里，有一块颅骨可以认为是属于笛卡尔的，"格拉蒂奥莱开始说道，"这块颅骨，曾经被瑞典的一群笛卡尔主义者虔诚地保存着，上面刻着的铭文显示了它的来源，可惜后来几经转手，落入了一些不识货的人手里，以至于在某一天，在一个公开拍卖中，以一个羞辱的价格被卖出。幸运的是，这件珍贵的圣物被协助拍卖的贝采里乌斯买下，他立刻将它还给了法国。"格拉蒂奥莱在讲述这块颅骨的流浪经历时犯了一些细节上的错误,但他的主要观点是,现在博物馆拥有这块颅骨。他说,这块颅骨和笛卡尔的画像做过对比,而且上面的铭文也被检测过,科学院自己做了这项探究工作,终于确信了它的真实性。格拉蒂奥莱说道,"但是,如果天才非得依赖于大脑容量的话,这块颅骨非但没有大到惊人,相反,它还非常小。"而且,格拉蒂奥莱还别有发现。他指出,这块颅骨,"有着令人敬重的形状,"事实上,他接着说,"这是我们所能见到的最优美的高加索颅骨之一,我的结论是,是形状,而非容量,赋予了大脑以尊严。"

格拉蒂奥莱用控方律师的戏剧性夸张结束了发言,他相信自己刚刚的一番话已经彻底驳倒了对方。但是话音刚落就招来了反对的声音,它来自于解剖学家恩涅斯特·奥伯廷,也是布罗卡的同伙之一,不过他的观点或多或少有一种"也是/也不是"的模棱两可:

如果我理解得正确的话,格拉蒂奥莱先生……说的是无论考虑个人或是种族,大脑的容量与重量几乎都不重要,而且在智力发展与大脑体积之间也没有任何联系。在我看来,这种观点是错误的。我无意假称智力完全依赖于大脑容量,但是起码在很大程度上依赖于它。至于我们的同事援引的笛卡尔的例子,我们可以举出很多其他例子来对质,难道人们就没有很多次注意到,天才人物都有巨大的大脑吗?

有关"大脑的大小"的讨论进行了好几个月,几乎成了人类学协会的唯一话题。在讨论中,笛卡尔的颅骨成为试金石,成员们不断地提及它。可以说,这颗心灵勾勒了现代心灵的风景,如果大脑等于心灵,那么简单地来说,这么伟大的心灵不可能会装进这么小的容器。在格拉蒂奥莱挥舞了笛卡尔颅骨一个月之后,布罗卡开始介入了:

> 我们的同事,格拉蒂奥莱先生,很了解这些知名大脑的历史,但他还是认为在大脑重量与智力发展之间并无关联,他告诉我们,这是因为有一些天才人物拥有的是并不起眼的大脑。为了证明他的论断,他首先为我们引用了笛卡尔颅骨的例子,接着又援引了瓦格纳先生对某些杰出人物大脑的研究……笛卡尔的颅骨无疑是受人尊敬的圣物,但如果它的真实性更可靠一点的话,它就更受人尊敬了。……最后,我们不要忘了,这项对颅骨的研究即使十分完整,但它也只是为我们提供了有关大脑容量、尤其是重量的一种笼统的观点。笛卡尔的大脑未被检验过,它的真正价值永远是个谜。因此,这个例子是没有价值的。

布罗卡表示,没有大脑的颅骨是不能说明任何问题的,实际上就是一个空壳。但是随着讨论的继续展开,布罗卡和他的助手们似乎深陷于笛卡尔的例子之中。4月4日,另一位成员佩雷尔先生向格拉蒂奥莱发起了攻击,这说明,在笛卡尔的颅骨问题上,心灵等于大脑派的阵营也下了不少功夫。佩雷尔说:

　　格拉蒂奥莱先生引用了笛卡尔的例子,但是,他并不能确定,这个普通尺寸的颅骨就是属于笛卡尔,那位《方法谈》的作者。有关杰出人物的遗骨,疑点向来很多。我就知道有两颗炮弹都号称击中了英雄图尔纳,这两颗炮弹现在都被虔诚地保存着,一颗在萨斯巴赫,另一颗在巴黎荣军院。所有去瑞士旅游过的人都知道,很难判断到底是哪一颗炮弹击中的。

　　然后,佩雷尔给他的同事们上了一堂历史课,期间他回顾了"笛卡尔濒死之际,斯德哥尔摩宫廷中的情形",他讲述了克里斯蒂娜原本是打算将他与其伟大的先祖们葬在一起的,由此推测,在这种隆重的皇室关注中,"人们不能想象这位著名哲学家的遗骸怎么可能失去了它最为高贵的那一部分。"他接着说,因此,这颗头颅必定是"在笛卡尔遗骨转送至巴黎期间,在那段长达 8 个月的艰难旅途中"被移走了。

　　为了进一步证明自己的观点,佩雷尔接着将这块颅骨与弗兰斯·霍斯所作的画像做了比较,这幅画被公认为笛卡尔最真实的画像。在此,佩雷尔说,人们能够清楚地看到"一个很大的头颅,有着大而发达的前额"。佩雷尔接着宣读了 17 世纪笛卡尔传记作家阿德林·巴耶对笛卡尔身体的描述,他谈到"相对于身躯来说有点大的头"和"宽大的前额"。这两项历史记录可以相互印证,而这块颅骨却跟它们对不上号。更重要的是,这些历史记录,包括绘画和语言描述,都印证了这间屋子里这些有学问的人物的信念,那就是,"这些具有伟大心灵或人格的人",总是伴随着高度发展的大脑,以及因此而有的非凡的大脑尺寸与重量。接着,佩雷尔就格拉蒂奥莱对居维叶的挖苦,当面反击说:"那些不同寻常的人物,他们的发型,还有他们的盔帽,当然也是一样的非同寻常。"

在1861年4月18日的会议上,不屈不挠的格拉蒂奥莱回来了,他用一种既坚定又温和的语气,开始向他的同事们陈述:前不久,他得出了一个结论,那就是,智力并不是必然与大脑的尺寸成正比,"然而,当我不久前在会上表达这种观点时,未能很好地被各位所接受,"他说道,"它受到了立场鲜明的反击,技艺十分高超,但是我感到有必要在此感谢那些反对我的人,和这些仁慈的对手相反,宣称我自己已被说服,无损我毫厘,但遗憾的是,我并没有被说服。我仍坚持我最初的观点,而且,依然相信它是对的,我将努力为它辩护并证实它。"

接着,他耐心地列数了他在那个理论中找到的所有主要漏洞,然后,他又回到了笛卡尔颅骨上面。他指出,佩雷尔误读了巴耶,巴耶的确写到笛卡尔的头颅"相对于身躯来说有点大",但是,他还写到过笛卡尔的身体"比普通人的要小一些",其结果很可能就是一块小颅骨。至于霍斯的画像,它的确是一幅极好的画像,但是,除了表明画中人相对他的身躯有一个比较大的头颅之外,没有任何其他头颅可做参照物。格拉蒂奥莱还就这块颅骨做了补充,这戳到了他的对手就智力展开讨论的痛处,"如果这不是笛卡尔的脑袋,那么它可能就是他那蠢货兄弟的脑袋。"

❧ ❧ ❧

就在格拉蒂奥莱在人类学协会向颅骨容量理论开火的同一周里,南卡罗来纳海岸的美国炮兵连也朝着他们自己的基地之一萨姆特要塞开火了,乍一看,这两件事没有一点联系,但实际上也并非完全是巧合。回溯到殖民时期,奴隶制、种族以及种族间天生的差异等等观点,形成了美国社会的内核;就在这同一时期,种族平等的现代主义观点也在酝酿之中。萨姆特要塞的炮火标志着美国内战的开始,也意味着这种张力已经达到了峰值。如果说种族主义是美国社会经纬的一部分,那么,在种族主义发展过程中,它也织入了欧洲的知识生活和由此发展的科学项目。但是,现代性似乎也有可能带领人类走出这些黑暗的角落,回到 17 世纪,一些"激进的启蒙主义者"早已将对理性的坚持和社会的平等联系在了一起。

先说明一下,据当今的主流科学总结,不仅在种族与智力之间没有可信的关联,在大脑尺寸与智力之间也没有,而且,这种种族观念几乎没有基因上的基础。从进化的时间表上看,人类的分布以及归类都是新近发生的事,可以说种族的差异只限于那一层皮肤,至于肉眼觉察不到的差异,比如智力能力,则涉及到基因总数的巨大平均数,而且需要更长的时间周期才能得出结论。2000 年,基因学家 J. 克雷格·文特尔博士这样对《纽约时报》说,"种族是一个社会概念,而不是一个科学概念。"他的赛莱拉基因数据公司已经成为人类基因组计划的私人竞争者。

尽管如此,那些隐藏在颅容量、面额角度以及其他各种刻画种族差异后面的冲动依然和我们形影相伴。1994 年出版的哈佛大学教授理查德·赫恩斯坦的畅销书《钟形曲线》,在透视智力与经济地位关联度的过程中,深入挖掘了智力与种族之间可能存在的联系,这本书的成功也表明了这种观点大有市场。加拿大心理学家 J.菲利普·拉什顿曾经推出了一个种族智力理论的新版本,在他自己的网站上,他是这样描述的:"在世界文献的最新研究与评论中,我不断发现,东亚人及其后代,相比欧洲人及其后代来说,有着大于平均值的大脑尺寸,更高的智力,更强的性节制能力,更迟缓的老化率,有更持久而稳定的法律及社会组织,而欧洲人及其后代在这些方面的得分又比非洲人及其后代要高一些。"

拉什顿的理论并不在科学的主流之中,但詹姆士·沃森则不同,他因为与他人共同发现了 DNA 的结构而在 1962年获得过诺贝尔奖。2007 年,沃森肯定了在种族与智力之间存在着清楚的关系,他认为,社会只是出于担心政治不正确而拒绝承认。沃森说他对"非洲的前景忧心忡忡",因为"我们所有的社会政策都建立在将他们的智力水平等同于我们这个基础之上,但所有的检验都表明事实并非如此"。他还写道,"目前还没有充足的证据可以证实,不同地域人群的智力发育是同样进化的。我们都希望保持同等的理性能力,以此作为我们人类共同的遗产,但这只是个愿望,不足以将它变成现实。"

面对 79 岁的沃森的这种观点,其他科学家的回应是抱着谴责或者嘲笑的态度,就像一位科学家所说的那样:"这在科学上就说不通,更不要说在社会或政治上了。"在 2007 年的《什么是智力》一书中,社会学家詹姆士·弗林对智力测试进行了分析,并从测试成绩上总结了种族与民族的差异:例如,非洲人得分比西欧人低,但这与一个社会对抽象原则的熟悉度有关,换言之,这些考试并不一定能测出纯粹的智力,它测的是现代智力,是那种希望我们能够对产品标签和政治宣称进行分析评论的能力，只有拥有这种能力，才能得分。在一个世纪的进程中，各种将种族与智力联系起来的方法论经常要经受测试，并被发现有这样那样的缺陷，这个进程可以说是始于格拉蒂奥莱对布罗卡的挑战，而笛卡尔的颅骨在暴露伪科学的真相方面助了我们一臂之力。

布罗卡与格拉蒂奥莱之间的短兵相接在不确定中结束了，双方都认为自己是正确的。但是，在这个争论的过程中，确切地说，就在格拉蒂奥莱回应佩雷尔的那次会议上，布罗卡将某些新的东西摆到了桌面上。大约一周前，他在医院里见到了一位很值得注意的病人，这位病人不久之后就去世了，这件事让布罗卡的注意力暂时偏离了大脑这个主题。这位51岁的男人在过去的21年里都不能说话，结果证明是感染梅毒的后果。布罗卡立刻全身心地投入到这个案例之中，因为语言是人类精神功能的基本部分，他很肯定这种功能的彻底丧失必定会在大脑里留下印记。他做了尸体解剖，切下了大脑，并且在一个被称为亚前脑回的左额叶褶子中确定了一个受损的机体，他很快就得出结论，这个区域控制语言。

后来的研究结果证明他基本上正确。对"谭"（Tan是这位病人所能发出的唯一的音节，布罗卡就用它来作为这位病人的假名）的研究实例成了科学史上的试金石。布罗卡确定的这个大脑区域，也就是现在我们所知道的布罗卡区，是研究神经科学和语言失调的焦点所在。

当我们回头去看时，比如说在19世纪，可能更容易领会那些具有破坏性的但却有效的解决问题的方法，因为好的科学和坏的科学总是同时发生。高尔从理论上将大脑的功能进行了定位，但是他同时又承诺，可以通过解读你头上的凹凸来预测你的运气。居维叶为现代生物学奠定了基础,但他同时又参与了证实黑人是大猩猩表亲的荒谬的研究。对于布罗卡的名声来说,幸运的是,发现语言的大脑专区为他带来了荣耀,而不是大脑尺寸与智力的关联,除此之外,布罗卡区的发现是大脑功能定位的第一条清晰的证据。就凭这一项,高尔就能部分地见证了科学的进步,也为唯物主义者赢了一分,当然,这一分是在一个游戏规则不断受到挑战的游戏中赢得的。

1880 年布罗卡死后,轮到他的遗体被同僚们做解剖了,一位体贴细腻的同事有个主意,要将他的名字 P. BROCA 刻在颅骨的亚前脑回区:布罗卡区。然后他的大脑也成了他自己那些收藏品中的一员,最终,这批收藏品与法国人类学博物馆的骨骸收藏品合并,在那里,布罗卡的大脑与笛卡尔的颅骨会合了。

第 6 章

遗忘之躯

如果你让一位生活在 20 世纪早期的人,无论他是住在克里夫兰,或伦敦,或斯图加特,指出一个世界上最现代化的城市,那么,答案多半是巴黎。这种判断,部分是出于对巴黎人的举止或感性的认识:那里有咖啡社团,有对讨论和辩论、艺术和文学、美食和美酒的热衷,当然,还有在性意识上开放而心照不宣的态度。但是,优雅举止的前提是基础建设的发达,在巴黎,钢筋、水泥和电流已经投入了使用,这几乎比任何其他地方都先进,它为现代生活打下了一个基础,这种生活比以往各个时代的人们所能想象的更悠长,更健康,更舒适,更昂贵,也更令人回味。1900 年在巴黎召开的奥林匹克运动会向更广阔的世界打开了一扇窗户,让全世界看到什么叫做城市。在这里,参观者们会发现遥远的过去和美好的未来并存于这个城市,200 年前奥斯曼男爵铺设的通衢大道给了这个城市一种开阔的现代感,巴黎有地铁,有路灯,有电梯,还有污水处理系统,这个系统是如此的现代而有效,以至于人们都在其中乘船观光。

这个城市现代性的标志可以在每个主要的交叉路口找到:一个大大的时钟,高悬于铸造华丽的铁柱之上,因为上方有电灯照着,即使在晚上也能看得出那钟面上的罗马数字。准时性之于 19 世纪晚期和 20 世纪早期,如同标准化测量单位之于 18 世纪晚期和 19 世纪早期,或者电脑之于 20 世纪晚期,它使人们彼此步伐一致,生活因此被规范,并且变得更有秩序。这些时钟被视为现代奇迹,因为人们知道,如果圣许毕斯教堂广场的那口时钟刚好显示正午 12 点的话,那么那些在特罗卡德多宫、旺多姆广场以及西岱岛的时钟都会显示完全同样的时间。这种奇迹后面的原理就是空气,一口中央时钟和一台压缩了数百离散电荷的机器相连,当时钟转到下一分钟时,迸发的空气通过数英里长的管子向相连的时钟打气,在压力的推动下那些时钟也转到下一分钟。

1910 年 1 月 21 日,上午 11 点不到,巴黎的时钟停了。暴雨已经连续下了数周,夜里,塞纳河溃堤,洪水淹没了街道和地下室,中央钟房也被淹没了。大约同一时间,所有时钟都停了,路灯熄灭了,地铁车厢突然停运,而雨还在下。在东部贫穷地区,居民区变成了一片汪洋,水压导致数百栋建筑物轰然倒塌,一条条街道因不堪重负而塌陷。在萨拉扎尔火车站外面,雨水涨满了地下火车隧道,街道被突然掀起,喷薄而出的水流冲向行人。据统计,共有 100 万人被迫逃离家园,医院也撤离了,巴黎高等法院及警察官邸也被淹没,官方的抗洪救灾行动也因此受阻。洪水涌入卢浮宫的地下室,管理人员在一片混乱中抢救艺术品。

为了让生活重新走上正轨,这个城市奋斗了 2 年多的时间,顶级水平的蒸汽泵被安装在一些重要的位置上,排水系统也铺设完毕,以备未来洪水泛滥,可供泄洪之用。但是,1912 年 1 月,当这座城市还没有完全从上一次的灾难中回过神来之时,更猛烈的暴雨再次呼啸而来,洪水撕裂了排水系统,这座城市再一次浸在水里。如果真的就像笛卡尔曾经说过的那样,现代化的力量必然会征服自然,那么 1910 到 1912 年间的洪水就是自然义无反顾的回击,看起来,连现代化本身也摇摇欲坠了。

1910 年洪水期间，在塞纳河南岸，洪水吞没了奥斯特里茨码头，横扫了布丰大街，并且淹没了自然历史博物馆的人类学展馆，馆内的积水有 1.5 米高。洪水冲进博物馆，冲向乔治·居维叶、保罗·布罗卡、约瑟夫·高尔等人的那些头像艺术品，来势汹汹地卷走了颅骨、股骨和肋骨。和很多其他机构一样，这座博物馆需要很长一段时间来恢复元气。到 1912 年秋，它的展馆与储藏间仍然在修复之中，很多工艺收藏品都堆积在一起。

与此同时，在别的地方，太阳照常升起。9 月 23 日，对于法国科学院来说是一个平常的日子，这一天，成员们收到了一份有关非洲中部的坦噶尼喀湖淡水虾的报告，一部古生物学著作，还有一份天文设备说明书，这种设备用于协助确定星体的方位。也许人们会以为，这一天最值得注意的是收到了一份分析前两年降雨及水流的印刷品，其实，真正引起人们注意的，不仅仅在科学院内部，而且在新闻界甚至整座城市都引起注意的，是一本最近在瑞典出版的鲜为人知的书，这一天，法国科学院正式收到一份《贝采里乌斯与C.-L.贝托莱通信集(1810—1822)》。细细展读这两位化学家在一个世纪之前的通信，一位成员的目光突然停在了一封信上，在这封信里，贝采里乌斯写到他最近发现了勒内·笛卡尔的颅骨，并将它送给了法国科学院。

"巨大的混乱，科学院漫长的 9 月 23 日！"自然历史博物馆人类学助理宙内·韦尔诺起草的一份报告这样开头。在这份报告中，他描述了这条神秘的信息传开后，随之而来的混乱。显然，随着时间的流逝，居维叶向他的科学家同事们展示过这块颅骨的事实已经从该机构的记忆中逐渐淡出了。成员们想知道,伟大的笛卡尔的颅骨是不是真的交给了科学院? 如果一切属实,它现在又在哪里?

命令迅速下达,科学院下属各机构进行了数日的忙乱搜寻,结果,从自然历史博物馆传来了肯定的消息。有记录显示,是居维叶自己将这块颅骨交给了博物馆保管,但是,伴随着这条消息的却是令人尴尬的承认:博物馆目前无法确定这件东西在哪里。

这样,这件事情就变成了一个新闻故事,记者们采访了这座博物馆,并且看到了自洪水以来一直尚未做标记的、无人看管的一堆堆骨骸。他们分析前因后果之后,写下了故事,推测这件国宝级的法兰西民族知识之父的颅骨,已经被无情的塞纳河水冲走了。更糟的是,博物馆之前甚至还不知道这件东西已经不见了。"该信息肯定会激发人们的情绪",《政治和文学评论日报》如此评说。《法兰西报》则信口开河地说道:

> 人们都知道这位伟大的哲学家在 1650 年死于斯德哥尔摩,然后运回巴黎落葬。但一般人不知道的是,这具遗体的头颅不见了。看来是一位瑞典官员,不知出于什么目的,保存了这颗头颅。这颗上面有着恰当标记的头颅后来传到了这位官员后代的手里,最后捐给了瑞典科学院,瑞典科学院又转赠给了法国科学院。但是,今天,人们能找到这块圣物吗? 人们相信它是存放在这个博物馆里的,然而在这方面并没有确切的信息。

　　韦尔诺感受到来自舆论的压力。"每种假设都是允许的,但是很多政论家们匆匆草就耸人听闻的文章,妄下最为荒诞不经的判断。"他后来如此抱怨道。博物馆的员工对馆藏物品进行了彻底的搜查,韦尔诺收集了有关这块颅骨的档案资料,其中包括德朗布尔的报告,其余是关于1821年事件的文献资料。这样,他和他的员工们就掌握了大量的信息,有助于他们从数百块颅骨中找出那一块。最后,这块看上去和旧资料的描述相符的颅骨被找到了,它没有下颌骨,覆盖着褪色的铭文,显然,它混杂于其他古老的人类遗骨中,其中就有高尔收藏品中的一些东西。

　　有这样的一件东西,它是笛卡尔的颅骨,现在它正被某家法国机构保存着:有关这件事的新闻首次爆出后不到一个星期,这件东西就被送到了博物馆馆长埃德蒙·佩里耶的桌子上。同一天,佩里耶博士将它送到了科学院。因此,科学院成员在9月30日的例会上就能亲眼看到它了。"自1821年以来,这是它首次脱离我们国家的收藏,"韦尔诺后来这样说到,面对处理不当的指控,他伶牙俐齿地为自己开脱,"不过,2个小时后,它就归位了。"

　　因此,就在居维叶在齐聚的科学机构面前戏剧性地揭开这块颅骨面纱的91年后,在同一间屋子里,佩里耶博士再一次将它呈献出来,"带着对这块珍贵遗骨的无上崇敬。"与此同时,他向科学家们简要地讲述了这件东西的历史,看来,它确实被公开展示过几年,但是不久后"我们停止了公开展出",因为后来他们认为在其家族成员依然在世的情况下展出其头颅不合适。接着佩里耶避而不谈这块颅骨的短暂迷失以及重新在一堆骨骸中被发现的事实,而是抱怨自洪水以来，没有适当地储藏展品的空间。

但是，这块颅骨在科学院的再次现身，不可能像第一次那样在平静中被接受，事实上，随着这块颅骨成了咖啡馆与会客室的每日主题，它激起了一轮全新的辩论，几乎席卷全城的辩论。"他们议论着它……在巴黎，在外省，在地球的两极，在南北两个半球，再没有另一个全天候讨论的主题。"一个月后，卡巴讷医生在从不追逐热点的《巴黎医学报》上写道："这种喧哗，这种骚动……是针对一块颅骨吗？但它并不是普通的颅骨，它曾属于史上最杰出的哲学家……它，竟然是《方法谈》的作者笛卡尔的颅骨！"

问题又回到真实性上了，专家们对他们的前辈在上一个世纪的方法和结论表示怀疑，而普通的巴黎人在这件事情上表现得也很严肃。如果这的确是勒内·笛卡尔的颅骨，那么，用《时报》的话来说，它就应该享受如同一件"珍贵文物"一般的礼遇。但是，谁又能为它打包票呢，就像眼界颇高的《实用骨科》杂志所质疑的那样，"在这个随时间流逝而变黑的头颅里，到底是装过最高贵的思想，还是装过某位啤酒商微不足道的大脑呢？"这就需要求助于专家团队了，他们需要具备从历史到法医方面的才能。

这个以保罗·里切尔为代表的团队成立了。他是一位医学博士，曾经在著名的让-马丁·沙可手下工作，并协助他完成了有关歇斯底里症的理论。他不仅是一位解剖学家及医学院成员，也是技艺高超的雕刻家及画家，而且他还是一位艺术史学家，尤其擅长判断文艺复兴时期艺术品中的人物形象在解剖学上的正确与否：比如在米开朗基罗《最后审判》中，那些强壮的画中人皮肤下面起伏的肌肉形态；又比如拉斐尔柔软而丰满的圣母玛利亚形象,等等。不同寻常的是,里切尔目前是巴黎美术学院的常驻艺术家,这所艺术学院的前身就是塞纳河边的那座前修道院,一个多世纪以前,亚历山大·勒努瓦就将他的法国文化纪念物博物馆设置在那里。

担任科学院常任秘书的数学家让·加斯东·达布请里切尔帮忙解决一个很特别的问题。里切尔能够流利地运用两种语言:艺术与科学,所以,在这两个领域里,他都是可靠的。里切尔选择先从假定这块颅骨是真的入手,果真如此的话,人们不就可以期待它的特征与笛卡尔的真实形象——比如一幅由大师在笛卡尔生前所做的画像——相吻合了吗?众所周知,有一幅由史上最伟大的肖像画家,荷兰人弗兰斯·霍斯所画的笛卡尔肖像画,这被认为是笛卡尔的标准像,画中是一个陷入沉思的人,相当时尚,他属于全世界,几乎就是哲学家的形象代言人,这幅画正悬挂在卢浮宫,是的,它到现在还挂在那里。这就是那幅里切尔所说的"最精确的笛卡尔画像",而且,"……画中的头颅呈现了多个非常准确的骨骼参考点,这在这位荷兰大师的作品中特别明显。"

里切尔开始了他的工作,他首先雇了一位从未见过这块颅骨的技工,让他将霍斯所画的笛卡尔画像中的肌肉去除,这种做法是,从一张由这幅画像拍下来的非常清晰的大幅面照片入手,还会用到投影描绘器,一种用镜片将形象投放到一张画布或纸张上的仪器,由此,这位技工创作了他相信是霍斯画像中这个人物最为精确的颅骨素描,包括每个凹凸,颧骨高度,前额宽度,以及下巴位置。与此同时,里切尔自己则根据笛卡尔的这块颅骨创作了一幅素描,严格遵从卢浮宫的那幅画像里的角度,稍微朝右看向艺术家,并完全和画像同样大小。

在不同寻常的戏剧性气氛中,在科学院成员及媒体的眼皮底下,里切尔将这两幅素描放在了一起,并将它们重叠。他逐条将细节依次讲述下来,基本上都吻合了:"后倾的前额,从突出的眶弓到同样突出的眉弓之间的距离……脸颊的宽度……突出的鼻梁骨,尽管顶端有点破裂,但看得出是个很挺的鼻子……最后,短促的人中距离也和有点单薄的上唇相符合。"为了加强对比的效果,里切尔还随意挑选了几个颅骨,从同样的角度给它们画了素描,观众们可以看到,这些素描和前两幅就很难对得上,事实上还表现出"明显的不一致"。里切尔还兴致勃勃地总结道,"保存在博物馆的这块颅骨表现出和弗兰斯·霍斯画像绝对的一致性。"

至此,过去几个月里发生的几件互不相干的事情完全弥合了。伴随着这个城市的新忧旧患,这件奇异而标志性的物件失而复得的新闻贯穿了整个冬天。科学院内部的氛围由于里切尔的论证而变得极为高昂,而论证本身又是如此优雅、令人信服、确定无疑,以至于这件事的结果变成了一个迅速传遍世界各地的新闻故事,"素描

SKETCH IDENTIFIES SKULL OF DESCARTES

Drawing Made from Franz Hals's Portrait Removes Doubt of Relic's Authenticity.

CURIOUS HISTORY OF SKULL

Kept by a Swedish Officer, It Changed Hands Nine Times Before Reaching a Paris Museum.

Special Cable to THE NEW YORK TIMES.

PARIS, Jan. 25.—Whether a skull can be identified from a portrait is the interesting question raised by what is regarded as the final solution of the mystery of Descartes's skull. Prof. Paul Richer of the Academy of Fine Arts, to whom was intrusted the task of inquiring whether the skull in the possession of the Museum of Natural History was really that of Descartes, has compared it with Franz Hals's portrait of the great philosopher and now gives an affirmative answer.

里切尔对笛卡尔头骨的分析上了《纽约时报》头版,1913年1月26日

鉴定笛卡尔颅骨"登上了《纽约时报》的头版;《费加罗报》高声宣布"笛卡尔的颅骨是真的",这份法国报纸接着还宣称,"从科学逻辑的观点来看,睿智的解剖学家所沿用的方法是一个奇迹",而且"这个结果是结论性的:这座博物馆所拥有的确是笛卡尔的颅骨,呈现在科学院面前的这些文件和绘图没有给怀疑留下任何空间"。对于保罗·里切尔,这篇文章还继续说道,这"不仅仅是一个很科学的方法的个人成功",这也是一种方法的长足发展,这种方法可用于未来一切人类学上的复制。

《纽约时报》在指出"大家普遍认为里切尔教授的调查结果一劳永逸地解决了一个历史遗留的重大难题"之后,还说,"现在,是时候开始让这块颅骨与笛卡尔的遗骸会合了,那些遗骸目前还安息于圣日尔曼-德佩教堂……"然而,《费加罗报》则另有计划,"在这个伟大的、思想的头颅被展示的地方,附上所有的文件作为证明,从今以后,对它的真实性,再无任何异议",一切都将盖棺论定。

人们普遍拍手叫好,这个案子被破解了,这件事情结束了,看来,地球上任何一个对勒内·笛卡尔——或者对哲学,或者对法国历史,或者对颅骨——有任何兴趣的人,都满意了。

但是,还有一个例外。一些称颂里切尔的文章无意中得出一个很有意思的观点:里切尔的探索在某些方面折射了笛卡尔本人的探索。里切尔,这位63岁的男人,有着浓密的胡子和生动而友善的眼睛,他的美术学院工作室里,各种各样的黏土模型及美术素描旁边,是一系列的科学仪器,他的一生都为精确性、为深入性的方法而奋斗。激发他去研究,并将所研究的医学、艺术和艺术史这三者融合在一起的动力，来自于他内心深处的一种欲望，一种深入到事物表象之下，尤其是深入到皮肤之下的欲望。和笛卡尔一样，他也是一个怀疑一切的人。在科学院大获成功之后，数周的时间慢慢过去了，他开始感觉到有些不对劲，倒不一定是哪里出错了，而是一种带有笛卡尔主义色彩的感觉开始咬啮着他。笛卡尔自己的方法，属于他的那种方法，并不是从没有针对性的怀疑开始，而是从质疑习传智慧，质疑对于这位思想家的个人心灵来说尚未清晰而明显的一切开始。现在，如同虫子般咬啮着里切尔心灵的那种笛卡尔式怀疑，即使当祝贺声潮涌而来之际依然没有停止咬啮的那个怀疑就是：当他向观众们宣布，"无可怀疑，最真实的笛卡尔画像就是那幅出自弗兰斯·霍斯的目前由卢浮宫所有的那一幅"，他又如何能够确定这是真的呢？作为一位艺术史学家，里切尔知道，几百年之前创作的作品特质会反映在每处笔端，有何凭据证明霍斯的这幅画肯定是根据真人绘制的呢？

事实上，里切尔的怀疑在某些方面被证实了。在笛卡尔与霍斯各自的传记里都没有提到对方，也就是说，并没有任何记录将他们两人联系在一起。而且，卢浮宫里的这幅画的出处根本不可靠。1785年，当路易十六国王在巴黎西部为王后玛利·安托瓦内特买下一座城堡时，笛卡尔的这幅画像随之而来，此前，它被城堡的前主人奥尔良公爵买下。但是，更早的记录已经模糊了。1649这个年份和这幅画联系在了一起，因而人们一般认为就是在那个时候霍斯给笛卡尔画了这幅画像：就在他去世前一年。但是，里切尔开始相信这一切都仅仅是推测。

后来的艺术史学家们延续了里切尔的这种怀疑。在 20 世纪 60 年代，西摩尔·斯里夫开始关注此事，他是 20 世纪最杰出的艺术专家之一，也是研究弗兰斯·霍斯的权威人士。他注意到，笛卡尔的很多肖像画似乎都出自于同一时期，而且其中有几幅看起来十分相似。笛卡尔去世时，"全世界都为他哀悼，"斯里夫这样说到，"这也解释了在他去世后不久涌现的画作的数量；不过，从此后数十年里不断产生的新画作的数量来看，对笛卡尔画像的需求不降反增。"斯里夫发现，卢浮宫的那幅画像，人物显得如此和蔼、安详而优雅，缺乏霍斯特有的生动笔法及性格深度。

那么，难道霍斯与笛卡尔从未谋面？卢浮宫的画像会是别人创作的吗？或者，有可能是在笛卡尔去世之后才创作的？甚至，它到底是不是勒内·笛卡尔的画像呢？

保罗·里切尔没有确定的答案，而且，说实在的，就这点而言，艺术的历史上几乎没有什么确定的事，不过，另一信息来源又透出一线希望之光。笛卡尔 17 世纪的传记作家巴耶提到，就在笛卡尔准备开始他人生的最后一次航行，登上由荷兰驶往瑞典的轮船时，受到他的一位朋友，荷兰的布卢马特神父的邀请，前去看望了他。布卢马特神父住在哈勒姆，而且，当他把这位伟大的哲学家叫过来之后，他请求笛卡尔能坐下来，画一幅画。弗兰斯·霍斯几乎一生都在哈勒姆度过，而且，在笛卡尔访问哈勒姆时，他已是该城著名的艺术家。与此同时，在笛卡尔的众多画像中，有一幅特别打动西尔摩·斯里夫，因为它具有霍斯的所有标志性特征，如今，它悬挂于哥本哈根的丹麦国立美术馆里。但这幅画的问题是，它相当粗糙，根本算不上是一幅修葺完善的画作，事实上，它只是一幅草就的油画速写,如果你希望看到的是一位伟大历史人物的标准像一般的作品,也许你会失望,而且,这幅画中的形象有些模糊不清。然而,在斯里夫以及后来的其他专家眼里,它具有霍斯特有的充满生气的笔法,相比卢浮宫的画像,它有更深的个性感。尽管画中人的姿势是摆出来的,但这幅小小的画作中的人物似乎还会动,似乎他正在动作的过程之中,突然被什么东西吸引住,于是,他的眼睛定住了,和参观者凝神对视。这幅画像是一个真实的、不修边幅的人物形象,他的脸有点浮肿,头发凌乱,神情忧伤。

如今,卢浮宫的那幅画像依然广泛地和弗兰斯·霍斯联系在一起,在历史教科书里,习惯上认为它就是霍斯的作品,但卢浮宫自己现在将它标记为"霍斯摹本",而哥本哈根的美术馆则认为它的笛卡尔画像才是真正出于这位荷兰大师之手。

保罗·里切尔时代之后,一切都重新洗牌,那么,里切尔对这块颅骨的研究还有什么意义呢? 如果斯里夫以及其他人是正确的话,那么,霍斯的确为这位哲学家画了肖像:在哈勒姆,当笛卡尔厌倦于神学家们对他的围攻,厌倦于为他的哲学对宗教的影响做辩护之时,当笛卡尔准备起航去觐见克里斯蒂娜女王,去往"黑熊出没于冰雪和岩石之间"的那个地方等待死神的到来之时。如果他们是对的,那么根据真人所画的肖像并非是在卢浮宫的那一幅,并非里切尔研究过的那一幅,而是哥本哈根的这一幅。其他画像,包括卢浮宫的这幅,看来有可能要么是根据这幅小的油画速写创作的,要么是根据更早的一些笛卡尔画像创作的,它们当中没有任何一幅有着完全可靠的来源,但是,其中的任何一幅或者所有的画像也都可能是根据真人绘制的。意识到判断哪幅画是根据真人绘制的难度非常之大,里切尔重复了他的整个过程以作出核对,他让那位技工又画了另外几幅笛卡尔肖像画中的颅骨。根据他的判断,所有这些画中显示的特征都和笛卡尔的颅骨相吻合,这也就意味着即使其中有些画是仿制品,它们也准确地画出了真人的脸部骨骼结构,而这种结构和颅骨是相符的。由此,里切尔可以再次肯定自己的判断,这件事情也可以暂告一个段落了。

虽然时光流逝,但是这块颅骨始终留在里切尔的脑海里,挥之不去,而且,他又有了一个新的计划。笛卡尔刚一去世,他的朋友皮埃尔·夏努立刻订做了一个死亡面具。不久,这个面具模子就不见了,但是,在它消失之前,克里斯蒂娜曾命令其皇家画师,荷兰人大卫·贝克,根据它制作了一幅笛卡尔的遗像。结果,这幅画尽管不是最逼真,但是里切尔现在忽然想到可以拿来一用。这是不折不扣的痴迷,这个世界上已经没有其他人会对此给予更多的关注。显然,外面的世界正在发生着更为重要的事情,更何况,在别人的心目中,里切尔早已确定了这块颅骨的真实性。里切尔运用他作为雕刻家的高超技艺,制作了勒内·笛卡尔真人大小的半身塑像,形象高贵,设计古雅,构思奇巧,这是座双重塑像。以贝克的画像为依据,他开始从外部,从皮肤直至内部的骨骼来制作。与此同时,他又根据这块颅骨做了一个石膏模子,然后在这个模子的基础上向外部延伸,覆上肌肉和组织,直至抵达表层。更值得注意的是,完成后的塑像的脸部是可以脱卸的,拿下来以后,颅骨的模子就显露出来,永远是阴森的笑意。

收藏于哥本哈根丹麦国立美术馆的笛卡尔画像,据说是弗兰斯·霍斯所作

里切尔所作笛卡尔半身塑像,有着可脱卸的脸

收藏于巴黎卢浮宫的笛卡尔经典画像,一直被认为是弗兰斯·霍斯的作品

这座半身塑像如今仍然是巴黎美术学院的藏品,作为一个符号或者隐喻,它与哲学、艺术或人体的关系远远不及它和现代性最永恒的主题的关系来得紧密,那就是,在一个不确定的世界里追寻确定性。或者,消极地说,保罗·里切尔这具可怕的笛卡尔半身塑像,就是怀疑的宣言。

❖　❖　❖

不少评论家认为,身心二分相伴随的次级问题之一是,心灵占了上风并非是公平的。想想你自己吧,你的身体,包括它的疼痛与欲望等等,自然都是你的一部分,是你所要表达的"我"的一部分。但是,在所有的可能性中,它的另一层面却占据了你的自我形象中更大的比重,它包括梦想、希望、罪责、记忆、虚构的记忆、关系、知识、疯狂的计谋、妄想、发出的邮件、看过的电影、为工资而战、折磨人的悔恨,等等等等。毫无疑问,这在很大程度上是因为心灵作为思考的实体,倾向于将自身置于主导地位。

有意思的是,在笛卡尔遗骨的传奇中,同样存在这样的不平衡。这块颅骨,或者说,这块"心灵"的物质体现,比起这具遗骸的其他部分来说,吸引了更多的眼球,消耗了更多的思维和精力。当这块颅骨成为一个侦探故事的主角,让历史上那么多伟大的科学之心为它苦思冥想,对它进行艺术的和科学的分析时,那具"身体"却被遗忘了。当法国大革命进行到巅峰之际,革命政府曾颁布过一道重大的法令,这具遗体将被庄严载入世俗主义伟大殿堂先贤祠,但是,随之而来的恐怖统治与血流成河使之无法真正付诸实现。

但也不完全是这样。1927 年,当巴黎沉浸在爵士乐的切分音符，沉浸在"迷失的一代"的摇滚之中的时候，当海明威和菲茨杰拉德、毕加索以及作曲家斯特拉文斯基给予这座城市以及这个世界理解"现代"的新方法的时候，有两位政府官员偶然间注意到，这道让笛卡尔进入先贤祠的革命法令从未被执行。于是，这两人将这件事向议会作了汇报，此后展开了调查，重又激起了人们的兴趣……结果产生了一个问题，如今距离这位哲学家去世已经有 277 个年头了，他的遗骨再次成了国际新闻。"将 17 世纪哲学家勒内·笛卡尔的遗骨迁至先贤祠的建议是由两位议员，罗伯特·博斯先生与安德烈·凯先生不久前提出的，根据法国新闻界的看法，这项提议可能会遭到一系列的反对，其中的首要原因是不能确定遗骨目前的栖息地。"刊于《纽约先驱报》的故事这样开头。

"笛卡尔的遗骨在哪里？"《时报》问道，"昨天，争议接踵而来……并不是关于这位哲学家的理论，而是关于他的遗骨的地点、状态及真实性。"接着，这个故事不动声色地指出，"圣日尔曼-德佩教堂的一块铭牌上写着笛卡尔的遗骨安息于此，但是，必须说明的是，一块铭牌并不是无可辩驳的证据。"

政府官员们解开了整个链条上的历史事件和相关人物：从夏努到克里斯蒂娜，保罗·里切尔以及他那奇巧的双重半身塑像，从中，他们得出了一个结论：在某个地方，存在着一种微弱的联系。为什么在最后一次埋葬之前，打开棺椁时发现里面都是骨骸碎片和粉末呢？这些骨骸显然有蹊跷，但是，即使将棺椁挖出来也难以发现进一步的线索，因为没有人会怀疑参加了 1819 年重葬仪式的德朗布尔以及其他人的报告。他们怀疑的是，问题在更早的时候就出现了，跨越 6

个国家、3个世纪和3次葬礼,笛卡尔的遗骨就在某个地方出现了某些问题。意识到这一点之后,这个提议就被搁置起来了,辛辛苦苦到教堂里把这些不知其所以然的粉末挖掘出来,显然是劳民伤财的事情,没有人愿意去做,因而,笛卡尔的遗骨基本上从那时候起就无人问津了。

当然,这无关紧要。当我在写这本书的时候,我们居住的这个地球上似乎发生着大约31场战争。我们正处于不可逆转的环境大破坏的边缘,或者说已经跨越了这个边缘;大规模的冲突在国家边境上酝酿,这与宗教、经济以及政治制度的冲突有关。因此,这些躺在巴黎一个教堂下面的几把遗骨,无论它们到底是否属于那个人,真的是微不足道。

但是,我对笛卡尔骨骸踪迹的追寻却是隐喻性的,冥冥中,它们似乎形成了现代的脊柱,请不要介意我的这种表达方式。如前所述,在笛卡尔死后16年,胡戈·德·特伦认为笛卡尔已经洞悉了自然的奥秘之心,他保留了一节笛卡尔的指骨作为宗教遗迹,这件圣物意味着在物质与永恒之间架起了桥梁。到了法国大革命的时候,孔多塞和他的同胞看待这些骨骸的态度就截然相反了:它们是世俗主义的遗迹,是一种力量的标志,这种力量引领着民众和社会走向此时此刻,为个人自由、平等及民主的原则打开了大门。对于贝采里乌斯、居维叶以及19世纪其他科学家来说,这块颅骨是科学的护身符。笛卡尔的骨骸,或者说人们加之于笛卡尔骨骸之上的,其实是关于我们曾经是谁,现在又是谁,它包括了那些使我们分裂的信念、困惑和冲突。

不惟如此,我自己目前正在寻找答案的方式本身不也很笛卡尔式吗?隐藏于笛卡尔式方法深处的,不仅仅是科学的方法,还有其他现代的询问方式。我们的文化,是一种喜好探究的分析性文化,自然,这种文化给我们背上了相当重量的包袱。美国哲学家约翰·杜威将笛卡尔以来的现代精神定性为沉迷于无望的"对确定性的追求"——无望是因为现实世界中并不存在确定性。在吸收笛卡尔身心二元论的过程中,我们已确立了这样的知识观:"在那里",有一个固定的客体世界,"在这里",有一颗心灵。而知识就是在心智抵达固定的世界之际所发生的。杜威称之为"旁观者知识观"。一样东西或一件事情,如果我们能看得见抓得住,如果能够和特定的时间与地点联系起来,如果它在历史中发生过的话,我们才认为它是真实的。然而,根据当代的哲学与科学的理论,事实上,实在的运行方式并非如此。我们所理解的那些看似坚固、清晰、确定的东西,事实上漂浮于或然性的海洋,无论是在核物理学中,或者在道德上,或者在我们自己的个人关系中,偶然性才是压倒一切的支配性原则。如同一个长大后走出幻想的孩子,我们最终应该意识到世界上不存在确定性这种东西。

但无论如何我们依然需要它,我们依然会探索这个世界以及我们的过往,美国的国父们到底是英雄还是差役奴隶的人?耶稣到底是谁,运用头脑思考的基督徒如何协调所谓的神迹与我们对物理世界的理解呢?我们都是业余的历史学家、系谱学家、医生、调查者,我们打听有关我们孩子疾病的信息;我们雇佣私家侦探调查跟踪我们的配偶;我们把祖传的家具拉到评估师那里去询价;我们难以向父母启口探听我们是怎么来的。现代的典型人物形象可能不是笛卡尔,不是伽利略,也不是爱因斯坦,而是亚瑟·柯南·道尔所塑造的侦探人物福尔摩斯,故事的成功很大程度上是因为它诉说了探究的魅力,这种现代的魅力正是维多利亚社会的组成部分:将观察和分析应用于平凡世界,从而揭示隐藏的事物结构。我们都是侦探,筛分线索和演绎推论的欲望流淌在我们的血液之中,或者更应该说是存在于我们的大脑之中。

我们渴求最终的答案,笛卡尔骨骸的"身体"到底发生了什么是一个秘密,但是,如果秘密伴随着答案而来,我们更喜欢秘密。请看我的答案。

❖　❖　❖

现在,我正站在一个宽阔的广场上,这里是巴黎的最高点,我看着一座教堂,但其实是看到了两座。我手里拿着一张明信片,明信片上画着的就是我眼前的场景在 4 个世纪以前的样子。在我面前这座现实中的教堂,有着杂乱得有点阴沉的外观,混合了哥特与文艺复兴时期的建筑元素,它看起来几乎和明信片中的样子毫无二致。但是在明信片上,这座教堂的右边——事实上是紧挨着这座教堂——还有一座沉稳的哥特式砖墙教堂,如今,取代这座教堂的是一条窄窄的街道,把眼前的这座广场——先贤祠广场和后面的那条街——笛卡尔街,以及一直沿着塞纳河延伸的拉丁区联接起来。如果稍稍眯缝着眼睛,并且将这张明信片对折起来,只显出消失的那座教堂,我就能把它重新安放到以前的位置上去,让它紧紧地贴着那座依然矗立在那里的教堂。

右边的这座教堂,也就是那座不复存在的教堂,就是圣吉纳维夫教堂。1667 年一个初夏的傍晚,在这里,笛卡尔的朋友和追随者们筹划安排了从斯德哥尔摩挖掘并转移笛卡

右边那座就是圣吉纳维夫教堂，笛卡尔遗骨的第二个安息之地，在大革命高潮前，勒努瓦就是从这里取走了笛卡尔的骨骸。这座教堂现已不复存在

尔的遗骨，然后将它们埋在了法国的土地上，和这座城市的守护神圣吉纳维夫的遗物相伴。笛卡尔的骨骸在这里安息了一个多世纪，直到1792年反天主教的暴徒们威胁到了这座教堂，因此，其牧长请求革命政府纪念物仓库的守护人前来抢救可以抢救的一切。

亚历山大·勒努瓦，这位沉郁而又精力充沛的艺术品抢救者，带着官方的意志，立刻投入工作，控制了局面。他带走了人物雕像、圆柱、铭牌和墓碑，他带走了神龛，他带走了木棺与石棺，他带走了各种遗骸。但是，他没有带走勒内·笛卡尔的遗骨。那是一个充斥着喧嚣和暴力的时代，到处都是四窜的流寇，临时的路障，焚烧的建筑。对勒努瓦来说，鉴于他手头的这项特殊的工作，需要派遣他的小组从城市的各处回收文物，这显然是一段高度繁忙的时期。4年以后，当勒努瓦回顾当初，特别提起那个应该是去圣吉纳维夫教堂回收笛卡尔遗骨的时刻,他写道:"那时的情境,对我来说并不令人快乐。"我们无从知晓他不快乐的个人原因,但是,他的话表明,他当时有点心烦意乱。

尽管他被作为画家来培养,但勒努瓦的长项并不在艺术上,他将自己想象成一位建筑学者,但他在描述建筑物及其特征时都会犯很基本的错误。尽管如此,正如他的传记作者所说的那样,勒努瓦是一流的记录者:他对自己的所有物的记录是无与伦比的,他的记录是法国艺术与建筑的一个重要的数据库;他对圣吉纳维夫教堂中的坟墓的描绘也是一丝不苟的,但是,他没有留下任何有关笛卡尔遗骨的记录。

数十年之后,勒努瓦心爱的法国文化纪念物博物馆早就被关闭了,贝采里乌斯也已经在斯德哥尔摩一位赌场老板的收藏品中发现了这块属于笛卡尔的颅骨,试图解开笛卡尔骨骸谜团的乔治·居维叶在他巴黎的家中给勒努瓦写信。这两个人之间有着太大的差距:那时的勒努瓦多多少少是默默无闻的,而身为科学院常任秘书的居维叶则是法国的伟大人物之一。这封信被盖上了科学院的印章,具有权威的分量:

先生,我恳求你的善意,告诉我你所知道的事实,这个事实能帮助我们确定或否定最近从斯德哥尔摩送到巴黎的这块颅骨的真实性,它在瑞典曾经被视为笛卡尔的颅骨而几经转手。

我们需要知道,当这位哲学家的遗骨被带到珀蒂·奥古斯坦(塞纳河边的前修道院,勒努瓦将它改造成了法国文化纪念物博物馆)的时候,里面是否有头骨,或者头骨的某些部分。

在圣日尔曼-德佩教堂举行遗骨重葬仪式期间,贝采里乌斯先生恰巧在巴黎,他从一位参与这个仪式的人士那里得知,遗骨中没有发现头骨,而且人们认为它还留在瑞典;目睹并检查过那些遗骨的德朗布尔先生,也断定其中并无可辨认的头骨碎片。

看来,在1666年,法国驻瑞典大使特伦先生,尽管采取了最高的防范措施,以确保它的完整性,但他还是可能被那些指派负责装箱的人欺骗了……

居维叶的焦点落在这块颅骨上,而且,他的语调彬彬有礼,但他明确地表示,在特伦于瑞典将遗骨装箱与德朗布尔及其他人看到它们之间,遗骨受到了不当的对待。而在那段时间里和它们关系最为密切的人,那个按道理说将它们从圣吉纳维夫教堂取走,然后保管了它们27年的人,就是勒努瓦。

勒努瓦立刻写了回信,他甚至都没有费力去拿一张新的信纸,而是在居维叶那封信的背面草草地写下他的回复:

巴黎,1821年5月16日

致居维叶男爵先生

男爵先生:

我匆忙回复您屈尊给我写的有关勒内·笛卡尔的不朽遗骨的这封信……阿贝·圣莱热先生、勒·布隆先生和我亲自到教堂去寻找笛卡尔的遗骨,我们挖开了靠近入口处右侧圆柱的地面,那根圆柱上有一块陶制的浮雕,旁边有一块刻着铭文的白色大理石,标志着这是笛卡尔的陵墓。在地下不深的地方，我们发现了一副松散木棺的残骸，以及少得令人失望的遗骨，里面包括部分的胫骨、股骨以及一些桡骨与尺骨的碎片。

　　先生，请注意，那些碎片，只有完整的遗骨的一半数量，孤独地待在那里，和其他遗失部分相分离……

接下去他说，他还发现了一小块骨板，可能是颅骨碎片。他就是用那块骨板刻成了戒指，分送给了朋友们。

但是，勒努瓦还被问及有关居维叶写这封信的 2 年之前的那次遗骨迁移，当时勒努瓦给出了一个有所不同的解释。紧接着在圣日尔曼-德佩教堂举行的重葬仪式之后，也许是为了回应德朗布尔的问题，巴黎的公共纪念物保护官员希望查看勒努瓦挖掘遗骨时所做的记录，但他查不到任何资料。"先生，你不会在博物馆的档案中发现有关笛卡尔骨骸挖掘情况的记录，"勒努瓦如此回应道，"因为没有做过任何记录。"理由是因为"这项活动是革命时期完成的"，也就是说，它是在革命的喧嚣时期完成的。勒努瓦继续写道，应同为纪念物委员会成员的圣莱热先生与勒·布隆先生的要求，掘墓的过程中，有"那一区的治安长官在场"。他接着很奇怪地写道，"他们俩现在都去世了。"而且，"这些遗骨……是由我花钱雇佣的一位专员带到珀蒂·奥古斯坦的。"

在这一段落中，勒努瓦似乎在暗示他自己当时并不在遗骨出土的现场，他接着说，"遗骨一到博物馆，我立刻将它们放入一副古老的斑岩石棺里……"这就进一步描绘了是其他人在教堂里挖掘了遗骨，并将他们挖出的东西带到了博物馆所在地，而勒努瓦则是在那里接收了遗骨，并将它们放入一副石棺里。而他特别写到圣莱热与勒·布隆两人都已经去世，这看似多余，其实是在说明这件事情已经死无对证，看起来是勒努瓦对一件令人尴尬、难堪的事实的条件反射式掩饰。

在我看来，这种令人难堪的事实其实是勒努瓦没能得到笛卡尔的遗骨。那是一个不愉快的时代，革命的喧嚣无处不在，他派了别人前往教堂，他确实经常这样做。"这里有证据"，勒努瓦说，他，或者他的助手们，发现了"一副松散木棺的残骸"，以及少得可怜的遗骨碎片。但是，那里并没有实木棺材，要知道，1667年的葬礼是一个宏大的事件。回顾一下吧，那时的笛卡尔主义者们动员了一切力量，为的就是将他们这位伟人的迁移和重葬作为官方核准的公共事件来对待，而且，当特伦最初将这些遗骨装入铜棺时，还附有一把铜剑，在这把剑上，笛卡尔著作的编辑者克劳德·克勒塞里尔还刻上那次迁移的记录以及参与者的名字。用巴耶的话来说，这一切，都是在"那些朋友们在场"的情况下完成的。

那么，铜棺现在哪里？铜剑又在哪里？而且，勒努瓦认为，其中相对较大的一片骨骸是颅骨的一部分，他正是用这片骨骸做了他的戒指。然而，颅骨恰恰是不可能被发现的，在所有这些骨骸中，颅骨有着最明确的档案记录，证明它是不可能出现于这些骨骸之中的。

但是，在勒努瓦写给居维叶的回信中，恰好有着对勒努瓦自己最不利的证据。他说，他和其他两个人，"亲自到教堂去寻找笛卡尔的遗骨，我们挖开了靠近入口处右侧圆柱的地面，那根圆柱上有一块陶制的浮雕"。这样一块纪念笛卡尔的铭牌很可能是置于教堂入口右侧的圆柱之上的，但是，那里不是坟墓的位置。圣吉纳维夫教堂重葬仪式参与者们的记录中清楚写明,祷告与颂诗结束后,棺椁被抬至"中殿的南端,放入一个早已准备好的墓穴,墓穴靠着外墙,在两间忏悔室之间,其两边分别是以圣吉纳维夫和圣弗兰西斯命名的小教堂"。笛卡尔的栖息地并不是勒努瓦和/或他的助手们去挖掘的那个地点,而是靠着南墙的一个墓穴。

所有这一切的矛头都指向了勒努瓦,他要为历史链条的断开,也就是丢失了这些骨骸负责。他最初肯定认为已经从这座教堂里拿到了真正的笛卡尔遗骨,因为我们都知道他是如何珍惜这些作为世俗文物的伟人们的遗骨,还费心费力地将这些特殊的骨骸制成了戒指。但是,后来他似乎意识到发生了什么,于是就开始找借口。这些遗骨,按理说,除了颅骨之外,其他应该多多少少还是一副完整的骨骸,它们很可能也被革命暴徒们动过,不过,如果它们被那些破坏分子们忽略掉的话,那么就很有可能是在 1807 年,当这座摇摇欲坠的教堂终于被夷为平地而为修路让道时,这些骨骸也被翻腾起来。

于是,认定精神高于物质,也就是心灵高于身体的笛卡尔主义就这样终于有了一顶隐喻性的帽子。这颗代表了心灵的头颅一直被反复地、用越来越复杂的科学手段进行检测,并确定为是真实的,如今,它是被奉为科学圣地的人类博物馆的座上宾,这家在原有的人类学收藏品基础上建成的博物馆落成于 1937 年。确实,正如我所写的那样,它在人类博物馆里被标以"暴露的人"(Man Exposed)特殊展馆的一部分,旁边是一块克罗马农人颅骨,用于彰显数千年来人类思想与成就的广度,再一次,它成为"现代"的表征。至于身体部分,可追寻的踪迹戛然而止,倏然陷于遗忘。尘归尘,土归土,也许本该如此吧。

第 7 章

现代之脸

1985 年的某一天，一位名叫原岛博的日本电信工程师正在研发一种实用的可视电话，突然，他的思维从技术上跳跃到了哲学上。他称自己的正式工作是"如何连接像电话装置一样的终端"，但是，他开始发出疑问："真正的终端难道不应该就是人类，而不是电话装置吗？"研究者们发现，可视电话的首要困难并不是技术性的，它和人类的面孔有关。原岛博认识到，面孔，它传递的是情感信息，而不是实用信息。研究者们已经发现，人们已经习惯于电话这种情感交流较为局限的浅层对话方式，而对于需要显示面部表情的更为深层的开放式交流方式会感到不适。在他深入探索这种情况背后的复杂性过程中，原岛博发现他通常的职业人脉网络在不断扩展，他的联系人中很快就有了心理学家、法医科学家、化妆艺术家、人类学家，甚至还有面具收藏家。渐渐地，他有了一种观念，而以往所做的一切都是为这个观念的诞生做铺垫，这个观念就是"线性人类"，是指这样一种社会，它是围绕着流线型的高科技通讯而建立的，而此类通讯把信息平面化了。相反，面孔虽是最古老的通讯技术，但它也是非常复杂的一种，在一张脸上可以读出无数的含义，其中也包括一些具有文化共性的含义，比如许下承诺，比如祈求信任，等等。他写道："要说面孔是社会秩序的基础也并不过分。"他觉察到这种正在发展的不见脸的社会中的危险。

1995 年，原岛博与马场悠男这两位博士共同建立了日本面孔研究院,马场悠男是一位人类学家兼解剖学家,也是东京国立科学博物馆馆长。他们的意图是将诸如畸牙矫正学、整容术、生物学、牙科以及戏剧等等多种多样领域里的专家聚集到一起,共同研究如何让这一人类最为基本的通讯技术在电子世界里继续保持下去,日本面孔研究院参与的相关项目分析了皱纹与衰老问题,研究了人们是如何记住面部表情的,并描述了大脑对情感的反应。

1999 年,这所研究院与这座博物馆共同筹划了一场被题为"面孔博览会"的盛大展出。说来也巧,在计划这次博览会之前,马场博士正在巴黎参观人类博物馆中世界著名的尼安德特穴居人颅骨藏品。带着他参观的博物馆保管部主任菲利普·梅内西耶偶尔提起该馆拥有笛卡尔的颅骨,并带他前去观看,当马场先生凝视着这件奇异的藏品时,他激动万分。后来,他在拟定面孔博览会的计划时,有了一个主意。

数月之后,梅内西耶博士在博物馆接待了安德烈·舍尼公司的一位代表,该公司成立于 1760 年,一开始是玛利·安托尼特私人财产的运送者,如今它是欧洲领先的高端艺术品货运公司之一。这位代表带来了一个定制的箱子,这个箱子是淡黄色木质地,有着精致的搭扣,尺寸不比一颗人类的头颅大多少。稍后,在博物馆生物人类学实验室主任安德烈·朗加内教授的陪同下,这位代表带着这个箱子离开了博物馆,当然现在箱子里面已装上了货物。之后,朗加内教授坐上飞往东京的航班,坐在商务舱里,他的随身行李就是这个箱子。1910 年大洪水期间留下的灾难记忆挥之不去,同意将笛卡尔的颅骨送到东京展出的前提是它一定要被作为无价之宝来对待,这将是它自 1912 年以来第一次离开博物馆,

1912年那一次是它在科学院展出了2个小时。"对我们来说,绝对不可能让这块颅骨留在行李舱里。"梅内西耶博士这样告诉我。

在这个时候,马场博士对这块颅骨的历史一无所知,他的兴趣也不在颅骨的真实性验证上面。东京的这次展览中,有时尚模特和巴布亚新几内亚部族人的形象,有牙科手术的演示,有伦伯朗的画像,有能乐堂面具,有电脑辅助的脸部修复,有亚伯拉罕·林肯的死亡面具,有卡通漫画,有20世纪50年代日本女演员的录像带,还有经图像处理过的蒙娜丽莎皱眉和狞笑的形象。它将是面部数据的一个纲要,同时也是人类技术及当代科学趋向的一种跨界演示。马场博士的想法是,这次的博览会应该有一个良好的开场白,以彰显其兼具历史性和知识性的特点。马场博士自己是临床经验丰富的解剖学家,他希望将自己的技能应用于笛卡尔的这块颅骨之上,从而为这个面孔博览会锦上添花。正如他自己所说的那样,笛卡尔的颅骨既是这次博览会的一个介绍,也是"现代人的标志,人类智力的标志,是现代人的象征性的面孔"。

他们的第一步是对这块颅骨进行一次彻底的法医学分析。它的牙齿,尤其是智齿,揭示了它是一个成年人的颅骨。颞叶肌肉上"强壮的"附着组织显示了这是一个中年人。马场先生的分析会使路易·皮埃尔·格拉蒂奥莱感到高兴,他曾与皮埃尔-保罗·布罗卡关于颅容量问题发生过争执,因为他在指出"这个脑壳比如今的欧洲普通男性的更宽"的同时,他也总结道,"几乎可以确定,颈部的骨骸与肌肉比普通的欧洲男性的要更小,而且,人们都知道笛卡尔是一个身材矮小的人……"

如果说马场博士的研究有任何新发现的话，那就是饮食方面的。下颚部的牙齿和肌肉显示，这个研究对象"有着健康的牙齿，吃简易粗食"。马场博士得出的宽泛结论则是，"这块颅骨的所有者是一位瘦小而纤细的中年欧洲男性，他极可能是中世纪后期或现代早期的人。"

马场博士与一位雕塑家合作，为这块颅骨做了一个石膏像，随后添上肌肉、软骨组织和皮肤。接着，他将完成后的塑像与他认为最准确的生活肖像——卢浮宫的那幅画像——作了对比："颅骨的形状非常精确地反映了这个人的面部外观，"他写道，"这块颅骨显示了与笛卡尔画像相似的特征。通过将肌肉与皮肤添加到这块颅骨的复制品上，这颗头颅得到了复原。结果显示，被复原的头颅与笛卡尔的画像没有什么差别。"

从这里入手，这位人类学家与这位雕塑家根据这幅画创作了一座真人大小的半身像。这座半身像，配以这块颅骨，成了面孔博览会的名片。博览会开展于 1999 年 7 月 31 日，截止于 2000 年 5 月，接待了 30 万人次的参观者。

根据头骨制作的笛卡尔半身像，为1999 年东京面孔博览会而作

有趣的是，马场博士告诉我，他对保罗·里切尔做过的研究一无所知。也就是说，在毫无意识的情况下，他重复了里切尔的实验，甚至于同样将结果与卢浮宫的画像做了对比。

与此同时,马场博士还将笛卡尔的颅骨带进了计算机分析及跨学科研究的时代。和里切尔一样,马场先生用这块颅骨制作了一座真人大小的半身像,并赋予了这块颅骨一张脸。这座由日本人类学家与艺术家共同创作的半身像,没有里切尔作品的那种大胆与张扬,相反,它具有一种简朴与沉静的美。马场先生送了一件复制品给菲利普·梅内西耶,现在,它被保存在巴黎人类博物馆的一个地下工作室里,梅内西耶曾指点给我看,并且做了不带感情色彩的点评(依我看,有点真实性):"它相当逼真,尽管我觉得它的眼睛看起来像日本人。"

❖   ❖   ❖

如果把现代性的荣耀和现代性的后遗症的双重责任都加诸某一个人身上是公平的话,那么,这个人当首推笛卡尔。美国哲学家与笛卡尔的传记作家理查德·沃森认为笛卡尔绝对是现代的基石:

> 笛卡尔为理性支配科学及人类事务奠定了基础,他将自然世俗化,并将人类个体置于教会与国家之上。没有笛卡尔式的个人主义,我们就没有民主。没有笛卡尔式的方法将物质分解为基本元素,我们永远不可能研制出原子弹。17世纪的现代科学,18世纪的启蒙运动,19世纪的工业革命,20世纪的个人电脑,21世纪的大脑解密,这一切的发生和发展,都建立在笛卡尔主义的基础之上,现代世界的核心就是笛卡尔主义……

当然,与所有这一切成就相伴而来的,是统领我们时代

间,习惯了时时在其主题与时事之间找到共振点。当我为《纽约时报杂志》撰写封面报道,讲述教皇本笃十六及其为复兴西欧天主教教会所做的努力时,我意识到,我所采访的每个人,无论是教士,普通的天主教徒,还是欧洲穆斯林,他们无不受到世俗欧洲、基督教及伊斯兰教三方力量的牵扯,他们都生活在这条断线上。

在另一次采访中,我身处马里兰郊区的平房,和另外6个人一起用餐,他们是那个州修订禁止同性婚姻宪法运动的草根组织者。他们对同性恋的看法源自于他们的宗教信念,认为同性恋是一种罪和恶疾,它不是个体身上的真实存在,而是社会的一种疾病。尽管世界卫生组织、美国医学协会以及几乎所有的专业的医学及心理学组织都秉持不同的观点,但是这一切反而使这些人更加坚持己见,因为,他们认为那些组织都是建立在错误的、非圣经的基础之上的。在西方社会中,总有那么一些人,游走于社会的边缘,拒绝接受从启蒙运动中继承而来的一些最基本的理念,包括对个体的看法,包括理性的优先地位,等等。但是,我在马里兰碰到的这些信念在基督教专制主义乃主要势力的美国广为传播,它们超越了人类性欲,渗入到生物技术、教育、社会服务、儿童培养及至生活的各个层面之中。它们还影响了这个世界上唯一的超级大国的外交政策,从这个角度来看,现代历史的结果是一系列错误的转向。马里兰的这个组织一口气向我报出了一串名词,仿佛手里拿着一份写好的提纲一般:女权运动、避孕药、政教分离的理念、达尔文……最终,有一个人,一位牧师,终于说出了萦绕在我心头的那个名字:"如果你好好思考一下,这一切的确都是从笛卡尔开始的。"然后,他继续流利地谈论那些自笛卡尔根据人类理性对现实进行再定位以来所发生的变化。"人类的心灵可能会迷失，"他说道，"没有上帝，一切都没有基础。"

这些世界观冲突的漫长历史本身就十分令人震惊，它已经成为公共话题之一，每一个时代都根据自己的需要来解释过去。近来，当人们面对了现代世俗社会的种种挑战之后，启蒙又开始流行了。在 20 世纪，启蒙的第一次复兴是在二战时期，当时，一群纳粹统治时期的学者将 18 世纪的历史以及伟大的启蒙思想家的著作视为灯塔，来驱散他们正在经历的黑暗。恩斯特·卡西尔的著作《启蒙哲学》出版于 1932 年，在整个二战以及战后时期，这部著作在欧洲和美国都广受欢迎，促成了一种 20 世纪的理念，就是将 18 世纪后期视为一个用理性击溃混乱力量的时代。卡西尔是德国犹太人，在战争期间，他移民到了美国，他的目标是把历史当做一种工具。他将自己的工作定性为一种直率的诉求："将理性与科学尊崇为人类最高能力的时代不会也不能因为我们而流失，我们必须找到一种方法，以保证我们不仅能够看到那个时代原来的面貌，而且还能让它再次释放出产生并塑造这种面貌的原动力。"

大约与此同时，美国历史学家卡尔·贝克尔简洁地归纳了几条从现代早期继承而来的 20 世纪的信念："(1)人类并非生而堕落；(2)生活的终极就是生活本身，是此生此世的好日子，而不是死后的极乐世界；(3)在理性与经验之光的指导下，人类有能力完善现世的美好生活；(4)现世美好生活的首要和基本的前提，就是将人类的心灵从无知与迷信的束缚中解放出来，将人类的身体从社会权威机构的专制压迫中解放出来。"

这是现代的信条,或者说,直到上一代才是,在 20 世纪的六、七十年代,很多事情发生了改变。经历了越战以及那个时代的社会剧变之后,这种宏大的历史观开始显得非常可贵,但又已经过时了。18 世纪的男人与女人真的是这种典范吗?历史的确是那样运行的吗?真的有这种前进的步伐,让每一代在前辈的基础上不断前行,走向更光明的未来吗?如果说现代西方历史确实是这样一种壮观的前进步伐,那么人们又该如何解释殖民主义、纳粹主义和苏联模式的共产主义,又该如何解释奴隶制、古拉格和集中营?后现代主义用怀疑论取代了进步。

接着,一个新千年,或者更确切地说,是 2001 年 9 月 11 日,带来了思维的突然转向与价值观的重估。这种来自于地球上某些角落的威胁看似那么的原始,仿佛一只恐龙,从它史前的睡眠中突然苏醒。关于它的一个宣言以伊朗总统穆罕默德·艾哈迈迪·内贾德在 2006 年写给美国总统乔治·布什的一封信的形式出现了:"自由主义与西方模式的民主无助于人性理想的实现,今天,这两种概念都失败了。有洞见的人们已经能听到自由民主制的意识形态与思想的碎裂与崩塌的声音。"艾哈迈迪·内贾德预言道,不是民主,而是"上帝的意志将战胜一切"。

作为现代性遗产的一部分,我们会认为其民主与个人自由这两个核心价值具有不可阻挡的力量,它们出现在历史的某一时点上,现在,既然它们已经到来,我们就会想当然地认为每个人都将承认它们是放之四海而皆准的普世价值,然而,看起来事实并非如此。位于纽约的社会研究新学院的宗教社会学家何赛·卡萨诺瓦告诉我,在过去,西方的发展理念"对世界其他地方来说是指向性的,它将是其他社会的榜样,因此,其他社会也将走上一条世俗化的道路。但现在,你在全世界都能发现宗教的复兴,而且,我们越来越明白,更现代化的社会并不一定就是更世俗化的"。而无论是在西方或非西方的传统中,神权政体并不那么容易与民主和个人自由的概念相容。

因而,事实是,那些现代的理想并不一定就能在全世界广泛传播,而且,它们有可能非但不是不可阻挡,相反还有可能在世界历史上是相当的脆弱,转瞬即逝,所以,对这个事实的清醒认识,和我们回顾过去以提醒我们"我们是什么"这一追求是相呼应的,我认为,这很好,也很有必要。例如,我很赞同德国学者海因茨·施拉弗的看法,"西方文化也是基要主义的:它的基础被称为启蒙",而"悖论是,这种基础既形成了我们当前社会的根基,又多半被社会遗忘"。希尔西·阿里这样对我表述她的看法,"抵制激进伊斯兰教的唯一方式就是复兴启蒙,也就是复兴启蒙运动传递的信息,并且,让所有继承了这些信息的人们……"说到这里,她向窗外的曼哈顿摩天大楼挥了挥手,"意识到,并不是所有的大楼都从天际线上消失了,在这个社会发展的背后,有着漫长的斗争历史,而宗教,包括基督教,在大部分时间里都阻碍了这种发展。"

我认为这种表述总体来说是对的,而且,我认为,笛卡尔骨骸的历史从一个非同寻常的角度勾勒了这段通往现代社会的漫长旅程,一路上,歧途重重,暗道密布,但是,随着它的缩窄,这根思想之线也变得暗淡了。我怀疑,很多有关西方传统的评价不过是对"我们或他们"的野性冲动的掩饰。在本书中我采纳了乔纳森·伊斯雷尔的观点,即随着现代性的成熟,三大阵营出现了,一是神学阵营,它坚守着以宗教传统为阵地的世界观;二是"激进启蒙"阵营,它伴随着"新哲学"而诞生,这个阵营意欲推翻其权力中心在于教会和皇室的旧秩序,代之以用民主与科学来治理的社会;三是中庸启蒙阵营,这个阵营有很多分支,但基本上都保持中立,它主张科学与宗教这两种世界观并不完全对立,但已有的冲突必须先解决。所有这三大阵营今天都仍然与我们同在,它们通过各自的拥趸——电视新闻脱口秀、博客、论坛以及法庭案例——表达了自己的观点。那些倡议用"智能设计"理论取代进化论的人是新版的"神学阵营"成员,他们正试图渗入到中庸阵营。克里斯多夫·希钦斯在他的畅销书《上帝不伟大》中,运用类似于3个世纪前的自由思想家们的语言,为21世纪的"激进启蒙"战士们吹响了号角:"……我们怀疑任何与科学相悖,使理性受辱的东西……那个深信不疑的人,甚至能够为他的深信不疑发出神圣保证的人,他现在还处在人类这个物种的婴儿期。"

希尔西·阿里不仅"皈依"了世俗主义,而且"皈依"了其激进形式,如果生逢法国大革命期间,那么她的理念就能找到一个现成的位置,而且,她的思想确实倾向于类似的极端:她宣称"我们在与伊斯兰教作战",也就是说,以理性的名义,不仅是伊斯兰恐怖主义,而且还包括伊斯兰教本身及其15亿追随者们,都必须被"击败",只有这样才能使之"变为某种和平的东西"。

显然这是一场令人恐怖的对话,而且我相信它暴露了激进世俗主义的缺陷。我赞同激进世俗主义者的一个观点：宗教的名义已经做了并将继续做巨大的丑事，而且，我还认为我们必须找到一种理智方式，不对"宗教的不宽容"宽容。但是，我认为历史已经昭示了激进世俗主义的致命错误，或者说两大错误。第一，它过高地评价了理性，或者说高估了人类运用它的能力。现代性的历史，甚至它的寓言版——笛卡尔骨骸的传奇——都揭示了科学的愚蠢扩散总是和真正的进步并驾齐驱，这告诉我们一个很浅显的道理：试图遵循理性并不等同于正确行事，而且，每一个20世纪鼓吹家的成功都告诉我们，理性是多么容易被操纵，多么容易脱离真相的轨道而驶向相反的方向。

人们可能认为，解决这个问题的方法在于认识这种误用理性的倾向，并加以纠正，但是，这就忽视了激进世俗主义的第二个缺陷，也是更大的缺陷。激进世俗主义为了追寻它自己特有的确定性，对实在进行了过于狭窄的解释，给自己戴上了眼罩。和艺术一样，宗教是与复杂性谈判的一种方式，二元论哲学难题以及克服它的所有尝试都意识到这种复杂性。彻底否定宗教也暴露了那些鼓动以理性对抗非理性的人自身的不宽容。

如果说现代性的这种两难境地有一条出路的话，它无疑就是将这两翼带入中间地段，我们大部分人就生活于其间。伟大的德国哲学家于尔根·哈贝马斯（他自己并无明确宗教信仰）使用"后世俗"这个术语来描述他心目中的西方社会下一演进阶段，他认为，这个阶段将包含"宗教与世俗精神的同化与反身性转变"。

这就可能需要去或者说服，或者教育，或者诱哄，或者逼迫那些激进派成员们，包括激进的神学派和世俗派，拓宽他们现实的视野，让他们双方都认识到他们谁也没有对真理的确定性有把握，认识到这个世界太广阔了，我们的策略无法涵盖它。与此同时，这也无疑意味着需要找到一种方法，去说服这些派系中亿万个未曾经历笛卡尔遗骸文化的民众，让他们知道，在过去的数个世纪中，我们找到了一些了解世界、促进人性的相当全面的方法，这些方法是可以被所有人当做基础的。

如果那样的话，或许敌对阵营的成员还能再次相聚，并且在对方的脸上找到信任的表情。

尾 声

2000 年 2 月 11 日,距离勒内·笛卡尔咽下最后一口气的那个斯德哥尔摩寒夜整整 350 年之后,在巴黎圣日尔曼-德佩教堂凝固的寒气中,大约有 20 个人聚集在一起,为这位哲学家的灵魂的永远安息举行了弥撒仪式,主持仪式的是让-罗伯特·阿莫加特神父。在所有"爱上笛卡尔的人"——这个称呼是笛卡尔颅骨现在的保管人菲利普·梅内西耶起的,指的是那一小群对这位哲学家的迷恋已经涵盖到他的遗骨的人——之中,阿莫加特神父是我留到最后才联系的,这并不是因为我认为他将成为本书最合适的终结,而是出于敬畏。曾经担任巴黎圣母院神父的阿莫加特,除了是巴黎教区的高级官员之外,他还是世界上著名的笛卡尔专家之一,巴黎高等实践学院"现代欧洲宗教与科学观念史"项目的研究主任,他的写作涉及笛卡尔科学、圣经与 17 世纪科学的相互关系以及处于笛卡尔二元论危机之核心的问题,即天主教圣体之变体说。

当我问起他的时候,其他帮助过我的研究工作的人——他们自己也都是著名的哲学家——都说,是的,如果我不去探访阿莫加特神父,那就说明我太疏忽了。不过,他们也警告我说，他可是个令人生畏的人。美国最杰出的笛卡尔学者理查德·沃森说："如果你没有收到他的回音，可不要觉得奇怪。"最后，我向这位法国哲学家兼神父发了邮件，告诉他我的写作计划，并说明我将会去巴黎，能否见他一面。出乎我的意料，阿莫加特神父立刻就回了信，并且说他愿意和我谈谈，更出乎意料的是，他最后还这样写了一句："期待见到你！"一下子让我觉得亲切了很多。

数周之后，我站在卢森堡花园的正对面，这栋建于上世纪70年代的简陋建筑物是天主教寄宿学校波舒哀学院的总部，阿莫加特是这里的校长。我被带进他的一楼办公室，办公室的窗户朝向对面的公园。公园有着高高的铁门，门上是金色的箭簇，看过去，有一对恋人正坐在公园的长凳上，一群学艺术的孩子手里拿着本子，围坐在一座扭曲的巴洛克人物雕塑四周。等待中，我开始打量这间办公室，书桌上是一叠叠的纸张，墙上挂着裱了框的笛卡尔以及他的17世纪传记作家巴耶的浮雕艺术品。在一个书架上，挨着拉丁文《伽利略全集》的是阿加莫特与教皇约翰·保罗二世的合影。

突然间，这个人自己就冒出来了，他个矮、结实，一头灰发，对于这样一个严肃的人来说，他的勃勃生气简直有喜剧性的效果，他不停地动，跑来跑去的。我问到他的过去，他告诉我的故事听上去如同出自《达芬奇密码》，"上世纪80年代，我在巴黎圣母院担任神父时，我就住在那儿，就在教堂里。"他说道，"19世纪，他们在一个类似于阁楼的地方为教堂管理员建了宿舍，一架仿中世纪风格的旋转楼梯可以抵达那里，那可是你能想象得出的最富于戏剧性的公寓了，巨大的饭厅，三面都能看到塞纳河，我的厨房窗户朝南边的玫瑰园敞开,在那儿我有自己的私人平台。现在这间公寓被毁坏了,但我在那里住了 5 年,我喜欢它。"阿莫加特喜欢在阳台上做烧烤,在上世纪 80 年代的巴黎,受邀请到圣母院参加这位神父的社交晚会可是件大事。

接着,他改变话题谈起了工作。他告诉我,5 年来他一直在研究从 17 世纪至今的视觉与光学。他认为,从一开始,科学就从中世纪及文艺复兴的天主教的灵性异象和内在之光的概念中吸取它的视觉理念,他的观点是,我们的科学对视觉的理解是围绕着灵性隐喻而建立的。"我反对那种看法,把文艺复兴与现代截然分开,"他说道,"我认为,现代思想的模式来自于神学领域,圣经的概念让科学得以进步。"

从 1996 年到 2000 年,阿莫加特是笛卡尔最后埋葬地圣日尔曼-德佩教堂的神父。在那段时间里,随着笛卡尔 350 周年祭日的临近,他产生了举行一场特殊弥撒仪式的想法。是什么东西驱动他这样做呢?我希望了解这个仪式本身,但事实上,让我感兴趣的是更深层的原因。阿莫加特自身既是神父,同时又是笛卡尔科学的权威,我突然想到,如果当今世上还有这么一个人,他有洞见去架通身体与灵魂的现代分离——这个人同时能够透察当代科学和灵性关切,并能回溯到现代性的诞生和现代性之父本身——这个人必定就是他。

"在天主教传统中,"阿莫加特说道,"不仅为死者的灵魂祈祷,而且也相信身体复活。对天主教徒来说,必朽的遗骨是有意义的。教堂墓地并非城市的郊外垃圾场,它是安息与等待的地方。就像埋下了种子,等待春天的来临。"

和中世纪圣物崇拜鼎盛时期的情况一样,如今天主教教会仍然赋予人类遗骨以特殊的价值。不必惊讶,天主教——或者任何其他的灵性传统——已经满意地解决了身心问题。从某种程度上说,信仰消弭了二元论,联合了身体和心灵。

但是,一个神学意义上的答案并不能令我满意。我从不同的角度提出了这个问题,重点放在作为二元论及现代心身问题之父的笛卡尔身上。和 17 世纪后期将笛卡尔骨骸从斯德哥尔摩带到巴黎的第一代笛卡尔主义者一样,阿莫加特随时都准备着捍卫这位先师。他驳斥了笛卡尔首创二元论这种想法。他提醒我,有关身体和心灵关系的表述存在于各个不同的领域之中,且可以追溯到古希腊。这是一个好的论点,而且它还可以延伸得更远。像二元论这样一个词语,看上去是个很抽象的难题,但其实它的根源在于日常的生活。我们都是哲学家,因为我们的境况要求这样。我们每时每刻都生活在一个有着看似永恒的思想与观念的宇宙之中,但同时在这个世界里,我们的身体及其状况又不断地江河日下。我们被赐予超越时空的神圣能力,但我们受死亡约束。这样的结果就催促着我们去发现人生的意义。正因如此,这个属于哲学教授的难缠的身体和心灵问题变得对我们大家都有意义,也因此,这个问题得以化为泪水与欢笑。

因此,二元论在某种意义上是具有普遍性的,哲学家们已经在它上面苦苦思索至今,我向阿莫加特指出,笛卡尔关于它的表述,在西方世界引发了历史性的骚动,他的二元论是与我们的生命同在的历史遗产。

这位法国哲学家兼神父的回答给了我一个新的指向,它或许是这个难题最有意义的"答案"。他说,笛卡尔在生命的后期曾试图调和心灵与身体分离的问题。"笛卡尔在他最后的著作中声明,实际上必定存在第三种实体,它并不一定就是真的第三种实体,而是心灵和身体的复合物,"阿加莫特说道,"我应该将它视为一种密码,一种编码,它允许心灵对身体、身体对心灵做出反应。"哲学家们曾经将漫长的思考时间花在身心问题上,但是,其实是有一种真实世界的方法,我们在其中都超越了它。这种"编码"是我们日常生活最普通的部分之一,同时也是最珍贵的。它的重要性在笛卡尔的生命临近结束之际不期而遇。

在很长时间里,学者们认为,在他非婚生的幼女弗兰丝死后,笛卡尔和这个女孩的母亲海伦娜·雅斯分手了。人们都想当然地认为,笛卡尔和这位我们所知道的唯一和他有过亲密关系的女性之间,孩子是唯一的纽带,而这个女孩死后,他就抛弃了她。但数年前,一位名叫杰伦·范德文(Jeroen van de Ven)的荷兰历史学家做了一些很引人入胜的档案挖掘。结果发现,笛卡尔在荷兰至少住过 20 个地方,弗兰丝去世后的某个时间,他把家搬到了滨海的埃加蒙德·宾嫩,一个布满沙丘、终日刮着狂风的地方。在莱顿的市政公证文件中,范德文发现了海伦娜与一位名叫让·扬斯·范维尔的男人的结婚证书,这个男人来自埃加蒙德,结婚日期是弗兰丝死后的第 4 年。这会是同一个女人吗?结婚需要一笔嫁妆,1000 荷兰盾,这是相当可观的一笔金额,范德文在另一个记录中发现,这笔嫁妆的提供者是笛卡尔。很明显,在他们的女儿死了 4 年后,他们俩还有联系。社会地位的悬殊使得他们不能真正地生活在一起,即使笛卡尔曾经希望这样,但他还是觉得对她负有责任,最终,他给了她一个未来。

与此同时,荷兰的一些神学家对笛卡尔著作的含义非常愤怒,他们无情地对他群起攻之。终于,他受够了这一切,"至于我以前在此追寻的平静,可以预见,从今以后我可能得不到我所要的那么多了,"他写道,"一批信奉经院哲学的神学家们可能要形成一个联盟,试图用诽谤中伤来碾碎我。"于是他很快就接受了克里斯蒂娜女王的邀请,前往瑞典。他不仅撇下了被他的工作引发的那些狂怒,而且也撇下了他孩子的母亲。

与此同时,他开始了他最后的著作,或许,那并不是巧合,这本书论述的是"灵魂的激情"。笛卡尔在很久以前就意识到,他将实在划分为心灵和身体两部分会产生一个难题,这个难题就是如何阐明这两种实体是怎样相互作用的,现在,他开始着手处理这一令人难堪的问题。他的结论是,在这两种实体之间存在一种起连接作用的组织,或者,用阿莫加特的话来说,有"一种编码"。17世纪给这种编码起的术语"激情"(passion),我们可以称它为"感情"(heart)。这成为笛卡尔绝世之作的主题。他认为,感情是身心交会的地方。爱恋、快乐、痛苦、遗憾:我们同时在心灵和身体上经验那些感觉,而笛卡尔确信,是那些激情将我们的两个自我连接到了一起,因而,他期待另一个包含了那些情绪状态的现代领域——心理学——能够和身体的健康联系在一起,同时,也和他所说的"心灵"连接在一起。

但最终这成了纯粹的哲学性操练。他的孩子死了,他将曾与他有过亲密关系的女人嫁了,看来,他个人已经放弃了这些"激情"。对他来说,前方除了寒冷、冰雪与死亡,什么都没有。

然而,即使在他走向死亡的时候,笛卡尔还是给了海伦娜·雅斯一个未来，埃加蒙德这个小村落的记录缓缓展开一幅画卷：海伦娜和她的丈夫生活在家族经营的小旅店里；一段时间以后，她的丈夫去世了，海伦娜继承了这家小旅店；后来，她又嫁了人，她和她的新丈夫生了三个儿子。在这些记录里，装不下岁岁年年的拥挤人生，但是，在那些致密的空间里，有小旅店熙熙攘攘的人来人往，有大杯的荷兰啤酒叮当碰响，有手中的烟管青烟袅袅，有敌意的鄙视有伤感的泪水，有动情的歌声有难言的伤痛，它们解开了笛卡尔的难题，如果足够幸运，我们每个人都有了答案。

鸣 谢

我有幸得到了以下三位世界顶级的笛卡尔权威的指点，他们是：让-罗伯特·阿莫加特，巴黎高等实践学院研究主任；西奥·菲尔贝克，乌得勒支大学哲学教授；理查德·沃森，圣路易斯华盛顿大学名誉哲学教授。我感谢他们为本书提供的帮助，与此同时，我要声明本书中的任何错误都与他们无关。我还要特别感谢巴黎人类博物馆的保管部主任菲利普·梅内西耶博士，他给了我一个单独的机会观看笛卡尔的颅骨，还与我分享了与之历史相关的档案，并帮我联系了笛卡尔骨骸的其他追寻者。

我还要感谢下面这些人：苏珊娜·埃吉曼，瑞典历史学家及克里斯蒂娜女王的传记作家，她带我参观了克里斯蒂娜的斯德哥尔摩；让·艾丽森，拉丁文翻译；马场悠男，日本东京国立科学博物馆人类学主任；米歇尔·鲍尔，福德汉姆大学哲学教授，为我提供了哲学指导与建议；埃里克-让·博斯，乌得勒支大学，《笛卡尔书信集》新考译版主编，他审阅了我的手稿；维诺妮卡·巴克利，克里斯蒂娜女王传记作家；珍妮弗·卡特，麦吉尔大学，她慷慨地提供了大量有关法国文化纪念物博物馆的相关资料，为我描绘了亚历山大·勒努瓦梦想家的形象;伯纳德·卡蒂埃,医学博士及法国医学历史学家;汉普斯·钦蒂奥,瑞典隆德历史博物馆;安娜·德纳堡,阿姆斯特丹,笛卡尔住宅;I. M. L.唐纳森,爱丁堡大学神经心理学名誉教授;西奥多·艾伯特,爱尔兰根-诺姆堡大学哲学史名誉教授,与我分享了他关于笛卡尔之死的专著手稿;玛丽·亨德里克松,他为本书的创作做了很多工作;本特·约翰森与让·凯特,出租了他们在埃加蒙德·安泽的海边房子,给了我一个得以浸润于笛卡尔经历过的海陆风景之中的机会;Mami Kamei,日文翻译;米歇尔·马丁,阅读并指点手稿;安-布里特·夸福特,瑞典文翻译;多米尼加·特伦,系谱学家,为我提供了她17世纪祖先的信息,她的祖先将笛卡尔的骨骸从瑞典带到巴黎,并为自己保留了一片。

还要感谢阿梅勒·艾莫宁,巴黎美国图书馆;莫里亚出版社的玛丽雅克·巴特尔斯和马迪金·戴维;菲利普·克马尔,巴黎美术学院;梅丽莎·安·达纳什柯;迈特·弗罗斯特;查尔斯·格林;科比·伊文思;亚普·雅各布斯;雷蒙德·约纳斯,华盛顿大学历史教授;比吉塔·林德霍尔姆,手稿保管人,隆德大学图书馆;斯蒂芬·纳德勒,威斯康辛-麦迪逊大学哲学教授;特蕾西·奥尔塔玛丽,法国国家图书馆管理员;艾米丽·斯图尔特;帕梅拉·特威格;特雷莎·范恩,圣约翰大学希尔博物馆与手稿图书馆;乌尔拉·冯·维尔维,隆德大学历史博物馆;卡罗琳娜·范·格尔德林及查尔斯·温德尔。

我还要感谢为我的研究提供帮助的主要机构:法国国家图书馆,阿姆斯特丹大学图书馆,纽约公共图书馆,巴黎美国图书馆,圣-热内维尔图书馆,瑞典的隆德大学图书馆及阿姆斯特丹的笛卡尔住宅。

再次向我的经纪人与朋友安娜·埃德尔斯坦，以及杰出的编辑比尔·托马斯致以最诚挚的谢意。

参考文献

Académie des Sciences. *Procès-verbaux des séances de l'Académie tenues depuis la fondation de l'Institut jusqu'au mois d'août 1835.* 10 vols. Hendaye: Imprimérie de l'Observatoire d'Abbadia, 1910–22.

———. *Comptes rendus hebdomadaires des séances de l'Académie des sciences.* Paris: Gauthier-Villars, 1912.

"Académie des sciences: Le crâne de Descartes est authentique." *Le Figaro,* January 21, 1913.

Ackerknecht, E. H. "Contributions of Gall and the Phrenologists to Knowledge of Brain Function." *The History and Philosophy of Knowledge of the Brain and Its Functions.* Amsterdam: Israel, 1957.

Adam, Charles, and Tannery, Paul, eds. *Oeuvres de Descartes.* 12 vols. Paris: Librairie Philosophique J. Vrin, 1974.

Ahlström, Carl Gustaf, Per Ekström, and Ove Persson. "Cartesius' Kranium." *Sydsvenska medicinhistoriska sällskapets årsskrift 1983.*

Åkerman, Susanna. *Queen Christina of Sweden and Her Circle: The Transformation of a Seventeenth-Century Philosophical Libertine.* Leiden: Brill, 1991.

Alder, Ken. *The Measure of All Things: The Seven-Year Odyssey That Transformed the World.* London: Little, Brown, 2002.

Andersson, Ingvar. *A History of Sweden*. London: Weidenfeld and Nicolson, 1956.

Anglican–Roman Catholic International Commission. *The Final Report*. Oxford: Bocardo and Church Army Press, 1981.

Archives du Musée des monuments français. 3 vols. Paris: E. Plon, Nourrit et Cie, 1883–97.

Armogathe, Jean-Robert. *Theologia Cartesiana: L'explication physique de l'Eucharistie chez Descartes et dom Desgabets*. The Hague: Martinus Nijhoff, 1977.

————. "La sainteté janséniste." *Histoire des saints et de la sainteté chrétienne*. Eds. Francesco Chiovaro et al. vol. 9. Paris: Hachette, 1987.

————. " 'Hoc Est Corpus Meum': Le débat autour de l'explication Cartésienne de la transubstantiation eucharistique." *Travaux du Laboratoire européen pour l'étude de la filiation*. Ed. Pierre Legendre. Brussels: Émile Van Balberghe Libraire et Yves Gevaert Éditeur, 1998.

———— and Vincent Carraud. "La première condamnation des *Oeuvres* de Descartes, d'après des documents inédits aux archives du Saint-Office." *Nouvelles de la République des Lettres* 2 (2001).

————. "L'ouverture des archives de la Congrégation pour la doctrine de la foi." *Communio* 30 (January–February 2005).

Aston, Nigel. *Religion and Revolution in France, 1780–1804*. London: Macmillan, 2000.

Baillet, Adrien. *La vie de Monsieur Des-Cartes*. 2 vols. Paris: Daniel Horthemels, 1691.

Baker, Keith Michael. *Condorcet: From Natural Philosophy to Social Mathematics*. Chicago: University of Chicago Press, 1975.

Balz, Albert G. A. "Clerselier (1614–1684) and Rohault (1620–1675)." *The Philosophical Review* 39 (September 1930).

Beaglehole, J. C. *The Life of Captain James Cook*. Palo Alto: Stanford University Press, 1992.

Becker, Carl. *The Heavenly City of the Eighteenth-Century Philosophers.* New Haven: Yale University Press, 1932.

Berman, David, ed. *Atheism in Britain.* Vol. 1: *An Answer to Mr. Clark's Third Defence of His Letter to Mr. Dodwell,* by Anthony Collins, and *A Discourse of Free-Thinking,* by Anthony Collins. Bristol: Thoemmes Press, 1996.

Bernard, Leon. *The Emerging City: Paris in the Age of Louis XIV.* Durham: Duke University Press, 1970.

Berzelius, Jac. *Berzelius brev. I, Brewäxling mellan Berzelius och C.L. Berthollet, 1810–1822.* Stockholm, 1912.

Blagdon, Francis William. *Paris as it was and as it is, or a Sketch of the French capital illustrative of the effects of the Revolution: with respect to sciences, literature, arts, religion, education, manners and amusements, comprising also a correct account of the most remarkable national establishments and public buildings, in a series of letters written by an English traveller during the years 1801–2 to a friend in London.* London: C. A. Baldwin, 1803.

Boddington, A., A. N. Garland, and R. C. Janaway. *Death, Decay and Reconstruction: Approaches to Archaeology and Forensic Science.* Manchester: Manchester University Press, 1987.

Boileau-Despréaux, Nicolas. "Arrêt burlesque." *Oeuvres complètes de Boileau.* 4 vols. Paris: Garnier, 1873.

Bonnet, Jean-Claude. *Naissance du Panthéon: Essai sur le culte des grands hommes.* Paris: Fayard, 1998.

Bos, Erik-Jan. *The Correspondence between Descartes and Henricus Regius.* Utrecht: Zeno, 2002.

———. "Descartes' *Lettre apologétique aux magistrats d'Utrecht:* New Facts and Materials." *Journal of the History of Philosophy* 37 (July 1999).

Buckley, Michael J. *Denying and Disclosing God: The Ambiguous Progress of Modern Atheism.* New Haven: Yale University Press, 2004.

Buckley, Veronica. *Christina, Queen of Sweden: The Restless Life of a European Eccentric.* London: Fourth Estate, 2004.

Cabanès, Dr. "Les tribulations posthumes de Descartes," *Gazette medicale de Paris*, November 6, 1912.

Carter, Jennifer. "Recreating the Poetic Imaginary: Alexandre Lenoir and the Musée des Monuments français." Doctoral dissertation, McGill University, 2007.

Cassirer, Ernst. *The Philosophy of the Enlightenment*. Princeton: Princeton University Press, 1951.

Chénier, Marie-Joseph de. *Rapport fait à la Convention nationale au nom du Comité d'instruction publique, par Marie-Joseph Chénier, suivi du décret rendu à la séance du 2 octobre 1793 (sur le transport au Panthéon du corps de Descartes)*. Paris: Imprimérie Nationale, 1793.

————. *Rapport fait par Marie-Joseph Chénier sur la translation des cendres de René Descartes au Panthéon. Séance du 18 floréal l'an IV.* Paris: Imprimérie nationale, 1796.

"Chronique scientifique." *La Gazette de France*, September 23, 1912.

Clair, P., ed. *Jacques Rohault, 1618–1672: Bio-bibliographie, avec l'édition critique des entretiens sur la philosophie*. Paris: CNRS, 1978.

Clark, Gregory. *A Farewell to Alms: A Brief Economic History of the World*. Princeton: Princeton University Press, 2007.

Cogeval, Guy, and Gilles Genty. *La logique de l'inaltérable: Histoire du Musée des monuments français*. Paris: Imprimérie Nationale, 1993.

Colbert, Charles. *A Measure of Perfection: Phrenology and the Fine Arts in America*. Chapel Hill: University of North Carolina Press, 1997.

Coleman, William. *Georges Cuvier, Zoologist: A Study in the History of Evolution Theory*. Cambridge: Harvard University Press, 1964.

Collins, Anthony. *A Discourse of Free-Thinking*. London, 1713.

Comar, Philippe. *Mémoires de mon crâne—René Des-Cartes*. Paris: Gallimard, 1997.

Commager, Henry Steele. *The Empire of Reason*. New York: Doubleday, 1977.

Condorcet, Marquis de (Jean-Antoin-Nicolas de Caritat). *Esquisse d'un tableau: Historique des progrès de l'esprit humain*. Paris: Agasse, 1798.

Courajod, Louis. *Alexandre Lenoir, son journal et le Musée des monuments français*. 3 vols. Paris: H. Champion, 1878–87.

Cousin, Victor. *Madame de Sablé*. Paris: Didier, 1869.

"Le crâne de Descartes." *Le Soir*, January 21, 1913.

"Le crâne de Descartes." *Le Temps*, October 2, 1912.

Crosland, Maurice. *Science under Control: The French Academy of Sciences, 1795–1914*. Cambridge: Cambridge University Press, 1992.

Croy, duc de. *Journal inédit du duc de Croy, 1718–1784*. Vol. 2. Paris: Flammarion, 1907.

Cuvier, Georges. *Leçons d'anatomie comparée*. Paris: Baudoin, 1805.

———. *Le règne animal distribué d'après son organisation, pour servir de base à l'histoire naturelle des animaux et d'introduction à l'anatomie comparée*. Brussels: Culture et civilisation, 1969.

Damasio, Antonio R. *Descartes' Error: Emotion, Reason, and the Human Brain*. New York: G. P. Putnam's Sons, 1994.

Descartes, René. *Discours de la Methode pour bien conduire sa raison, & chercher la verité dans les sciences. Plus La Dioptrique. Les Meteores. Et La Geometrie. Qui sont des essais de cete Methode*. Leyden: Ian Maire, 1637.

———. *Discourse on Method*. Trans. Laurence Lafleur. New York: Macmillan, 1960.

———. *The Philosophical Writings of Descartes*. 3 vols. Ed. J. Cottingham, R. Stoothoff, and D. Murdoch. Cambridge: Cambridge University Press, 1991.

Descartes et les Pays-Bas. Amsterdam: Maison Descartes, 1985.

"Documentation concernant le crâne de Descartes." Dossier compiled by Philippe Mennecier, Muséum national d'histoire naturelle, Musée de l'homme, Laboratoire d'anthropologie biologique, October 1996.

Donaldson, I. M. L. "Mesmer's 1780 Proposal for a Controlled Trial to Test His Method of Treatment Using 'Animal Magnetism.'" *Journal of the Royal Society of Medicine* 98 (2005).

Droge, Jan. *Kasteel Endegeest: Een geschiedenis van het huis, de tuin en de bewoners.* Leiden: Matrijs, 1993.

Dulaure, J. A. *Nouvelle description des curiosités de Paris.* Paris: Lejay, 1785.

Etlin, Richard A. *The Architecture of Death: The Transformation of the Cemetery in Eighteenth-Century Paris.* Cambridge: MIT Press, 1984.

French, Roger, and Andrew Wear. *The Medical Revolution of the Seventeenth Century.* Cambridge: Cambridge University Press, 1989.

Gaukroger, Stephen. *Descartes: An Intellectual Biography.* Oxford: Clarendon, 1995.

——, John Schuster, and John Sutton, eds. *Descartes' Natural Philosophy.* London: Routledge, 2000.

Gaukroger, Stephen, ed. *The Soft Underbelly of Reason: The Passions in the Seventeenth Century.* London: Routledge, 1998.

Gordon, Daniel, ed. *Postmodernism and the Enlightenment: New Perspectives in Eighteenth-Century French Intellectual History.* New York: Routledge, 2001.

Gould, Stephen Jay. *The Panda's Thumb: More Reflections in Natural History.* New York: Norton, 1992.

Goupille, André. *Haya, La Haye en Touraine, La Haye Descartes, Descartes: Des origines à nos jours.* Tours: Chavanne, 1980.

Grayling, A. C. *Descartes: The Life of René Descartes and Its Place in His Times.* London: Free Press, 2005.

Greene, Christopher. "Alexandre Lenoir and the Musée des monuments français during the French Revolution." *French Historical Studies* 12 (1981).

Grell, Ole Peter, and Andrew Cunningham, eds. *Religio Medici: Medicine and Religion in Seventeenth-Century England.* Aldershot: Scolar Press, 1996.

Hagner, Michael. "Skulls, Brains, and Memorial Culture: On Cerebral Biographies of Scientists in the Nineteenth Century." *Science in Context* 16 (2003).

Harashima, Hiroshi. "The Concealing Face, the Nameless Face: Has the Media Really Been Evolving? A Perspective of Facial Studies." *Natureinterface*, no. 4, http://www.natureinterface.com/e/ni04/P016-021/.

Higonnet, Patrice. *Paris: Capital of the World.* Cambridge: Harvard University Press, 2002.

Hillairet, Jacques. *Dictionnaire historique des rues de Paris.* 2 vols. Paris: Éditions de Minuit, 1964.

Hirsi Ali, Ayaan. *Infidel.* New York: Free Press, 2007.

Hume, David. *A Treatise of Human Nature.* Oxford: Oxford University Press, 2000.

Israel, Jonathan I. *Radical Enlightenment: Philosophy and the Making of Modernity, 1650–1750.* Oxford: Oxford University Press, 2001.

Jacob, Margaret C. *The Radical Enlightenment: Pantheists, Freemasons, and Republicans.* London: George Allen and Unwin, 1981.

Jonas, Raymond. *France and the Cult of the Sacred Heart: An Epic Tale for Modern Times.* Berkeley: University of California Press, 2000.

Jorpes, J. Erik. *Jac. Berzelius: His Life and Work.* Berkeley: University of California Press, 1970.

Kant, Immanuel. *Religion within the Limits of Reason Alone.* Trans. Theodore M. Greene and Hoyt H. Hudson. Chicago: Open Court, 1934.

Kleinman, Ruth. *Anne of Austria, Queen of France.* Columbus: Ohio State University, 1985.

Lanteri-Laura, Georges. *Histoire de la phrénologie: L'homme et son cerveau selon F. J. Gall.* Paris: Presses Universitaires de France, 1970.

"Large Skulls." *New York Times*, August 10, 1879.

Lemoine, Bertrand. *Les Halles de Paris.* Paris: L'Equerre, 1980.

Lenoir, Albert. *Statistique monumentale de Paris.* 3 vols. Paris: Imprimérie Impériale, 1867.

Lenoir, Alexandre. *Notice historique des monumens des arts, réunis au Dépôt national, rue des Petits-Augustins.* Paris: Cussac, 1796, 1797.

————. *Description historique et chronologique des monumens de sculpture réunis au Musée des monumens français.* Paris: Laurent Guyot, 1806.

Lindborg, Rolf. *Descartes i Uppsala.* Stockholm: Almqvist & Wiksell, 1965.

Lokhorst, Gert-Jan. "Descartes and the Pineal Gland." *The Stanford Encyclopedia of Philosophy.* Winter 2006. Ed. Edward N. Zalta. http://plato.stanford.edu/archives/win2006/entries/pineal=gland.

Maccioni Ruju, P. Alessandra, and Marco Mostert. *The Life and Times of Guglielmo Libri: Scientist, Patriot, Scholar, Journalist, and Thief.* Hilversum: Verloren, 1995.

Macdonald, Paul S. "Descartes: The Lost Episodes." *Journal of the History of Philosophy* 40, no. 4 (2002).

Masquelet, A. C. "Rembrandt's *Anatomy Lesson of Dr. Nicolaes Tulp* (1632)." *Maîtrise Orthopédique,* www.maitrise-orthop.com.

Masson, Georgina. *Queen Christina.* London: Secker and Warburg, 1968.

McClaughlin, Trevor. "Censorship and Defenders of the Cartesian Faith in Mid-Seventeenth Century France," *Journal of the History of Ideas,* 40:563–81 (1979).

McGahagan, Thomas A. "Cartesianism in the Netherlands, 1639–1676: The New Science and the Calvinist Counter-Reformation." Ph.D. dissertation, University of Pennsylvania, 1976.

Meige, Henry. *Paul Richer et son oeuvre.* Paris: Masson & Co., 1934.

Mercier, Louis-Sébastien. *Éloge de René Descartes.* Paris: Vve Pierres, 1765.

————. *Corps législatif. Conseil des Cinq-Cents. Discours de L.-S. Mercier, prononcé le 18 floréal, sur René Descartes.* Paris: Imprimérie Nationale, 1793.

————. *Le nouveau Paris.* 1799. Paris: Mercure de France, 1994.

Mouy, Paul. *La développement de la physique cartésienne, 1646–1712.* Paris: Librairie Philosophique J. Vrin, 1934.

Nadler, Steven. *Arnauld and the Cartesian Philosophy of Ideas.* Princeton: Princeton University Press, 1989.

Nagel, Thomas. *The View from Nowhere.* New York: Oxford, 1986.

———. "Conceiving the Impossible and the Mind-Body Problem." *Philosophy* 73 (July 1998).

Nolan, Lawrence. "Malebranche's Theory of Ideas and Vision in God." *Stanford Encyclopedia of Philosophy,* Winter 2003.

Nordenfalk, Carl, ed. *Christina, Queen of Sweden: A Personality of European Civilisation.* Stockholm: National Museum, 1966.

Palmer, R. R. *The Age of the Democratic Revolution: A Political History of Europe and America, 1760–1800.* Princeton: Princeton University Press, 1959.

"Pantheon Awaits Descartes Ashes When Discovered." *New York Herald.* European ed. December 3, 1927.

"Pantheon Seeks Descartes' Body." *New York Times,* January 29, 1928.

Parker, M. "False Dichotomies: EBM, Clinical Freedom, and the Art of Medicine." *Medical Humanities* 31 (2005): 25–30.

Pearce, J. M. S. "Louis Pierre Gratiolet (1815–1865): The Cerebral Lobes and Fissures." *European Neurology* 56 (2006).

Pelenski, Jaroslaw, ed. *The American and European Revolutions, 1776–1848.* Iowa City: University of Iowa, 1980.

Perrier, Edmond. "Sur le crâne dit 'de Descartes', qui fait partie des collections du Muséum." *Compte-rendus hebdomadaires des séances de l'Académie des sciences,* September 30, 1912.

Porter, Roy, ed. *Patients and Practitioners: Lay Perceptions of Medicine in Pre-Industrial Society.* Cambridge: Cambridge University Press, 1985.

———, and Mikulas Teich, eds. *The Enlightenment in National Context.* Cambridge: Cambridge University Press, 1981.

"Procès-verbal de la remise à MM. les Commissaires de M. le Préfet de la Seine, des restes de Descartes, Mabillon et Montfaucon, qui étaient déposés dans le Jardin des Petits-Augustins à Paris." *Extrait du Moniteur.* Paris: Agasse, n.d.

"Un Project Vieux de 136 Ans." *La Presse,* November 29, 1927.

Raymond, Jean-François de. *Descartes et Christine de Suède: La reine et le philosophe.* Paris: Bibliothèque Nordique, 1993.

——. *Pierre Chanut, ami de Descartes: Un diplomate philosophe.* Paris: Beauchesne, 1999.

Rée, Jonathan. *Descartes.* London: Allen Lane, 1974.

Rhine, Stanley. *Bone Voyage: A Journey in Forensic Anthropology.* Albuquerque: University of New Mexico Press, 1998.

Richard, Camille. "Le comité de salut public et les fabrications de guerre sous la Terreur." Doctoral dissertation, University of Paris, 1921.

Richer, Paul. *Physiologie artistique de l'homme en mouvement.* Paris: Aulanier, 1896.

——. *L'art et la médecine.* Paris: Gaultier, 1902.

——. "Sur l'identification du crâne supposé de Descartes par sa comparaison avec les portraits du philosophe." *Comptes-rendus hebdomadaires des séances de l'Académie des sciences,* January 20, 1913.

Rodis-Lewis, Geneviève. *Descartes: His Life and Thought.* Ithaca: Cornell University Press, 1995.

Rohault, Jacques. *Oeuvres posthumes de M. Rohault.* The Hague: Henry van Bulderen, 1690.

Roth, Leon. *Descartes' Discourse on Method.* Oxford: Clarendon Press, 1937.

Ruestow, Edward G. *Physics at 17th- and 18th-Century Leiden.* The Hague: Martinus Nijhoff, 1973.

Schiller, Francis. *Paul Broca: Founder of French Anthropology, Explorer of the Brain.* Berkeley: University of California Press, 1979.

Schlaffer, Heinz. "Holiday from the Enlightenment." www.signandsight.com. February 27, 2006.

Schmaltz, Tad M. *Radical Cartesianism: The French Reception of Descartes.* Cambridge: Cambridge University Press, 2002.

Schouls, Peter. *Descartes and the Enlightenment.* Kingston: McGill-Queen's University Press, 1989.

———. *Descartes and the Possibility of Science*. Ithaca: Cornell University Press, 2000.

Scott, Franklin D. *Sweden: The Nation's History*. Minneapolis: University of Minnesota Press, 1977.

Sebba, Gregor. "Some Open Problems in Descartes Research." *Modern Language Notes* 75 (March 1960).

Shapin, Steven, "Descartes the Doctor: Rationalism and Its Therapies." *British Journal for the History of Science* 33 (2000).

Shaw, Matthew. "The Time of Place: Louis-Sébastien Mercier and the Hours of the Day." Paper presented at the Society for the Study of French History Annual Conference, Southampton, England, July 5, 2005.

"Sketch Identifies Skull of Descartes." *New York Times*, January 26, 1913.

Slive, Seymour. *Frans Hals*. 3 vols. Washington: National Gallery of Art, 1989.

Solies, Dirk. "How the Metaphysical Need Outlasted Reductionism: On a Methodological Controversy between Philosophy and the Life Sciences in 19th-Century Germany." Paper presented at the Metanexus Institute's *Continuity + Change: Perspectives on Science and Religion* conference, Philadelphia, June 3–7, 2006.

Sommaire du plaidoyer pour l'abbé, prieur et chanoines réguliers et chapitre de Sainte Geneviève, défendeurs, contre messire Hardouin de Péréfixe, archevêque de Paris, demandeur. Paris, 1667.

Sparrman, Anders. *A Voyage to the Cape of Good Hope, towards the Antarctic Polar Circle, Round the World, and to the Country of the Hottentots and the Caffres from the Year 1772–1776*. Cape Town: Van Riebeeck Society, 1975.

Spinoza, Baruch. *The Chief Works of Benedict de Spinoza*. New York: Dover, 1955.

Stålmarck, Torkel. *Hedvig Charlotta Nordenflycht—Ett Porträtt*. Stockholm: Norstedts, 1997.

Staum, Martin S. *Labeling People: French Scholars on Society, Race, and Empire, 1815–1848*. Montreal: McGill-Queen's University Press, 2003.

284

Taylor, Quentin. "Descartes's Paradoxical Politics." *Humanitas* 14, no. 2 (2001).

Terlon, Hugue, Chevalier de. *Mémoires du Chevalier de Terlon. Pour rendre compte au Roy, de ses négociations, depuis l'année 1656 jusqu'en 1661.* Paris: Louis Billaine, 1682.

Uglow, Jenny. *The Lunar Men: Five Friends Whose Curiosity Changed the World.* New York: Farrar, Straus and Giroux, 2003.

Van Bakel, Rogier. "The Trouble Is the West." *Reason,* November 2007.

Van Bunge, Wiep. *From Stevin to Spinoza: An Essay on Philosophy in the Seventeenth-Century Dutch Republic.* Leiden: Brill, 2001.

Van Damme, Stéphane. "Restaging Descartes: From the Philosophical Reception to the National Pantheon." http://dossiersgrihl.revues.org/document742.html.

Van de Ven, Jeroen. "Quelques données nouvelles sur Helena Jans." *Bulletin Cartésien* 32 (2001).

Vass, Arpad A. "Beyond the Grave—Understanding Human Decomposition." *Microbiology Today,* November 2001.

Vauciennes, P. Linage de. *Mémoires de ce qui s'est passé en Suède, et aux provinces voisines, depuis l'année 1645 jusques en l'année 1655, tirés des dépêches de Monsieur Chanut par P. Linage de Vauciennes.* Cologne: Pierre du Marteau, 1677.

Venita, Jay. "Pierre Paul Broca." *Archives of Pathology and Laboratory Medicine* 126 (March 2002).

Verbeek, Theo. *Descartes and the Dutch: Early Reactions to Cartesian Philosophy, 1637–1650.* Carbondale: Southern Illinois University Press, 1992.

———. *Une université pas encore corrompue . . . : Descartes et les premières années de l'Université d'Utrecht.* Utrecht: Utrecht University, 1993.

———, Jelle Kingma, and Philippe Noble. *Les néerlandais et Descartes.* Amsterdam: Maison Descartes, 1996.

Verbeek, Theo, Erik-Jan Bos, Jeroen Van de Ven, eds. *The Correspondence of René Descartes: 1643.* Utrecht: Zeno, 2003.

Verneau, R. "Le crâne de Descartes." *L'Anthropologie* 23 (1912): 640–42.

———. "Les restes de Descartes." *Æsculape* 11 (1912): 241–46.

Voltaire. *Lettres philosophiques.* Vol. 2. Paris: Librairie Hachette, 1909.

Vovelle, Michel. *Piété baroque et déchristianisation en Provence au XVIIIe siècle.* Paris: Plon, 1974.

Waterworth, J., trans. *The Canons and Decrees of the Sacred and Œcumenical Council of Trent, Celebrated under the Sovereign Pontiffs Paul III, Julius III, and Pius IV.* London: C. Dolman, 1848.

Watson, Richard A. *The Breakdown of Cartesian Metaphysics.* Indianapolis: Hackett, 1987.

———. *Cogito, Ergo Sum: The Life of René Descartes.* Boston: David R. Godine, 2002.

Wessel, Leonard P. *G. E. Lessing's Theology, a Reinterpretation: A Study in the Problematic Nature of the Enlightenment.* The Hague: Mouton, 1977.

Wilkin, Rebecca M. "Figuring the Dead Descartes: Claude Clerselier's *Homme de René Descartes* (1664)." *Representations* 83 (2003).

Young, Robert M. *Mind, Brain, and Adaptation in the Nineteenth Century.* New York: Oxford University Press, 1990.

Zola-Morgan, Stuart. "Localization of Brain Function: The Legacy of Franz Joseph Gall (1758–1828)." *Annual Review of Neuroscience* 18, (1995): 359–83.

作者简介

萧拉瑟（Russell Shorto），美国历史学家和作家。1959年出生于宾夕法尼亚州，1981年乔治华盛顿大学研究生毕业，是《纽约时报杂志》专栏作家。除了《笛卡尔的骨头》广受好评之外，他也以《世界中心的岛屿》一书出名，该书论及纽约市的荷兰起源。他也因加强荷兰与美国的关系而在2009年获得荷兰骑士勋章。

内容简介

　　这是一本西方思想史通俗读物。书中讲了一个哲学故事,核心是一个秘密:笛卡尔的遗骨在哪里?为什么头骨与其他骨头分离?追踪 17 世纪伟大哲学家之骨头的旅程——跨越 6 个国家,而且横跨 3 个世纪——的同时,作者还把我们引入探索因笛卡尔的身心问题带来的现代性的哲学问题,以及笛卡尔著作的后果:启蒙运动,法国革命,19 世纪的科学爆炸,20 世纪以后理性与信仰的冲突。

图书在版编目(CIP)数据

笛卡尔的骨头:信仰与理性冲突简史/萧拉瑟著;曾誉铭,余彬译.
—上海:上海三联书店,2012.9
ISBN 978 - 7 - 5426 - 3904 - 2

Ⅰ.①笛… Ⅱ.①萧…②曾…③余… Ⅲ.①西方哲学－哲学史
Ⅳ.①B5

中国版本图书馆 CIP 数据核字(2012)第 152520 号

DESCARTES' BONES©2008 by Russell Shorto
Simplified Chinese language edition published in agreement with Russell
Shorto c/o Anne Edelstein Literary Agency, through The Grayhawk
Agency.

笛卡尔的骨头
——信仰与理性冲突简史

著　者 / 萧拉瑟(Russell Shorto)
译　者 / 曾誉铭　余　彬

责任编辑 / 邱　红
特约编辑 / 徐志跃
装帧设计 / 豫　苏
监　制 / 李　敏
责任校对 / 张大伟

出版发行 / 上海三联书店
　　　　　(201199)中国上海市都市路 4855 号 2 座 10 楼
网　址 / www.sjpc1932.com
邮购电话 / 24175971
印　刷 / 上海叶大印务发展有限公司

版　次 / 2012 年 9 月第 1 版
印　次 / 2012 年 9 月第 1 次印刷
开　本 / 850×1158　1/32
字　数 / 200 千字
印　张 / 9.125
书　号 / ISBN 978 - 7 - 5426 - 3904 - 2/B·252
定　价 / 35.00 元